테마★로 만나는 인문학 여행 ③

영국에
보러
가자

| 만든 사람들 |

기획 인문·예술기획부 | **진행** 한윤지 | **집필** 성호선 | **편집·표지디자인** 김진, 신정은

| 책 내용 문의 |

도서 내용에 대해 궁금한 사항이 있으시면
저자의 홈페이지나 디지털북스 홈페이지의 게시판을 통해서 해결하실 수 있습니다.
디지털북스 홈페이지 www.digitalbooks.co.kr
디지털북스 페이스북 www.facebook.com/ithinkbook
디지털북스 카페 cafe.naver.com/digitalbooks1999
디지털북스 이메일 digital@digitalbooks.co.kr
저자 이메일 wallyseuro@naver.com
저자 블로그 blog.naver.com/wallyseuro

| 각종 문의 |

영업관련 hi@digitalbooks.co.kr
기획관련 digital@digitalbooks.co.kr
전화번호 (02) 447-3157~8

UNITED KINGDOM

영국어 보러 가자

성호선 저

J&jj 제이앤
제이제이
www.jnjj.co.kr

Contents

Act 01

SCENE 01 뮤지컬에 빠지다!

'경매번호 666. 조각난 샹들리에입니다… 혹시 이 화려한 전기 조명에 그 시절의 유령도 깜짝 놀라 도망가지는 않을까요, 여러분!'

뮤지컬 오페라의 유령(The Phantom of The Opera)의 인상적인 장면 중 하나로, 수년 전 나는 이 장면으로 인해 신세계를 발견하게 되었다. 종종 문화 생활을 즐겼던 나였지만 뮤지컬은 아직 어색한 분야였다. 영화, 콘서트 등을 보러 다니던 어느 날, 뮤지컬은 나에게 운명처럼 다가왔다. 비가 올듯 말듯한 구름 낀 하늘이 주는 어둡고 스산한 느낌은 극으로 빠져들기에 더없이 좋은 날씨였다. 새로운 장소, 새로운 사람들 사이로 왠지 모를 기분 좋은 까칠함이 느껴졌다. 극장 안 무대는 거의 암전에 가까운 어둠이 깔려 있었고, 희미한 조명 아래로 넓은 천으로 덮인 큰 물체만이 무대 중앙에 덩그러니 놓여있었다. 사람들은 점점 공연장 안으로 모여들었기 시작했고 잠시 후 기다렸던 극이 시작되었다.

내 두 눈을 사로잡는 화려한 무대장치, 완벽한 강약 조절로 완성된 음악 선율의 디테일, 그 음악들을 스토리에 녹여놓는 훌륭한 배우들. 어느 하나 모자람이 없는 이 모든 것들로 인해 나는 작품에 빠져들 수밖에 없었다. 그렇다. 나를 '뮤지컬'이라는 장르에 빠지게 만든 작품이 바로 '오페라의 유령'이다. 때문에 나는 아직도 그날의 첫만남을 잊을 수가 없다. 특히, '팬텀(The Phantom)'이 '크리스틴(Christine)'을 데리고 수백 개의 초가 가득한 자신의 은신처로 데려가는 장면 같은, 영화 속에서만 봐왔고 상상 속에서만 존재했던 모습들이 실제로 눈앞에 펼쳐져 나를 숨죽이게 만들었다. 공연이 끝난 이후에도 난 그 여운에서 쉽게 빠져 나오지 못했다. 몇 달이 지나도록 작품 속 장면 하나하나가 생생히 내 기억 속에 자리잡았고 항상 귓가를 맴돌던 넘버(뮤지컬에 삽입되는 OST)들은 나의 일상을 지배하고 있었다. 나는 저절로 회전문을 돌게 되었다.('회전문을 돈다'는 뜻은 뮤지컬 마니아들 사이에서 쓰이는 용어로 한번 봤던 작품을 두 번 이상 계속 본다는 의미이다.) 이미 뮤지컬이라는 것에 빠져있던 나는 두 번째, 세 번째 그 이후에도 항상 맑은 정신을 유지하며 극에 빠져들었다. 가끔, '몇 번씩 볼만큼 뮤지컬이 그렇게 재밌냐?'며 묻는 사람들도 있지만, 몇 번이고 볼 때마다 내가 보지 못했던 장면들을 찾아내고 그에 따른 새로운 감동이 퇴적되는 느낌은 점점 더 나를 짜릿하게 만들었다. 내 입장에서는 가끔 공연 중 졸고 있는 관객들을 볼 때면, 그 자리가 너무 아깝기도 했다.

오페라의 유령은 오페라와 뮤지컬의 경계를 교묘히 오가는 작품으로 묵직하면서도 친근하고, 클래식하면서도 거부감이 없다. 지극히 내 개인적인 생각이긴 하지만 강한 흡입력을 원하는 관객들에게는 현존하는 작품들 중 가장 추천할 만한 작품임에 틀림없다. 오페라와 뮤지컬의 공통점이 노래와 연기, 그리고 무대라면 이것들을 적절히 섞어 대중성과 작품성을 두루 갖춘 작품으로 탄생시킨 유일한 작품이라 말하고 싶다. 운명 같은 첫사랑을 만난 듯 가슴이 뛰고 안 보면 보고 싶게 만들었던 최초이자 마지막이 될 것만 같은 작품. 우연히 어디에선가 오페라의 유령의 음악이 흘러나오기라도 하는 날엔 갑자기 나도 모르는 각성 효과가 나타나곤 한다.

지금까지 한국과 런던을 오가며 '오페라의 유령'을 열 번 이상 관람했지만 사실 나도 이 작품을 이렇게 많이 보지 않았을 때는 내 몸이 즉흥적으로 반응하는 몇몇 장면만을 기억하고 있었다. 하지만 언제부터인가 팬텀이 남기고 사라진 가면을 맥 지리(Meg Giry)가 들고 피날레를 장식하는 장면은 나에게 굉장한 의미를 준다. 결국 떠나는 크리스틴처럼, 또 팬텀이 외모 때문에 엄마에게 버림받은 것처럼, 인간이 살아가면서 버리지 못하는 것은 결국 내면과 실체가 아니라 껍데기에 불과하다는 것을 팬텀의 '가면'을 통해 상징적으로 보여주고 있는 게 아닐까 하는 생각이 든다. 이런 작품 말미에 남겨지는 잔잔한 여운들이 세계 뮤지컬 계에 기록으로 남을만한 인기의 원동력이 되었던 것 같기도 하다.

이 작품의 어마어마한 흥행 성과로 뮤지컬 '오페라의 유령'은 2004년 작곡가 앤드류 로이드 웨버(Andrew Lloyd Webber)에 의해 미국에서 영화로 재탄생 하게 된다. 그리고 거대 자본이 투입된 영화인 만큼 뮤지컬과 더불어 흥행을 이어갔다. 영화로 만들어졌던 '오페라의 유령'이 뮤지컬과 비교해 뚜렷하게 돋보였던 점은 화면 클로즈업과 극적인 화면 전환 같은 작품을 돋보이게 하는 영화적 기법을 활용해, '팬텀'이라는 비현실적인 캐릭터의 신비로움보다는 그도 어쩔 수 없는 인간이라는 측면을 좀더 부각시켰다는 점이다. 반면, 뮤지컬에서는 무대극 특성상 리얼리티를 표현하기에 다소 무리가 있다는 점 때문에 상대적으로 신비롭게 묘사할 수밖에 없었다. 하지만 아마도 관객들에게는 비범한 능력을 가지고 있는 자가 저지르는 악행에 아름다운 사랑과 인간적인 나약함이 더해져 치명적인 매력으로 다가오지 않았을까? 이를 두고 일부 관객들은 치명적인 매력의 팬텀을 떠나 지루하기 짝이 없는 라울(Raul)을 선택한 극의 끝맺음이 이해가 되지 않는다며 안타까워했다고 한다. 하지만 일말의 아쉬움을 남기는 스토리가 오랫동안 기억에 남게 되는 묘한 법칙처럼, 지금 이대로의 모습이 세계 4대 뮤지컬 중에서도 인정을 받는 '오페라의 유령' 그 자체라는 생각이 든다. 만약, 일부 관객들 말대로 작품의 결말이 크리스틴이 팬텀을 선택하는 끝맺음이었더라면 '팬텀'이라는 캐릭터의 상징성은 지금처럼 강렬하게 남아있지 못했을 것이다.

이후 한국 뮤지컬에 심히 빠져있을 때도 내가 알고 있었던 건 그나마 익숙한 미국 브로드웨이가 뉴욕에 있는 극장가라는 정도의 뻔한 상식이었고, 웨스트엔드(West End)라는 말조차 금시초문일 만큼 영국 뮤지컬에는 문외한이었다. 공연 예술에 종사하는 모든 배우들이 열망하는 꿈의 무대인 이곳이 얼마나 대단한 곳인지 관심조차 없었던 것이다. 그러던 어느 날, 지인으로부터 우연히 짧은 동영상 하나를 건네 받았다. 바로 웨스트엔드에서 공연되었던 뮤지컬의 일부분이었다. 그 영상을 보고 난 후 한동안 내 머릿속은 잊을 수 없는 장면들로 채워졌다. 그건 한국에서 처음 오페라의 유령을 봤을 때의 느낌 못지 않는 즐거운 충격이었다. 각자의 역할에 빠져있던 배우들의 눈빛과 표정, 공연 내내 지친 기색 하나 보이지 않던 열정과 에너지, 그리고 더 이상 완벽할 수 없을 것만 같던 서로의 호흡까지. 원조 할머니의 손맛처럼 누구와도 비교할 수 없는 뮤지컬의 본고장의 흡입력이란 바로 이런 것이었다. 이 사건을 계기로, 나는 뮤지컬 작품을 바라보는 시야를 조금씩 넓혀 갈 수 있었다. 모든 공연의 주체인 배우, 그들이 가지고 있는 모든 역량을 쏟아내는 무대, 또 그 무대를 각자의 기호와 방식에 따라 흡수하는 관객, 공연장의 음향 시설과 오케스트라와의 호흡, 심지어 공연 관계자들의 준비하는 모습들까지 모두 내게는 작품의 일부분으로 느껴진다.

나는 자연스레 영국 뮤지컬이 궁금해졌고 웨스트엔드가 궁금해졌다. 그때까지만 해도 '영국'이라는 나라에 대해서 아는 거라고는 '신사의 나라', '버킹엄 궁전', '비틀즈' 정도가 전부였던 내가 뮤지컬로 인해 아직 한국사람들에게는 어색한 영국식 영어와 생소한 이국 땅에 관심을 갖기 시작했고 그곳에서 직접 부딪히며 여행을 했으며 이제는 그것을 업으로 삼고 있는 사람이 되었다. 내 삶의 새로운 이정표가 되었을 정도로 웨스트엔드는 단순한 여가생활 그 이상으로 내 곁에 함께하고 있다. 혹자는 왜 브로드웨이가 아니고 웨스트엔드냐고 물을지 모른다. 사실, 그에 대한 대답을 명확하게 말하기는 어렵다. 하지만 군이 꺼내놓자면 자유로움 속에 냉정함이 존재하는 미국보다 다소 딱딱하지만 절제의 미를 보여주는 영국스러움(?)에 반했던 것 같다. 나는 그런 영국의 멋스러움이 묻어나는 웨스트엔드에 빠져 있고 앞으로도 세계 3차 대전이 일어나지 않는 한 이 마약 같은 중독에서 벗어나지 못할 것 같다. 그리고 웨스트엔드는 물론 런던이라는 도시 그리고 런더너들의 생활 속에서 나는 문화를 찾아가고 있다.

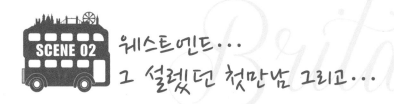

웨스트엔드…
그 설렜던 첫만남 그리고…

나는 겨울을 참 좋아한다. 춥고 쓸쓸하지만 따뜻하기도 하고, 움츠러들
지만 활기차기도 한 다양함과 반전이 있는 계절이기 때문이다. 눈, 크리스
마스, 새해를 떠올리는 계절이기도 하지만 무엇보다도 겨울은 뮤지컬을 위
한 계절이기도 하다. 뮤지컬은 여러 장르의 공연들 중에 눈과 귀 뿐만 아니
라 인간이 느낄 수 있는 대부분의 감정을 적셔주는 분야라는 점에서, 잠시
낭만과 환상에 젖어 들기 가장 좋은 겨울의 느낌과 많이 닮아있다. 그래서인
지 날이 쌀쌀해지는 계절이 다가오면 대부분의 뮤지컬 제작사들은 인기 있는
대작들을 유난히 더 많이 내놓는 경향이 있다. 아무래도, 방학과 연말연시가
겹치면서 가족, 연인들 뿐 아니라 남녀노소를 불문하고 실내에서 즐길 수 있
는 문화들의 인기가 높아져서이지 않을까 싶다. 나 역시 마찬가지다. 비 오
는 날 막걸리와 파전이 당기듯, 겨울이 되면 나는 더욱더 뮤지컬에 이끌린
다. 그리고 뮤지컬이 나의 정신세계를 지배하기 전에 항상 검색과 예매를 위
해 내 손가락은 이미 컴퓨터로 향한다. 어김없이 하이에나처럼 인터넷에서
공연을 뒤지던 어느 초겨울. 짧은 동영상을 본 이후로 너무나 궁금하기만 했
던 웨스트엔드를 실제로 경험해 보고 싶은 충동이 나를 압도하기 시작했다.
뮤지컬에 이끌린 본능은 나를 컴퓨터에서 떼놓지 않았다. 눈에 실핏줄이 터
질 정도로 4시간 동안 단 한번도 책상에서 자리를 뜨지 않았고, 런던에서 공
연되고 있는 유명 작품들의 홈페이지는 물론 예매 방법, 위치, 가는 방법 등
모든 정보를 섭렵했다. 마음은 이미 웨스트엔드에서 공연을 보고 있었다. 결
국 충동적으로 영국 여행을 계획하기에 이르렀다. 런던을 처음 가는 건 아니
었지만, 내 마음과 머릿속에 뮤지컬이라는 존재가 전혀 자리잡고 있지 않았
을 때와는 가고자 하는 목적, 여정, 관심사 등 모든 것들이 달랐다. 당시에는
아직 여행과 관련된 일을 하고 있지는 않았지만 여행을 너무나 좋아했고 평
소에 여행은 충동적으로 계획하는 게 좋다는 생각을 갖고 있었다. 그래서였
는지 여행과 뮤지컬의 교집합을 찾아 나선 나의 또 다른 추억을 위해 거침없
이 웨스트엔드에 입문할 준비를 시작할 수 있었다.

드디어 영국 땅을 밟던 그날! 난 여행 그 자체만으로도 즐거웠지만, 오리지널 웨스트엔드 공연을 볼 기대감에 들뜬 기분을 감출 수가 없었다. 런던의 모든 것이 나를 기다리고 있는 것만 같은 느낌이었다. 그리고 웨스트엔드에 입성하던 날. 런던에서의 첫 작품은 이미 '오페라의 유령'으로 정해져 있었다. 꿈을 이루지는 못했지만, 한때 내가 꿈을 키웠고 지금 그리고 앞으로도 사랑할 뮤지컬을 알게 해준 작품을 꼭 이곳 웨스트엔드에서 가장 먼저 보고 싶었다. 그리고 평소 한국에서도 특별한 경우가 아니라면 '라면을 먹는 일이 생기더라도 뮤지컬은 무조건 좋은 좌석에서 봐야한다'는 나만의 지론을 갖고 있었기 때문에 출국하기 몇 개월 전부터 각종 사이트의 Stalls(1층)석을 샅샅이 뒤져 나름의 명당을 확보했다. 드디어, 기다리고 기다리던 뮤지컬 관람일. 나는 런던에서 뮤지컬을 본다는 사실이 잘 실감나지 않았다.

어느덧 해가 저물어 가고 있었고 공연 시간도 다가오고 있었다. 낮 시간에 런던 이곳 저곳을 돌아다니면서도 마음 한 구석에는 뮤지컬에 대한 기대감이 꿈틀대고 있었기에 점점 시간이 다가올수록 머릿속에는 오로지 뮤지컬, 뮤지컬뿐이었다. 벅차오는 감정을 주체할 수가 없어 공연 시작 시간을 훨씬 앞두고 뮤지컬 '오페라의 유령'이 공연될 극장인 '여왕 폐하의 극장(Her Majesty's Theatre)'으로 향했다. 극장은 런던의 유명 관광지들이 몰려 있는 1존에서도 가장 중심지인 피카딜리 서커스(Piccadilly Circus) 역 주변에 위치하고 있는데, 이 지역은 웨스트엔드 극장들이 많이 몰려있을 뿐 아니라 런더너들을 비롯해 세계 각지에서 온 수많은 관광객들로 1년 내내 붐비는 런던을 대표하는 지역이기도 하다.

튜브(Tube, 런던 지하철을 이르는 말로 'Underground'라고 불리기도 함)를 타고 피카딜리 서커스 역에 내렸다. 역 주변은 어김없이 밀려오는 사람들과 휘황찬란한 전광판들, 그리고 끝도 없는 상점들로 가득 채워져 있다. 즐길 것 많은 이곳에서 내가 제일 먼저 찾아야 할 곳은 당연히 극장이었다. 다행히 지하철 역에서 도보로 5분도 채 되지 않아 극장에 도착할 수 있었다. 예상대로 이른 시간이라서인지 주변은 아직 한산한 편이었다. 그때부터 나는 사람들이 많지 않은 시간을 이용해 극장 앞 도로에서 어쩌면 다시는 이 땅을 밟아보지 못할지도 모른다는 생각에 손가락에 쥐가 날 정도로 카메라 셔터를 눌러대기 시작했다. 누가 봐도 관광객임을 티내는, 다소 창피한 순간이었지만 그것만 참으면 나는 멋진 극장 사진을 마음껏 얻을 수가 있었다.

❀ 삼성과 LG가 보이는 전광판이 있고 가짜(?) 에로스 상이 보이는 피카딜리 서커스 역 부근. 런더너들은 이곳을 트라팔가 광장과 함께 만남의 광장으로 이용하기도 한다.

　　웨스트엔드에 있는 대부분의 뮤지컬 전용 극장들은 최소 6개월, 보통 1년 이상 꾸준히 공연을 올린다. 그래서 한동안은 특정 극장의 이름은 단순히 공연장 이름이라는 의미만을 갖지 않는다. 극장 이름을 떠올리면 작품이 떠오르는, 처음부터 같이 만들어진 완전체 같은 느낌이랄까. 그중 하나가 바로 Her Majesty's Theatre이다. 오페라의 유령이 공연되는 이 극장은 이름에서부터 고풍스러운 위엄이 넘친다. 이 극장의 시작은 300여 년 전인 1705년으로 거슬러 올라간다. 초기에는 앤 여왕의 영향으로 The Queen's Theatre라는 이름의 오페라 극장이었으나, 왕위가 계승되면서 The King's Theatre와 His Majesty's Theatre 등으로 바뀌었으며, 현 영국 여왕인 엘리자베스 2세가 즉위한 이래로 약 60년간 Her Majesty's Theatre라는 이름을 유지하고 있다. 그리고, 1986년 이후 약 30년간 '오페라의 유령 극장'이라고 불릴 정도로 한 작품만을 무대에 올리고 있다. 아무리 세계적인 흥행기록을 세운 작품이라지만 그렇게 오랜 세월 동안 같은 장소에서 공연되었다고 하니 너무나도 놀랍고 신기하지 않을 수 없었다.

✹ 30여 년간 뮤지컬 오페라의 유령이 공연되고 있는 Her Majesty's Theatre.

　한국에서 티켓을 예매하고 출력한 바우처를 가지고 실물 티켓과 교환하기 위해 극장으로 들어가려는데 입구에서 직원이 바우처를 가지고 있거나 티켓을 갖고 있는지를 확인하고 있었다. 공연 시작 전 30분쯤 되니 극장에는 제법 많은 사람들이 입장하기 위해 줄을 서 있었다. 나는 순간 '안에 들어가면 분명히 티켓 확인을 할 텐데 왜 굳이 여기서 한 번 더 확인을 하는 걸까?' 하는 궁금증이 생겼다. 꼼꼼하고 철저한 영국인들의 성격이 여기서도 나오는 것일까? 그렇게 치부하기에는 이건 너무 인력과 시간 낭비인데 말이다. 웨스트엔드에서의 뮤지컬 첫 경험은 우리나라에서의 그것보다 생소했고 다른 점이 많았다. 나는 런던에서의 첫 관람이 약간은 불편하다고 생각했지만 이것도 다른 문화를 경험하는 것이라 생각하고 줄을 기다렸다. 돈을 내고 예매했으니 거리낄 것 없이 바우처를 보여주었고 티켓을 교환받기 위해 박스오피스(Box Office)로 들어가려고 하는데 또다시 나를 가로 막는다. 이번엔 가방을 열어 보여달라는 것이다. 마치, 버킹엄 궁전이나 국회의사당에 입장할 때 하는 보안 검색이 떠올랐다. '역시, 여긴 영국이야!'라는 헛웃음을 보이며 쿨하게 가방을 열어 보이고 엄지손가락을 든 직원의 화답을 받으며 드디어 극장 안으로 입장했다. 깊은 한숨을 내쉬고 극장 안을 둘러보았다. 생각보다 좁은 로비에는 익숙하다 못해 머릿속에 박혀버린 오페라의 유령의 서곡(Overture)이 흘러나오고 있었고, 무대가 있는 극장 홀을 연상케 하는 고풍스러운 색깔의 인테리어와 조명들이 아기자기하게 자리잡고 있었다. 그리고 티켓을 교환하거나 현장에서 구매하기 위한 줄이 늘어선, 영국인들 덩치에 안맞는 작은 박스오피스와 OST 등 기념품을 파는 곳, 그리고 간단한 주전부리를 파는 키오스크(Kiosk)같은 가판대가 전부였다. 티켓을 교환하기 위해 또다시 줄을 기다리며 내부 이곳 저곳을 둘러보다 왜 티켓 확인을 이중으로 하는지에 대한 궁금증이 풀리기 시작했다. 이제 런던의 유명 관광지들만큼이나 많이 알려진 웨스트엔드의 극장에는 전세계에서 몰려드는 관광객들의 발길이 끊이지 않는다. 우리나라와는 다르게 뮤지컬을 관람하는 관객들 외에도 극장을 찾는 관광객들이 많은 웨스트엔드 입장에서는, 공연 시간이 가까워질 무렵 제한적인 장소에 아무나 입장을 허락한다면 너무나 혼란스럽겠다는 생각이 들었다. 우리 입장에서는 체감하기 어려운 분위기지만, 세계인의 관심을 받는 런던에서는 뮤지컬 극장을 비롯한 다른 어느 곳이든 이런 번거로운 절차들이 필요할 수밖에 없겠다는 생각이 들었다.

알코올과 사이가 좋은, 흔히 우리가 서양인이라고 부르는 백인종에게 어딜 가도 간단히 술 한잔 정도 즐기는 건 그리 어려운 일이 아니다. 아니나 다를까, 본격적인 무대를 마주하기 전 도착한 극장 한켠에는 깔끔하고 환한 분위기의 바가 마련되어 있었다. 그것도 극히 제한된 주류 몇 가지만이 아닌 맥주, 샴페인을 비롯해 꽤 많은 종류의 술을 즐길 수 있는 곳이었다. 평소 술을 썩 즐기는 편은 아니었지만 순간 다양한 마실 것들을 보니 한잔의 알코올이 당기기 시작했다. 하지만 공연을 앞두고 내 몸에 알코올을 섞는다는 건 공연을 보지 말라는 얘기와 같다는 걸 알기에 맥주 한잔 정도 즐기고픈 나의 침샘과 오른손을 자제시킬 수밖에 없었다. 대신, 살인적인 런던 물가를 다시 한번 실감하게 해준 3.5파운드짜리 생과일 주스를 사 들고 테이블들 중 한자리를 차지하고 앉았다. 주변에 앉아있는 사람들, 주문하는 사람들을 유심히 살펴보니 나같이 순수한 음료를 주문한 사람은 별로 없었다. 처음 보는 모습도 아닌데 이상하게도 그날따라 어색하게 느껴졌다. 물론 이들에게는 주스와 술 사이에 우리만큼의 큰 경계가 있지는 않겠지만, 나만의 생각이었을까? 그곳에서 만큼은 왠지 내 스스로 묘한 느낌이 들었다. 과연, 이들을 술로부터 자유롭게 만든 것은 무엇일까? 자칫하면 인간을 잡아 삼키기도 하는 것으로부터 말이다. 단순히 그들이 동양인들에 비해 알코올에 강한 DNA를 갖고 태어나서일 수도 있겠지만, 다른 사람들에게 피해주지 않고 스스로 술을 즐기는 것에 익숙해져 있기 때문이 아닐까 하는 생각이 들었다. 그들의 문화가 우리의 문화보다 '성숙한 문화'라는 말보다는 '제대로 즐길 줄 아는 문화'라는 표현이 더 적절했던 순간이었다.

❋ 본격적인 무대를 마주하기 전 도착한 극장 한 켠에는 깔끔하고 환한 분위기의 바가 마련되어 있었다

공연 시작 10분 전. 나에게는 큰 의미를 갖는 순간이다. 뮤지컬이란 또 다른 세상을 알게 해준 바로 그 작품을 런던 웨스트엔드에서 보게 되었으니 말이다. 드디어 무대가 있는 홀 안으로 들어섰다. 생각보다 내부 규모는 작았지만 관객들이 작품에 집중하기에는 딱 알맞은 크기였다. 역시나 무대에는 오페라의 유령을 상징하는 물건 중에 하나인 샹들리에를 덮고 있는 널찍한 천이 보였고, 섬세하고 클래식한 내부 장식들이 내 눈을 사로잡았다. 모든 것이 내가 계획하고 원하는대로 흘러가고 있었고 제법 좋은 좌석을 선점해 놓은 나로서는 재밌게 작품을 관람하는 일만 남아있었다. 군데군데 빈 좌석이 보이기는 했지만, 매진에 가까운 좌석 상황은 30년이라는 오랜 기간 동안 공연해 온 작품이라고는 믿기지 않을 정도로 여전히 높은 인기를 증명하고 있었다.

곧 암전이 되고 오페라의 유령만이 가지고 있는 스산한 분위기로 극이 시작되었다. 눈을 감아도 머릿속에 뚜렷이 남아있는 장면들, 천장 위로 향하는 샹들리에와 가슴을 뛰게 하는 넘버에 빠져들기 시작했다. 하지만 그 기쁨도 잠시. 나는 왠지 모를 나른한 느낌과 함께 정신이 점점 몽롱해져 마치 꿈을 꾸고 있는 듯 했다. 진짜 꿈이라면 제발 깨지 않았으면 하는 마음이었다. 그리고 머지않아 극 중 내가 좋아하는 장면인 'The Phantom of The Opera'를 부르며 팬텀의 은신처가 나타나는 신비롭고 긴장되는 장면에서 나는 정신을 잃고 말았다. 전혀 상상도 하지 않았던 일이 벌어지고 말았던 것이다. 내가 그토록 좋아하는 뮤지컬, 그것도 웨스트엔드에서의 첫 공연을 보던 중에 졸게 될 줄 누가 알았을까? 런던으로 떠나기 전, 나는 온통 떠날 생각에만 들떠 시차 적응이라는 놈을 미처 생각하지 못했다. 그때까지만 해도 아무리 먼 비행을 한 후라도 크게 시차라는 걸 느껴보지 못했던 나였기에 공연 시간, 극장 위치, 사전 예매 같은 것만 생각하며 시차라는 걸 너무 얕보고 있었던 것이다. 때문에 공연이 시작한지 얼마 지나지 않아 생각지도 못했던 '졸음'이라는 복병과 사투를 벌여야 했다. 처음에는 물을 마시고 다리를 꼬집으면 제압이 가능했지만, 녀석은 이내 통제불능 상태에 이르고 말았다. 누군가가 내게 약을 먹인 것처럼 내 몸은 무감각해지기 시작했고 놈은 온몸에 찰싹 달라 붙어 도무지 떨어지려 하지 않았다. 끝내 병든 닭처럼 머리를 하염없이 박았다 들었다 반복하며 공연을 관람, 아니 정확히 말하자면 꿈 속에서 관람

해야만 했다. 커튼콜이 되어서야 다시 제 정신으로 돌아왔지만, 거의 두 시간 내내 꾸벅꾸벅 졸았던 걸 생각하면 너무 창피해서 기립박수조차 칠 수 없었다.

이렇게 웨스트엔드와의 첫만남은 썩 유쾌하지 못하게 끝나고 말았다. 그때까지만 해도 나는 내가 언제 다시 이 런던 땅을 밟게 될지 모른다는 생각에 내 자신이 원망스럽고 또 원망스러웠다. 하지만 누군가가 간절히 원하면 이루어진다고 했던가? 그 바람이 현실이 되어 정말 뜻하지 않은 기회로 다시 한 번 런던을 찾게 되었다. 내 다시는 그런 멍청한 실수를 하지 않겠노라 결심하고 두 번째로 Her Majesty's Theatre를 찾았다. 스산한 분위기로 눈과 귀를 사로잡는 무대, 각자의 몫 그 이상을 해내며 관객들을 매료시키는 배우들은 '역시!'라는 감탄사를 연발하기에 충분했다. 모든 장면 하나하나가 놓칠 수 없는 보석 그 자체였다. 이제는 내 몸이 기억하고 있는 작품이 되어버린 오페라의 유령. 언제 어디서 이보다 더 내 마음에 들어오는 작품을 만나게 될지 모르지만 더 이상 말이 필요없는 이 작품에 나는 뮤지컬 그 이상의 의미를 부여하게 된다.

뮤지컬 '오페라의 유령'을 말할 때, 절대 빼놓을 수 없는 한 사람이 있다. 작곡가 앤드류 로이드 웨버(Andrew Lloyd Webber). 웨스트엔드의 가장 화려했던 시절을 이끌었다고 해도 과언이 아닌 그는 1977년에 설립되어 현재 영국 외에만 30개가 넘는 지사를 두고 있는 대형 뮤지컬 제작사 'The Really Useful Group(RUG)'의 회장이기도 하다. 웨버는 세계적으로 인정받는 각종 상들을 휩쓸었으며 그 외에도 수많은 기록들을 남겨 뮤지컬 계의 전설이라 불리는 작곡가다. 특히, 락 뮤지컬 '지저스 크라이스트 수퍼스타(Jesus Christ Superstar)', 세계 4대 뮤지컬에 포함되는 '캣츠(Cats)'와 '오페라의 유령'을 작곡한 것으로 유명세를 얻었으며, 그중에서도 바로 이 '오페라의 유령'이라는 신이 내린 작품으로 본인의 이름을 널리 알렸다. 또 전세계 뮤지컬 관객들의 시선을 웨스트엔드로 돌려 놓은 장본인이기도 하다. 그는 이러한 공을 인정받아 1992년 영국 왕실로부터 기사 작위를 받고, 1997년에는 남작 작위(The Lord Lloyd-Webber)까지 받게 된다.

하지만, 항상 놀랄만한 기록을 세울 것 같던 그에게도 암흑기는 있었다. '오페라의 유령'을 발표한 1986년 이후로 몇 편의 작품들을 내놓았지만 연이

어 흥행에 실패했다. 그리고 2010년 '오페라의 유령'의 기대와 명성을 한 몸에 받고 야심차게 준비한 속편 '러브 네버 다이즈(Love Never Dies)'는 문화적 장르를 불문하고 속편이 본편을 뛰어넘기 어렵다는 속설을 증명이라도 하듯 철저히 관객의 선택에서 멀어져 갔다. 이 작품에 실망한 많은 관객들은 입을 모아 스토리에 문제가 있다고 말하곤 했지만, 내가 생각하는 가장 큰 패인은 아마도 어정쩡한 캐릭터로 전락한 팬텀의 설정 때문이지 않을까 생각한다. 본편의, 사랑 때문에 살인도 서슴지 않았던 나쁜 남자(?)의 중독성을 전소시켜 버렸던 것이다. 어쨌든 아쉽게도 너무나 일찍 막이 내려 DVD로밖에 볼 수 없어 극의 내용과 연출을 정확히 알 수는 없었지만, 우리나라에 OST가 들어왔을 때 들었던 넘버들만큼은 기대감을 채워 주기에 충분했다. 특히, '팬텀'이 10년이라는 긴 시간 동안 '크리스틴'만을 그리워하며 부르는 'Till I Hear You Sing'은 앤드류 로이드 웨버가 얼마나 천재적인 재능을 가지고 있는지 다시 한 번 실감하게 되는 곡이다. 때문에, 2013년 음악상까지 받았던 훌륭한 넘버들이 작품의 다른 요소들 때문에 사장된 것 같은 느낌이 들어 너무나 안타깝다. 불 꺼진 방 안에 나 홀로 'Till I Hear You Sing'을 들으며 '만약, 막장 드라마와 같은 이 스토리가 한국에서 먼저 공연되었다면 어땠을까?'하는 생각을 해본다. 눈을 감아도 들리는 음악과 팬텀의 가면, 그리고 수백 개의 촛불들은 여전히 알 수 없는 미지의 세상으로 나를 이끈다.

Her Majesty's Theatre

오페라의 유령(The Phantom of The Opera)

▌ **극장 주소** : 57 Haymarket, London, SW1Y 4QL

▌ **가는 방법** : Bakerloo or Piccadilly Line 피카딜리
　　　　서커스(Piccadilly Circus) 역에서 도보
　　　　3분 / Northern or Bakerloo Line 차링
　　　　크로스(Charing Cross) 역에서 도보 3분

▌ **러닝 타임** : 2시간 30분

▌ **공연 시간**

	일	월	화	수	목	금	토
오후					2:30		2:30
저녁		7:30	7:30	7:30	7:30	7:30	7:30

스토리(Story)

음산한 분위기를 풍기는 경매 장면. 옛 기억을 떠올리며 극은 시작된다.

파리의 오페라 하우스. 극장에서는 오페라 '한니발'의 연습 도중 아무도 없는 천장에서 무대장치가 떨어지는 사고가 발생한다. 지난 수년간 비슷한 일들이 잦았던 탓에 많은 사람들은 극장에 유령이 살고 있다고 믿고 있었고 별일 아니라는 극단주의 말에 여주인공이었던 '칼롯타'는 화가 나 그곳을 떠난다. 공연은 이미 매진되었고 다급해진 극단주는 다른 여주인공을 찾는다. 극단의 무용수였던 '크리스틴'은 '마담 지리'의 도움으로 오페라 가수로 화려하게 데뷔하게 되고, 극단의 후원자였던 '라울'은 공연 중 그녀가 어릴 시절 함께 추억을 쌓아온 꼬마 소녀라는 사실을 알게 된다. 공연이 끝난 후 라울은 저녁을 함께 하자고 제안하고 홀로 남은 크리스틴. 곧 그녀의 음악적 멘토였던 '팬텀'이 거울 속에서 나타나고 크리스틴은 마법에 걸린 듯 무언가에 이끌려 팬텀과 함께 지하 은신처로 가게 된다. 그 이후로 극장에는 알 수 없는 사건들이 벌어지기 시작하는데…

좌석 고르기 Tip

웨스트엔드의 시초이기도 한 Her Majesty's Theatre. 객석에는 상층부를 받치고 있는 기둥(좌석 배치도 흰색 부분)이 곳곳에 위치하고 있어 사전 티켓 예매 시 시야 제한석(Restricted View)인지 충분히 고려해야 한다. 당연히 일반석과 시야 제한석은 가격 차이가 있다. 또, Stalls석(1층) P열 이후 좌석에는 상단 Royal Circle석에 가려진 시야 제한석이 있으며 Royal Circle과 Grand Circle에도 생각보다 많은 시야 제한석이 있으니 이 또한 티켓 예매 시 유의해야 한다. 오페라의 유령의 경우, 샹들리에가 떨어지는 모습과 그 위에 올라있는 팬텀의 모습 등 선택한 좌석에 따라 보는 재미가 달라지는 작품이기 때문에 여러 번 관람해도 새로운 재미가 있는 작품이다. 일반적으로 Stalls M열까지를 관람에 최적인 좌석으로 본다. (단, 앞쪽 좌석에도 맨 가장자리 좌석은 시야 제한석이 있음)

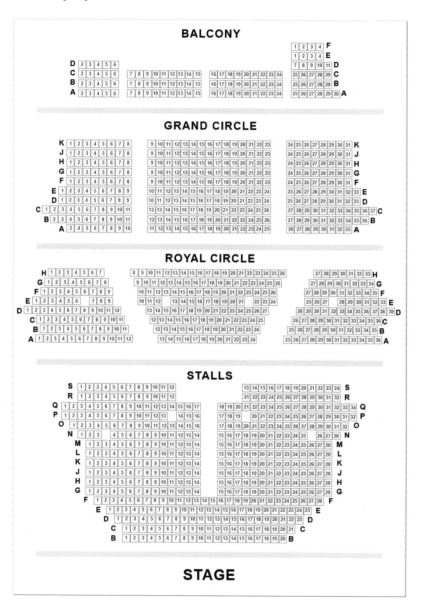

SCENE 03 런던을 찾는 사람들

한때 영국은 '대영제국'이라는 이름으로 전세계를 연합국으로 여길 정도의 전성기를 누렸던 시절이 있었다. 그리고 요즘 들어 그 의미가 과거에 비해 많이 퇴색해 실질적인 권한보다는 영국의 상징적인 존재긴 하지만, 왕(현 엘리자베스 2세 여왕)과 왕족, 귀족이라는 계층이 존재하는 세계에 몇 안 되는 국가이다. 게다가 중산층 이하 사람들도 평소에는 도무지 속을 알 수 없는 성격을 가지고 있는데다가 대부분의 나라가 국경이 모호한 유럽 연합에 속해 있는 한편, 섬나라이기도 하다. 그래서인지 영국은 다른 나라와는 뭔가 다른, 베일에 싸여 있는 듯한 신비로운 이미지를 가지고 있다. 그중에서도 잉글랜드의 수도 런던은 이 모든 것을 대표하는 도시이자 가까운 유럽인들마저도 호기심을 갖고 있는, 손에 꼽히는 관광도시이다.

최근 제조업이 침체되고 있는 영국에서 집중하는 주요 산업 중에는, 교육이나 금융 같이 나라를 지탱하는 힘이 되는 분야가 있는가 하면, 친숙하지만 무시할 수 없는 관광 사업도 급부상하고 있다. 이 책의 주제인 뮤지컬과 축구의 경우에도 서로 다른 성격을 가지고 있는 문화 콘텐츠지만, 관광이라는 틀 안에서 수십 년 전부터 치열한 경쟁을 통해 자국민들만을 위한 문화가 아닌 관광객들까지 끌어들이는 상품으로 발전해왔다. 실제로 매일 저녁 웨스트엔드 극장 안에서는 관광객으로 보이는 사람들을 어렵지 않게 발견할 수 있고, 런던을 연고지로 하는 프리미어리그 팀들의 유료 멤버십 회원들 중에는 외국인이 상당수 포함되어 있다.

대다수의 사람들에게 다른 세상의 문화로만 여겨져 왔던 뮤지컬은, 최근 들어 이제 더 이상 일부 마니아 층의 전유물이 아닌 대중화의 길로 접어들고 있다. 그에 따라 국내 뮤지컬 시장 또한 엄청난 성장을 하고 있으며, 웨스트엔드와 뉴욕 브로드웨이까지 관심을 갖는 사람들이 늘어나기 시작했다. 최근에는 대학생들의 특권처럼 여겨졌던 유럽배낭여행이 전 연령대로 확산되면서 유럽 연합에 속해있는 영국의 중심, 런던에서 뮤지컬 한편 정도 보지 않으면 영국을 갔다 왔다고 할 수 없을 정도로, 뮤지컬 관람은 필수 코스가 되어버렸다. 뿐만 아니라 근래에는 2, 3회 이상 관람을 계획하는 여행객들도 많아졌다. 뮤지컬은 여행 중에 한번쯤 거칠 수도 있는 경험에 그치지 않고 지속적으로 마니아 층을 만들어내는 즐길거리가 되어가고 있는 것이다

이렇게 강력한 매력을 어필해왔던 탓일까? 영국, 아니 정확히 말하자면 런던 여행을 계획하는 많은 사람들(흔히 영국을 간다고 하는 사람들은 런던만 여행하고 돌아오는 경우가 대부분이다)은 한달, 많게는 2,3개월 전에 미리 티켓을 예매하고 극장을 찾는다. 무엇 때문일까? 모르긴 몰라도 '웨스트엔드', '프리미어리그'가 상징하는 본고장의 정통성과 상징성 때문이 아닐까 싶다. 뮤지컬의 경우, 지난 십수 년간 운 좋게도 세계 곳곳을 돌아다니며 여러 문화를 접해본 결과, 솔직히 영국 말고도 그만큼의 공연 퀄리티를 보여줄 수 있는 나라들은 얼마든지 존재한다. 하지만 내가 감동적으로 봤던 그 작품을, 만들어지고 첫 공연이 시작된 바로 그 도시, 그 극장에서 관람할 수 있다는 건 단순히 런던에서 좋아하는 작품을 본다는 것을 넘어 어쩌면 말로 설명할 수 없는 감동일 지도 모르는 일이다.

❋ 하루에도 수십 편의 공연이 올라가는 런던의 밤거리는 모든 공연이 끝난 10시 이후에도 활기가 넘친다.

최근 5년 사이, 런던의 미스터리하고 신비로운 분위기를 잘 표현한 걸작 '셜록(Sherlock)'이 등장했다. 2010년 첫 회가 방영되고 2년마다 한 시즌을, 그리고 시즌별로 단 3회에 불과한 분량(지금까지 총 9회)으로 시청자들을 감질나게 하는 드라마이다. 하지만 누구나 알만한 '셜록'이라는 캐릭터를 중심으로 시선을 사로잡는 스토리와, 보면 볼수록 빠지게 되는 주연 베네딕트 컴버배치(Benedict Cumberbatch)의 매력적인 연기로 시즌 1이 시작하자마자 극의 배경인 런던은 전 세계인의 재조명을 받았다. 드라마의 인기는 런던으로 몰려드는 관광객 수에도 큰 영향을 끼쳤던 것으로 보인다. 드라마 '셜록' 이후 원작 소설 '셜록 홈즈'를 아이템 삼아 1990년에 만든 런던의 '셜록 홈즈 박물관(The Sherlock Holmes Museum)'을 찾는 사람들이 눈에 띄게 늘어났다. 첫 회가 방영된 지 5년이 다 되어가지만 박물관 앞에는 여전히 줄지어 기다리는 관광객들로 붐빈다. 셜록 홈즈 박물관은 입장을 원하는 사람수에 비해 내부 공간이 턱없이 비좁아 사람 한 명 지나가기, 사진 한 장 제대로 찍기 힘들다. 하지만 사람들은 천재적이고 비밀스러운 셜록에 매료되어 지금도 런던의 궂은 날씨를 기꺼이 감수하며 환상적인 셜록의 세상을 경험하려고 한다. 설사 누군가가 가지 말라고 뜯어말린다 하더라도, 혹은 막상 갔다와서 후회를 한다 하더라도 가게 되는 곳이다. 실존 인물처럼 느껴지는 셜록의 흔적을 보고야 말겠다는 강력한 일념으로 이곳을 찾는 사람들도 적지 않은 걸 보면 문화의 힘이란 실로 놀랍다는 걸 새삼 느끼게 된다.

✸ 언제나 붐비는, 관광객들의 발길이 끊이지 않는 셜록 홈즈 박물관. 셜록이 실존했던 인물인 것 같은 착각을 불러일으킨다.

한편, 유럽 여행을 다녀온 사람들 중 일부는 여행 중에 현지인으로부터 인종차별을 느낀 경험이 있다고 말한다. 나 역시 유럽의 여러 나라에서 크고 작은 차별을 느껴본 적이 있다. 어떤 상황이든 여행 중에 이런 일을 겪는다면 결코 유쾌한 일이 아닐 것이다. 과거에 비해 한국의 이미지가 많이 달라진 건 분명하지만 특정 국가보다는 '아시아계'로 통칭되는, 예의가 없고 규칙을 잘 지키지 않는 인종이라는 이미지는 일부 현지인들에게 아직 남아있는 듯 하다. 그리고 언제 어디서부터 시작된 선입견인지 모르겠지만 특히 영국에서는 동양인들에 대한 차별이 심하다고 여기는 사람들이 적지 않다. 하지만 어쩌면 이 모든 게 진짜 차별은 아니었을지도 모른다.

영국 여행 중에 겪었던 한 가지 사건이 떠오른다. 비교적 날씨가 좋았던 6월의 어느 날. 잉글랜드 북서부의 대도시 버밍엄(Birmingham)을 떠나 웨일즈의 수도 카디프(Cardiff)로 가는 기차 안에서 벌어진 일이다. 나는 영국으로 떠나기 전에 일정에 따른 기차편을 미리 예매해 현지 기차역에 비치된 무인기를 통해 티켓을 발급 받았다. 언제나처럼 기차 티켓을 받아 들고 들뜬 마음으로 기차에 올라탔다. 열차 안에는 중년의 아주머니 한 분 외에 아무도 없었는데 예약한 좌석을 찾아가던 중 그 아주머니가 앉아있던 자리가 내 자리였음을 알게 되었다. 나는 아주머니에게

"저… 실례지만 여기는 제 좌석인 것 같은데요."

라고 했지만 예상과는 다른 퉁명스러운 대답이 들려왔다.

"다른 좌석도 많은데 왜 굳이 여기 앉으려는 거에요?"

"제가 이 좌석을 예약했거든요. 이 표를 보세요."

그리고는 열차표를 보여주었지만 그 아주머니는 전혀 아랑곳하지 않았다. 표를 확인하고 사과하는 대신

"이 안에 예약된 좌석 표시가 하나도 없는데 무슨 소리에요. 나는 당신 말 못 믿겠어요."

라는 말과 함께 다른 좌석으로 가버렸다. 순간 '이건 뭐지?'라는 생각과 함께 전혀 예상치도 못한 감정적 소매치기를 당한 느낌이 들었다. '내가 동양 사람이라고 무시하는 건가?'라는 생각도 들어 따지고 싶었지만, 괜히 타국에서 별일 아닌 일에 내 소중한 일정을 망치지 말자는 생각으로 마음을 다스렸다. 그리고는 한 20분쯤 지났을까? 열차 내 스피커를 통해 차장의 목소리가 들려왔다.

"오늘은 출력 시스템에 문제가 생겨 열차 내 모든 객실에 예약자 표시를 할 수 없었습니다. 불편을 드려 정말 죄송합니다."

그러고 보니 너무 이상한 광경이었다. 아무리 사람이 없는 기차라도 종착역까지 예약자가 이렇게 전혀 없었던 적은 없었기 때문이다.(보통 영국에서는 예약된 좌석에 예약자 이름과 여정이 적혀있는 종이가 일일이 꽂혀 있다.) 다음 역에 정차한 열차 안에선 새로 탑승해 좌석을 찾던 사람과 조금 전 그 아주머니의 목소리가 들려왔다. 아주머니가 앉아있던 자리가 또다시 다른 사람이 예약한 자리였던 것이다. 역시나 아주머니는 출력 시스템 문제로 예약석을 알 수 없어 앉았으니 오히려 그 사람에게 다른 좌석에 앉으라고 했다. 나뿐만 아니라 다른 사람에게도 똑같이 매너가 없는 사람이었던 것이다. 아니면 그런 상황에서는 아무데나 앉아야 하는 게 그들의 문화였을지 모를 일이다. 실제로 당사자와 얘기를 나눠보면, 우리가 차별이라 느끼는 것들은 차별이라기 보다 언어 문제 같은 단순한 오해나 문화 차이에서 발생하는 경우가 적지 않다.(게다가 보통 유럽은 우리나라나 일본 만큼 친절하지 않다.) 그리고 어쩌면 반대로 아주머니 입장에서는 차장의 안내 방송이 없었다면 불쾌한 동양인을 만났다는 생각을 했을지 모를 일이다.

✸ 웨일즈의 수도 카디프의 여러 쇼핑거리 중에 하나인 캐슬 아케이드(Castle Arcade)

런던에서 충동적으로 오페라의 유령을 세 번째 관람하던 날. 내 뒷좌석에는 러시아 계로 보이는 아주머니 두 분이 앉아있었다. 그들은 공연 시작 후 1막 내내 불편한 담소를 나누고 있었다. 나를 포함한 주위 사람들이 슬쩍슬쩍 눈치를 주었건만 알아차리지 못한 건지 알고도 모른 척한 것인지 두 분의 수다는 좀처럼 멈추질 않았다. 1막이 끝나고 휴식 시간이 되자 그들은 잠시 자리를 떠났고, 옆에 있던 런더너로 보이는 사람은 조용한 목소리로 "정말 너무 하는구만…"이라는 말과 함께 역시 자리를 떠났다. 2막이 시작되고 웬일인지 두 분의 다정했던 대화소리는 들리지 않았다. 이유는 알 수 없지만 어쨌든 너무 반가운 일이었다. 자연스럽게 아까 그 영국인의 혼잣말이 다시 떠올랐다. 그 사람은 무슨 생각을 하고 있었을까?

'해외 여행을 하는 모든 사람은 국가대표다.'

내가 비행기를 탈 때마다 마음 한켠에 염두 해두는 생각이다. 어쩌면 이런 말도 안 되는 허세스러운 생각이 자유로운 여행에 방해가 될 수도 있을지 모른다. 하지만 부담스럽게 생각하기보다 별로 친하지 않은 사람의 집을 방문하는 것처럼 우리 집에 있을 때보다 조금씩만 배려하는 마음을 갖는다면 조금씩이나마 한 나라의 이미지가 긍정적으로 바뀌지는 않을까 생각해 본다.

해외에선 모두 애국자?

　런던에는 매일 약 40~50개의 뮤지컬을 비롯한 각종 공연들이 올라
간다. 그중에서도 대표적으로 세계 4대 뮤지컬로 불리는 레미제라블(Les
Miserables), 오페라의 유령(The Phantom of The Opera), 캣츠(Cats),
미스 사이공(Miss Saigon)은 그동안 수많은 기록들을 낳으며 큰 사랑을 받
아 왔다. 이 작품들 모두 웨스트엔드에서 태어난 뮤지컬이지만, 오픈런(공연
이 끝나는 날짜를 특별히 정해놓지 않고 지속되는 공연)으로 공연된 작품은

2013년 까지는 레미제라블과 오페라의 유령뿐이었다. 그런데 2014년 런던에서 미스 사이공(Miss Saigon)이 모두의 기대를 한 몸에 받으며 새로운 캐스팅으로, 새롭게 시작된다는 소식을 듣게 되었다. 오래 전부터 꿈꿔왔던 '웨스트엔드에서 4대 뮤지컬 모두 보기'에 한걸음 다가갈 수 있는 좋은 기회였고, 나는 이 기회를 놓치고 싶지 않았다.

미스 사이공은 훌륭한 작품임에 분명하지만, 한때 아시아인들을 비하하는 내용이 표현되었다는 오해를 사기도 했다. 이런 이슈들은 뮤지컬뿐 아니라 다른 예술계에서도 끊임없이 나오고 있는데,(물론 일부 작품들에 해당되는 얘기지만) 동양인으로서 기분 좋은 일만은 아니다. 나의 경우 작품을 대할 때 되도록 선입견을 갖지 않으려는 성향 때문이었는지 이 작품을 보고 그렇게 눈에 띄는 내용은 느끼지 못했다. 하지만 베트남 전쟁의 아픈 기억을 가지고 있는 사람들이 봤다면 단순히 공연으로만 받아들이기는 어려울 수 있는 장면들이 나오는 건 사실이다. 뮤지컬을 포함해 어떤 장르이건 사람들이 예술을 받아들일 때, 배제할 수 없는 각자의 생각과 경험들이 종종 이렇게 의도치 않은 상황을 만들기도 한다. 때문에 충분한 사전 조사를 통해 작품의 제작 의도와는 상관없이 고개를 갸우뚱하게 만들만한 표현들은 자제되어야 할 것이며, 사고의 프레임이 강한 관객들 역시 한 발짝 뒤에서 생각해보는 유연한 자세가 필요할 것 같다. 때로는 예술이 즐기기 위함을 넘어 심각한 메시지를 담는 직,간접적인 비판과 풍자 등의 긍정적인 역할을 하기도 하지만, 인종차별 등과 같은 민감한 부분을 이유로 오해 아닌 오해를 낳는 일이 없었으면 하는 개인적인 바람을 가져본다.

나는 런던에서 뮤지컬을 볼 때면 늘 극장 입구에서 잠시 나만의 느낌을 안고 들어간다. 이날도 늘 그랬던 것처럼 공연장과 그 주변을 한번 둘러봤다. 평일인데도 대부분의 공연이 시작되는 7~8시에 런던 거리는 먹고 마시고 즐기는 많은 사람들로 붐비고 있었다. 런던을 처음 방문하는 많은 사람들이 걱정하는 것 중 하나인 밤중 치안 문제는 최소한 런던 한복판에서만큼은 전혀 문제될 것 같지 않았다.(실제로도 런던은 유럽에서도 치안이 좋은 편이다.) 뮤지컬 미스 사이공의 극장인 Prince Edward Theatre는 런던의 가장 번화한 지역 중 하나인 소호에 위치하고 있다. 굉장히 복잡할거라 예상은 했지만, 생각보다도 훨씬 붐비는 모습이었다. 보통 평일 6시 이후에는 대부분의 상점들이 문을 닫는 다른 유럽 도시들과는 다른 느낌이었다. 극장 입구는 더욱 그랬다. '이건 뭐 도떼기시장이 따로 없구만…!' 입구에 들어서자마자 바로 든 생각이었다. Prince Edward Theatre는 다른 극장들에 비해 큰 편에 속하는데도 말이다. 사실, '뮤지컬의 본고장'이라고 일컬어지는 웨스트엔드는 우리나라를 포함해 전 세계 뮤지컬 배우들의 꿈의 무대라고 해도 과언이 아니지만, 그 역사만큼이나 오래된 공연장의 퀄리티는 호불호가 심하게 갈린다. 나는 한국에서 뮤지컬을 볼 때 공연장의 시설이나 서비스 문제에 불평을 늘어놓는 사람들을 심심찮게 봐왔다. 나 역시 무대, 음향, 부대시설, 직원 서비스 등에 있어서 개인적 기준에 못 미치는 공연장들에 마음속으로 소심하게나마 불만을 갖곤 했다. 하지만 웨스트엔드에서 뮤지컬을 보기 시작한 이후로는 그런 불만들이 쏙 들어갔다. 웨스트엔드에 있는 대부분의 극장들은 무대 단차나 세트 때문에 Stalls석(1층)의 앞자리나 가장자리에는 시야가 방해되는 좌석들이 많다. 하지만 영국인들은 어느 누구도 불만을 토로하는 사람이 없다. 왜냐하면, 극장은 그런 좌석들을 저렴하게 팔아 티켓을 구매하는 사람들에게 선택권을 주고, 관객들은 가격과 공연의 퀄리티 중에 고르면 되는 일이기 때문이다.

게다가 런던에서 뮤지컬을 볼 때마다 좌석에 앉았다 일어나기를 수십번은 반복하는 것 같다. 우리나라에서는 그래도 상당수의 공연장들의 앞뒤 좌석 간격이 넉넉한 편이어서 중간에 앉아있는 관객들이 굳이 일어나지 않아도 나중에 들어오는 사람이 충분히 들어갈만하다. 하지만 웨스트엔드는 좌석 간 공간도 좁을 뿐 아니라 중간이나 양쪽에 전혀 복도가 없고 객석으로만 채워져 있는 극장들도 있어 가장자리 쪽 좌석을 예약한 사람들이 공연 시작 전 좌석에 편안히 앉아서 극장 내부를 둘러보는 여유를 갖기란 쉽지 않다. 아마도 한국이었다면 많은 관객들이 불편함을 토로하고 극장 측에서는 그런 관객들의 요구에 맞추기 위해 온갖 노력을 기울였겠지만, 신기하게도 런던에서는 그저 웃어 넘길 뿐 불만 있어 보이는 사람들을 찾아볼 수가 없다. 아마도 오래된 극장들이 많으니 이미 적응이 돼 자연스럽게 받아들이게 되었을 거라는 생각도 들고, 일상생활의 기본적인 문화적 차이도 분명히 존재하는 것을 느꼈다. 그것은 서로를 위해 약간의 불편을 감수하는 배려의 차원이기도 하지만, 아직도 아날로그적인 문화가 그들 생활 곳곳에 자리잡고 있기 때문인 것 같다. 이들은 첨단화된 시대에도 중세시대 고서(古書)와 같은 감성을 오랫동안 그대로 간직해 왔던 것이다. 뮤지컬 문화 하나에 이런 생각까지 하는 게 과해 보일 수도 있지만 이것 또한 이들의 문화이고 여행을 하는 즐거움 중 하나라는 생각이 든다. 불편함과 불쾌함을 받아들이는 여유로운 모습에서 나는 새로운 시각으로 많은 것을 느끼고 생각해 볼 수 있었다.

공연이 시작하기도 전에 이렇게 정신 없이 왔다 갔다 하다 보니 내가 미스 사이공을 보러 온 진짜 이유!! 바로 자랑스러운 한국 배우, 홍광호 배우의 연기를 보러 왔다는 사실을 잊고 있었다. 홍광호 배우는 우리나라에서 '오페라의 유령', '지킬 앤 하이드', '노트르담 드 파리', '맨 오브 라만차' 등 세계적으로 인정받은 라이선스 뮤지컬 뿐만 아니라, '살짜기 옵서예', '명성황후', '빨래' 등 굵직굵직한 한국 창작 뮤지컬에도 꾸준히 등장한 실력파 배우다. 그리고 가창력 하나만큼은 세계 어디에 내놔도 손색이 없는, 우리나라 뮤지컬을 이끌어 갈 재능 있는 배우 중 하나임에 분명하다. 게다가 얼마 전에는 미스 사이공에 출연한 계기로 '2014 브로드웨이 웨스트엔드 월드닷컴어워즈(2014 BWW UK Awards)'에서 뉴 프로덕션 뮤지컬 부문 남자조연상(Best Featured Actor in a New Production of a Musical)과 영국 공연 관련 웹진 왓츠 온 스테이지 어워즈(What's On Stage Awards)에서 뮤지컬 부문 남우조연상을 수상하며 전세계에 그의 존재를 알리기도 했다.

이렇게 훌륭한 배우라 하더라도, 웨스트엔드 무대에 아시아 남자배우가 주연급으로 등장한다는 건 아주 이례적인 파격 캐스팅이었다. 그가 세계 4대 뮤지컬을 제작한 카메론 매킨토시(Cameron Mackintosh)의 눈에 띈 캐스팅 과정은 한동안 뮤지컬 계의 큰 이슈거리였다. 수많은 배우들이 참가한 오디션에서 홍 배우가 맡고 있는 투이(Thuy) 역으로 마땅한 사람을 찾지 못하고 고심하던 그는 노트르담 드 파리(Notre Dame de Paris) 공연 때문에 어렵게 영상으로 오디션 자료를 보낸 홍 배우를 보고 단번에 캐스팅을 결정했다고 한다. 보통 카메론 매킨토시는 캐스팅에 있어서 본인이 원하는 배우가 나타날 때까지 오디션 횟수에는 전혀 구애 받지 않는 제작자로 유명하다. 보통 오디오로 1차 합격이 되더라도 실제로 영국에서 최종 오디션을 실시하지만, 홍 배우의 경우는 그렇지 않았다. 이 비하인드 스토리 때문에 전례 없는 캐스팅이라는 수식어는 지금도 그와 관련된 기사에서 쉽게 찾아볼 수 있는 말이 되었다.

미스 사이공은 한국에서 출국하기 전부터 홍 배우 때문에 꼭 보고 싶었던 작품이었고, 평소 실력을 의심하지 않던 배우라 그 기대감은 더욱 컸다. 그래서인지 다른 때보다 더 내 몸이 반응하고 있었다. 심장 박동이 온몸에 느껴졌다. 드디어 극장에 들어왔다. 극장 안은 무대부터 온통 붉은 빛으로 물들어 있었다. 뮤지컬들을 관람하다 보면 몇몇 작품들(찰리와 초콜릿 공장 -

보라색, 위키드 – 녹색 등)은 고유의 상징적인 색을 콘셉트로 내세우는 경우가 종종 있다. 미스 사이공을 이루는 전반적인 색감은 빨간색이었다. 전반적인 극의 느낌을 보여주는 무대 장식과 Stalls(1층)석부터 Balcony석까지 이어지는 조명과 내부 장식은 뮤지컬 관람 전에 극의 분위기를 잡아주는 또 하나의 요소다.

사실, 런던에서 뮤지컬을 보는 사람들 중에는 관광객들이 상당수 포함되어 있다. 그래서인지 나 말고도 사진을 찍으려고 핸드폰을 들고 있는 사람들을 쉽게 찾을 수 있었다. 그렇게 한참 붉은 빛에 빠져 이곳저곳 셔터를 눌러대고 있을 때, 멀리서 직원 한 명이 다가와 나에게 조심스럽게 말했다.

"극장 내부에선 무대 사진 촬영이 금지되어 있습니다."

평소 극장 매너를 중요하게 생각해 왔던 지라 살짝 당황스러워하며 얼른 카메라를 내려놓았다. 꽤 오랫동안 웨스트엔드를 포함해 영국에서 많은 뮤지컬들을 봐왔지만 입장할 때 사진 촬영 금지에 대한 얘기를 들어본 적도, 극장 내부 사진을 찍을 때 특별한 제지를 받아본 적도 없었다.(원칙적으로 극장 내부에서 사진 촬영은 금지이다. 하지만, 공연 전·후에 허용하는 극장들도 있다.) 조금은 의아해 하며 자리에 앉아 부푼 마음을 가라앉히고 공연이 시작되기만을 기다렸다. 미스 사이공은 4대 뮤지컬 중 하나로 꼽힐 정도로 완성도 높은 작품이지만, 레미제라블이나 오페라의 유령처럼 오랫동안 오픈런을 해온 공연이 아니라 항상 예매율이 좋기는 어려운 일이다. 하지만 새로운 프로덕션 공연이 다시 오픈된지 얼마 안 되서인지 평일이었는데도 불구하고 미스 사이공에 대한 대중의 관심은 넓은 Prince Edward Theatre의 좌석을 거의 만석으로 채울 정도로 높아 보였다.

드디어 객석을 압도하는 오케스트라의 음악과 함께 드림랜드(Dreamland, 미스 사이공의 모든 사건의 발단이 되는 배경의 술집)의 첫 막이 올랐다. 예전 베트남 전쟁 시절을 떠올리게 하는 배경과 군인들의 모습이 첫 장면부터 관객의 시선을 사로 잡았다. 웨스트엔드에서의 미스 사이공은 처음이었지만 나는 극에 완전히 몰입하기 힘들었다. 극장에 앉아있는 이 순간이 다른 때와는 다르게 너무나 떨렸다. 한참이 지나서야 무대의 세세한 부분까지 눈에 들어왔고 그 이후에는 내가 기대하던 장면을 설레는 마음으로 기다리며 숨 한번 쉬지 않았을 정도로 집중이 됐다. 머지않아 무대 중앙으로 약간은 허름한 차림의 투이(홍광호 배우)가 뛰어 나왔다. 그 순간, 엄밀히 말하면 나와는 아무 상관없는 사람과 그가 한국 배우라는 이유 하나 때문에 감정을 공유하는 듯한 짜릿함을 느꼈다. 런던 무대 위에서 한국 배우를 보게 되다니, 정말이지 대단하면서도 믿기지 않는 순간이었다. 나는 그의 표정과 몸짓 하나하나를 놓치지 않았고 대사 한마디 한마디, 노래 한소절 한소절이 무대 위에서 실제로 연기를 하고 있는 그보다 나에게 더욱 부담이 되는 것 같은 느낌이었다. 무대의 설렘과 희열을 알고 있었던 탓인지 '영어, 그것도 우리나라 사람들에게 익숙지 않은 영국식 발음인데 어렵지는 않을까? 노래를 참 잘하는 배우인데 이런 중요한 무대에서 실수하지는 않을까?' 같은 쓸데없는 걱정이 들기 시작했다. 초반에는 마치 내 가족인 것처럼 본인보다 더 걱정하며 본 듯 하다. 심지어 '내가 이렇게 홍 배우의 열렬한 팬이었나?'하는 착각까지 들었으니 말이다. 하지만 역시나 그는 언제나처럼 차분히 편안하게 노래와 연기를 이어갔고, 그 모습은 그를 아는 사람들이라면 '역시!'라는 감탄사를 터뜨리기에 충분했다. 다만 한 가지, 홍광호라는 배우는 그가 연기했던 '투이'의 넘버들보다 훨씬 어렵고 감동적인 넘버들을 소화할만한 능력을 갖고 있는 배우인데 그의 깜냥을 제대로 뽐낼만한 넘버들이 없었다는 게 조금은 아쉬웠다. Prince Edward Theatre에 있던 많은 관객들 중에 지극히 나에게만 특별했던 그의 열연은 1막 후반부 '투이'의 죽음으로 끝을 맺게 되었다.(2막에도 잠깐 등장하기는 하지만) 나는 너무 감동한 나머지 순간 앉아 있던 자리에서 벌떡 일어나 다른 관객들에게 '저기 저 사람이 우리나라 사람이에요~!'라고 자랑하고 싶을 정도로 너무나 뿌듯하고 뭐라 말로 표현하지 못할 감정을 느꼈다. 아쉽게도 그런 미친 사람이 되지는 못했지만.

✳ Kim(Eva Noblezada)이 Thuy(홍광호)를 죽이고 오열하는 장면

Prince Edward Theatre

미스 사이공(Miss Saigon)

극장 주소 : 28 Old Compton St, London, W1D 4HS

가는 방법 : Piccadilly or Northern Line 레스터 스 퀘어(Leicester Square) 역 도보 3분 / Central or Northern Line 토트넘 코트 로드(Tottenham Court Road) 역 도보 5분

러닝 타임 : 2시간 40분

공연 시간

	일	월	화	수	목	금	토
오후					2:30		2:30
저녁	7:30	7:30	7:30	7:30	7:30	7:30	

스토리(Story)

1975년 베트남 전쟁에 참전한 '크리스'는 그의 친구 '존'과 함께 '드림랜드'라는 이름의 클럽을 찾게 된다. 이곳에서는 최고의 바(Bar)걸인 '미스 사이공'을 뽑는 무대가 펼쳐지고 클럽 주인인 '엔지니어'는 전쟁에서 도망쳐 클럽에 새로 들어오게 된 '킴'을 소개한다. 크리스는 전쟁에 대한 공포로 이 상황이 내키지 않지만 킴의 순수함에 끌려 곧 마음을 빼앗긴다. 둘은 달빛이 비추는 작은 방에서 하룻밤을 보내게 되고 사랑을 느끼게 된다. 한편, 서로의 사랑을 맹세하는 조촐한 결혼식 도중 킴의 약혼자였던 '투이'가 나타나 격분하며 그녀를 데려가려 하지만 킴은 함께 가지 않는다. 크리스는 킴을 미국으로 데려가기로 마음먹지만 갑작스러운 미군의 철수로 어쩔 수 없이 헬기에 홀로 몸을 싣게 된다. 그 후로 3년, 홀로 남겨진 킴은 크리스의 아들을 낳고 힘든 하루하루를 보내지만, 여전히 그와 함께 보낸 시간을 잊지 않고 그리워한다. 호치민 위원이 된 투이는 엔지니어를 시켜 킴을 찾아내고 약속했던 결혼을 요구하지만 그녀에게 거절당한다. 아들의 존재를 알게 된 투이가 분노에 가득 차 탐(아들)을 죽이려고 위협하자 킴은 우발적으로 투이를 죽이고 오열한다. 그리고는 안전한 곳을 찾아 방콕으로 향하게 되는데…

 좌석 고르기 Tip

홍광호 배우 때문에 2014~15 상반기까지 런던을 찾았던 우리나라 뮤지컬 팬들의 필수 코스가 되어버린 Prince Edward Theatre.
비교적 큰 편에 속하는 극장으로 주말이나 성수기를 제외하고는 티켓이 없어서 못 보는 공연은 아니다. 하지만 당연히 좋은 좌석을 확보하기 위해서는 미리 예약하는 걸 추천한다. 극장 내부에 기둥 같은 관람에 방해가 되는 구조물이 없어 웨스트엔드 극장들 중 시야 제한석(Restricted View)이 많지 않은 극장 중 하나이다. 다만, Stalls(1층) A~K열까지는 한 열당 30여 개의 좌석들이 중간에 복도가 없는 구조로 되어있어 공연 시작 전 약간의 불편함이 있을 수 있다. 전반적으로 티켓 예매 시 특별히 고민할 점이 거의 없는 극장이다.

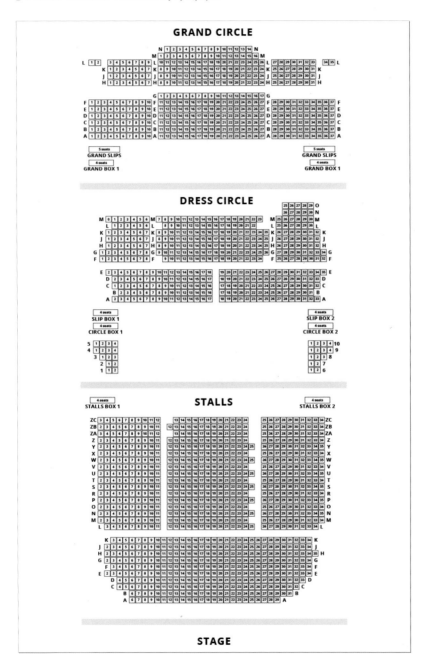

전 세계가 사랑하는 그 이름

사람들은 인생을 살아가며 여러 가지 환경에 노출되며 그것들로부터 적 잖은 영향을 받으며 삶을 즐기기도, 위안을 받기도 한다. 그 많은 영향력 중 상당한 부분을 차지하는 것이 바로 '음악'이라는 신이 내린 선물일 것이다. 음악은 남녀노소를 불문하고 각각 서로 다른 취향으로 즐길 수 있다. 때로는 삶의 일부 또는 전부가 되며, 명약이 되고 공기처럼 없어서는 안될 무형의 보석이 된다. 때문에, 우리는 이 세상에 둘도 없는 세기의 명약을 개발한 사 람을 궁금해하고 그것을 적재적소에 처방한 의사를 무한 신뢰하게 되며, 그 이후에도 비슷한 문제가 생기면 역시나 그들을 찾게 될 것이다.

영국에는 전 세계를 흔들어 놓은, 대중적 인기는 물론 수많은 천재 뮤지 션의 정신적 멘토 역할을 하며 예술적 영감의 불씨가 되었던 팝 그룹 비틀 즈(Beatles)를 비롯해 롤링 스톤즈(Rolling Stones), 퀸(Queen), 오아시스 (Oasis)와 같은 전설적인 뮤지션들이 많다. 이들은 지구상에 필요한 획기적 인 명약 중의 명약을 제조하고 처방함으로써 사람들의 머릿속에 각인되었고 창의적인 음악가들을 간접적으로 배출하며 전 세계 음악 시장을 풍요롭게 살 찌운 장본인이 되었다. 평화의 메시지를 담은 노래를 많이 불렀던 비틀즈의 존 레논(John Lennon)은(아직도 체코 프라하에는 자유를 갈망하는 공공의 낙서장, '존 레논 벽'이 관광지로 남아있다.) '엘비스가 나타나기 전까지 나에 게 영향을 준 것은 아무 것도 없다(Nothing affects me until Elvis)'고 하 며 그에게도 음악적 영향을 준 대상이 있었다고 털어놓았다. 이렇게 누군가 의 생각이나 느낌이 아무런 물리적 강요 없이 특정한 매개체를 통해 전달될 수 있다는 건, 우연히 다가온 상상 속의 이상형처럼 신비롭고 가슴 벅찬 일 이 아닐 수 없다.

이런 세계적인 명반들은 뮤지컬에도 파급되어 왔다. 웨스트엔드의 위윌 락유(We will rock you, 퀸Queen)와 브로드웨이의 올슉업(All shook up, 엘비스 프레슬리Elvis Presley)과 함께 최근 우리나라에서도 광화문 연가(이 영훈), 그날들(김광석) 같은, 음악이 줄 수 있는 최고의 감동을 남기고 떠난 뮤지션들의 향수를 느끼게 해주는 작품들이 속속 만들어지고 있다. 이런 뮤지컬들 중에서도 단연 가장 돋보이는 작품으로 뮤지컬 '맘마미아(Mamma Mia)'를 꼽게 된다. 1970년대 전 세계 팝 문화에 한 획을 그었던 스웨덴의 팝 그룹 '아바(ABBA)'. 뮤지컬 맘마미아는 '아바(ABBA)'의 명곡들을 캐서린 존슨(Catherine Johnson)의 스토리에 완벽하게 접목해 관객이 자칫 뮤지컬을 염두하고 만든 음악으로 착각할 정도로 새롭고 완성도 높은 작품으로 탄생되었다. 'Honey Honey', 'Money Money Money', 'Mamma Mia', 'Dancing Queen', 'Gimme Gimme Gimme', 'The Winner Takes It All' 등 이름만 들어도 알만한 친숙한 넘버들은 관객들의 감정이입을 끌어내는 마법 같은 음악으로, 배우와 관객이 하나가 되어 예술적, 감정적 교감을 할 수 있게 해주는 중요한 역할을 한다.

뮤지컬 맘마미아는 따뜻한 물잔에 넣은 티백의 빛깔이 잉크처럼 퍼져 고유의 향을 내듯, 전 세계가 사랑한 아바의 음악이라는 매력적인 향기로 관객들의 크나큰 사랑을 받으며 입소문이 나기 시작했다. 상과는 인연이 없어 이렇다 할 수상을 하지는 못했지만 첫 공연이 시작된 1999년 이래로 웨스트엔드와 브로드웨이에서 꾸준히 롱런하고 있는 작품이다. 또한, 맘마미아는 작품의 인기뿐 아니라 한 사람의 인생이 담겨있는 뮤지컬이기도 하다. 작품이 탄생하기 전, 가난한 싱글맘이었던 작가 캐서린 존슨은 힘들고 고달팠던 자신의 상황을 자신이 직접 선택한 음악들과 함께 이야기로 풀어내었다. 작가의 시선으로 선택된 넘버들은 작품에 극적 효과를 줄 수 있었고 그녀의 감성이 담긴 흔적을 'I have a dream', 'Money Money Money', 'The winner takes it all' 같은 넘버를 통해 작품 곳곳에서 발견할 수 있다. 특히 극 중 도나(Donna)가 딸 소피(Sophi)의 결혼식을 앞두고 옛 기억을 떠올리며 부르는 노래 'Sleeping Through My Fingers'는 그녀가 인생에서 가장 소중하게 생각하는 아이들을 떠올리며 쓴 부분으로 감정이 북받치게 하는 장면이다.

런던 여행을 계획하는 사람들이라면 대부분 일정표 상에 한 꼭지를 차지하게 되는 코벤트 가든(Covent Garden). 이젠 너무나도 유명해져 12시간의 긴 시간을 날아온 한국인들을 언제든 어렵지 않게 발견할 수 있다. 왁자지껄하면서도 차분하고, 야외의 우스꽝스러운 거리 공연이 있는가 하면 의외의 울림이 있는 가벼운 클래식 공연이 있는 곳. 이런 매력 덕분에 코벤트 가든에 익숙해진 나도 사진 찍기에 여념이 없는 관광객들과 별 다를 바 없는 행복감을 느낀다. 누구나 각자 저마다의 감성이 있듯이 우리나라와는 달리 사계절의 경계가 모호한 이곳을, 볼 때마다 다른 두근거림으로 다가오는 뮤지컬처럼 나는 참 좋아한다. 특히 뮤지컬을 관람하는 날, 해가 뉘엿뉘엿 넘어가는 시간부터 대부분의 저녁 뮤지컬이 시작되는 7시 30분까지는 소중한 순간을 나만의 감성으로 채우기에 더할 나위 없이 좋은 시간이다. 게다가 코벤트 가든은 웨스트엔드 뮤지컬들이 공연되는 주요 극장들과 도보로 이동해도 될 정도로 가까워 더욱 좋다.

나는 테이블이 내려다 보이는 코벤트 가든의 난간 어딘가에 내 몸을 의지하며 주섬주섬 이어폰을 꺼내 귀에 꽂았다. 일렉기타와 드럼, 베이스기타와 키보드 사이로 간간히 튀어나오는 브라스(Brass)의 조화가 너무나 반가웠다. 뮤지컬을 기다리며 듣는 넘버들은 나에게 축구선수가 경기 시작 전 부상 방지와 경기 감각을 위해 충분히 Warm-up하는 준비 운동과 같다. 여느 때와 다름없는 장소에서 각자의 얼굴에 패인 주름과 어울리는 미소로 마주 앉은 소중한 사람들과 함께하는 시간들이 더없이 행복해 보였다. 현대를 살아가는 사람이라면 누구나 느낄 일상의 압박과 스트레스는 지금 이곳에서 전혀 어울리지 않는 어색한 말이 되어 버린다. 평소에 쳐다보지도 않던 갓 구워진 소시지와 따끈따끈한 감자튀김이 내 눈에 들어왔다. 그리고 그 옆에 두툼한 손에 들려있는 맥주 한 잔. 그 사람은 간단한 식사와 맥주 한 모금으로, 나는 내 앞에 펼쳐진 잡지 같은 장면들과 귓가에 울리는 음악이 함께하는 뮤직비디오로 지금 이 순간을 누구보다 즐기고 있었다.

❋ 코벤트 가든의 북적거림은 웬일인지 전혀 시끄럽거나 복잡하게 느껴지지 않는다.

　심하게 나홀로 분위기에 심취해서였을까? 평소 시간에 예민하게 반응하는 내가 시간가는 줄도 모르고 코벤트 가든 주변만 맴돌고 있었다. 그러다 보니 어느덧 시계는 7시 20분을 가리키고 있었다. 갑자기 마음이 급해졌다. 그나마 다행히도 맘마미아는 다른 뮤지컬과 다르게 7시 45분에 저녁 공연을 시작하는데다 극장인 Novello Theatre가 코벤트 가든에서 5분 정도면 도착할 수 있는 거리에 있다. 나의 기럭지(?)를 유용하게 써먹을 수 있는 순간이었다. 성큼성큼 발걸음을 옮겼다. 해는 이미 저물어 런던의 화려한 불빛 가득한 밤거리 사이로 줄지어 서있는 사람들이 보였다. 시간이 많지 않아 걸어오며 미리 꺼내 놓았던 바우처를 입구 극장 직원에게 보여주고 서둘러 입장했다. 실내는 다른 어느 극장보다 고풍스럽고 멋지게 장식되어 있었다. 하지만 나는 머지않아 비좁고 복잡한 Novello Theatre의 구조에 당황할 수밖에 없었다. 티켓 확인 후 입장한 곳에는 작은 Sam's Bar와 다섯 평 남짓한 공간에 서로 몸을 부대끼는 사람들로 넘쳐났고, 화장실은 도무지 어디인지 몰라 헤매야 했다. 여유로운 극장 구경은 어쩔 수 없이 다음으로 미루고 바로 극장 홀 안으로 들어갔다. 예상대로 홀 내부 역시 규모가 작은 극장이었지만, 웅장한 분위기만큼은 어느 극장에도 뒤지지 않을 만큼의 포스를 풍기고 있었다.

❋ 공연이 있는 날이면 언제나 붐비지만 내부 분위기 만큼은 화려했던 Novello Theatre. 규모가 작은 극장이었지만, 다른 어느 극장보다 고풍스럽고 멋지게 장식되어 있었다.

　극장의 기운을 다 느끼기도 전에 나는 갑작스럽게 시작된 서곡에 너무나도 깜짝 놀랐다. 주위를 둘러보니 다른 관객들도 놀랐는지 서로를 쳐다보면 웃고 있었다. 곧 놀랐던 마음을 가라앉히고 저절로 들썩거리게 만드는 음악에 빠져들었다. 맘마미아 역시 한국에서 여러 번 봤던 작품이라 그리 큰 기대를 하고 간 공연은 아니었다. 하지만 예상과 달리 웨스트엔드에서의 공연은 뭔가 달랐다. 사실 맘마미아를 처음 접하게 되었을 때, 해외 경험이 많은 나에게도 어색하게 느껴지는 스토리들이 많았다. 아버지일지도 모르는 세 명의 중년 남자들에게 자신의 결혼 초대장을 보내는 심리, 많은 지인들이 참석한 결혼식 도중에 결혼을 하지 않고 멀리 떠나겠다고 선언하는 딸을 자연스럽게 웃으며 인정하는 모습들은 우리와 너무나도 다른 문화를 바탕으로 해 작품에 공감하는데 더 많은 시간이 필요했다. 하지만 아빠 없이 지내온 시간으로 너무나도 애틋해진 모녀의 심리와 누구나 인생에서 경험할 수 있는, 결코 유쾌하지 않은 감정들을 극복하고 살아가는 삶의 모습은 우리와도 어딘가 모르게 닮아있다는 생각이 들어 보면 볼수록 감정이 이입되는 작품이 되었다. 한국에서 본 맘마미아는 훌륭한 배우들 덕분에 집중해서 보게 되는 작품 중에 하나였는데, 런던의 맘마미아는 그들의 언어를 통해 그들의 몸에 배어 있는 문화를 그대로 보여줘서 마치 극이 일상 자체인 듯 자연스러웠다. 뿐만 아니라, 다소 과격(?)하고 에너지 넘치는 군무 장면에서는 '이보다 더 배우들의 합이 잘 맞을 수 있을까'하는 생각이 들 정도이다. 오랫동안의 연습과 호흡으로 만들어낸 열정적인 무대에 기립 박수를 보낼 수밖에 없었다.

흥겨웠던 무대의 막이 내리고 커튼 콜이 시작되었다. 그리고 한국에서와 마찬가지로 모든 배우들과 관객들은 'Dancing Queen'을 부르며 하나가 되었다. 흔히 맘마미아는 연세가 있으신 부모님 세대의 뮤지컬이라고 인식되곤 한다. 하지만 바로 이곳 런던 Novello Theatre에서 만큼은 그런 말이 어울리지 않았다. 모두가 즐기는 공연과 쇼 그 자체였다. 극장을 빠져 나오며 배우들이 직접 커튼 콜 말미에 소개한 동전 기부 행사에 나도 동참하고자 주머니를 뒤져 잡히는 동전을 모두 털어 넣었다. 영국의 화폐인 파운드(£)의 경우, 2파운드까지 동전으로 만들어져 만일 2파운드 동전 3개가 내 주머니에 있었다면 우리나라 만원과 같은 금액이었는데도 그 순간의 내 기분에는 그런 것 따위는 전혀 중요하지 않았다. 좋은 곳에 쓰이는 것일뿐더러, 이미 나는 그들로 인해 이곳에서 충분히 즐겼고, 너무나도 유명해서 부담스러울 수 있는 넘버들에 영혼을 불어넣어 열정적인 무대를 보여준 배우들에 대한 보답으로 박수를 보내는 것만으로는 부족했다. 그 때문이었는지 늦은 시간임에도 여전히 생기가 넘치는 신기한 내 자신을 발견했다. 쌀쌀한지 시원한지 알 수 없는 바깥 공기를 마시며 중독된 듯한 여운을 마음껏 누렸다.

Novello Theatre

맘마미아(Mamma Mia)

▌ **극장 주소** : Aldwych, London, WC2B 4LD

▌ **가는 방법** : Piccadilly Line 코벤트 가든(Covent Garden) 역 도보 5분 / Circle, District Line 템플(Temple) 역 도보 8분

▌ **러닝 타임** : 2시간 20분

	일	월	화	수	목	금	토
오후					3:00		3:00
저녁		7:45	7:45	7:45	7:45	7:45	7:45

■ 스토리(Story)

그리스의 어느 평화로운 작은 섬. 결혼을 앞둔 소피(Sophi)는 이상적인 결혼을 꿈꾸던 중 엄마의 옛 일기장에서 아빠로 추정되는 세 남자 샘(Sam), 해리(Harry), 빌(Bill)의 존재를 알게 된다. 그리고 엄마 도나(Dona) 모르게 그들에게 결혼식 초대장을 보낸다. 결혼식 전날. 분주히 결혼식 준비를 하던 도나는 반갑지 않은 과거의 세 남자와 맞닥뜨리게 된다. 예상치 못한 상황에 너무 당황한 그녀는 어쩔 줄 몰라 하지만 딱히 싫지만은 않다. 혼란스러운 이 상황에서 소피는 다음 날 결혼식장으로 데리고 들어갈 진짜 아빠를 찾아 나서는데…

좌석 고르기 Tip

1905년 'Waldorf Theatre'라는 이름으로 오픈하며 웨스트엔드의 한 부분을 차지한 Novello Theatre.

뮤지컬 '찰리와 초콜릿 공장'의 공연장 Drury Lane Theatre Royal에 비하면 좌석 수가 반도 안 되는 자그마한 극장이지만, 경험상 극장이 작을수록 작품의 집중도는 높아진다. 극장 내 모든 좌석이 중간 복도가 없는 구조로 되어 있어 다소 불편하며 튀어나온 Dress Circle(2층) 때문에 Stalls(1층) 뒷좌석은 무대 상단 쪽 시야가 방해되거나 답답하다. 또, 웨스트엔드에 있는 모든 극장에 해당되는 것이지만 특히 Novello Theatre의 맨 앞 좌석은 관람하기에 꽤 불편하다. 대신 오페라의 유령 극장인 Her Majesty's Theatre처럼 홀 중간중간에 시야를 방해하는 기둥은 없어서 시야 제한석(Restricted View)은 생각보다 많지 않다.

⬭ Novello Theatre 좌석 배치도

BALCONY

F 1 2 3 4 5 6 7 8 9 10 11 12 13 14 15 16 17 18 19 20 21 22 23 24 F
E 1 2 3 4 5 6 7 8 9 10 11 12 13 14 15 16 17 18 19 20 21 22 23 E
D 1 2 3 4 5 6 7 8 9 10 11 12 13 14 15 16 17 18 19 20 21 22 23 24 D
C 1 2 3 4 5 6 7 8 9 10 11 12 13 14 15 16 17 18 19 20 21 22 23 C
B 1 2 3 4 5 6 7 8 9 10 11 12 13 14 15 16 17 18 19 20 21 22 23 24 B
A 1 2 3 4 5 6 7 8 9 10 11 12 13 14 15 16 17 18 19 20 21 22 23 24 A

GRAND CIRCLE

H 7 8 9 10 11 12 13 14 15 16 17 18 19 20 21 H
G 3 4 5 6 7 8 9 10 11 12 13 14 15 16 17 18 19 20 21 22 23 24 G
F 1 2 3 4 5 6 7 8 9 10 11 12 13 14 15 16 17 18 19 20 21 22 23 24 25 26 27 F
E 1 2 3 4 5 6 7 8 9 10 11 12 13 14 15 16 17 18 19 20 21 22 23 24 25 26 E
D 1 2 3 4 5 6 7 8 9 10 11 12 13 14 15 16 17 18 19 20 21 22 23 24 25 26 27 D
C 1 2 3 4 5 6 7 8 9 10 11 12 13 14 15 16 17 18 19 20 21 22 23 24 25 26 C
B 1 2 3 4 5 6 7 8 9 10 11 12 13 14 15 16 17 18 19 20 21 22 23 24 25 B
A 3 4 5 6 7 8 9 10 11 12 13 14 15 16 17 18 19 20 21 22 23 24 A

AA 1 2 3 4 5 6 7 8 9 10 11 12   13 14 15 16 17 18 19 20 21 22 23 24 AA

DRESS CIRCLE

K 1 2 3 4 5 6 7 8 9 10 11 12 13 14 15 16 17 18 19 20 21 22 23 24 K
J 1 2 3 4 5 6 7 8 9 10 11 12 13 14 15 16 17 18 19 20 21 22 23 24 J
H 1 2 3 4 5 6 7 8 9 10 11 12 13 14 15 16 17 18 19 20 21 22 23 24 25 H
G 1 2 3 4 5 6 7 8 9 10 11 12 13 14 15 16 17 18 19 20 21 22 23 24 G
F 1 2 3 4 5 6 7 8 9 10 11 12 13 14 15 16 17 18 19 20 21 22 23 F
E 3 4 5 6 7 8 9 10 11 12 13 14 15 16 17 18 19 20 21 22 23 24 E
D 3 4 5 6 7 8 9 10 11 12 13 14 15 16 17 18 19 20 21 22 23 D
C 3 4 5 6 7 8 9 10 11 12 13 14 15 16 17 18 19 20 21 22 C
B 2 3 4 5 6 7 8 9 10 11 12 13 14 15 16 17 18 19 20 21 22 23 24 B
A 3 4 5 6 7 8 9 10 11 12 13 14 15 16 17 18 19 20 21 22 23 24 A

BB 1 2 3   4 5 6 BB
AA 1 2 3 4 5 6 7 8 9   10 11 12 13 14 15 16 17 18 AA

BOX D   BOX B
3 seats   3 seats
BOX C   BOX A
4 seats   4 seats

STALLS

X 8 9 10 11 12 13 14 15 16 17 18 19 20 X
W 5 6 7 8 9 10 11 12 13 14 15 16 17 18 19 20 21 22 W
V 2 3 4 5 6 7 8 9 10 11 12 13 14 15 16 17 18 19 20 21 22 23 24 V
U 1 2 3 4 5 6 7 8 9 10 11 12 13 14 15 16 17 18 19 20 21 22 23 24 25 26 U
T 1 2 3 4 5 6 7 8 9 10 11 12 13 14 15 16 17 18 19 20 21 22 23 24 25 T
S 1 2 3 4 5 6 7 8 9 10 11 12 13 14 15 16 17 18 19 20 21 22 23 24 25 26 S
R 1 2 3 4 5 6 7 8 9 10 11 12 13 14 15 16 17 18 19 20 21 22 23 24 25 R
Q 1 2 3 4 5 6 7 8 9 10 11 12 13 14 15 16 17 18 19 20 21 22 23 24 25 26 Q
P 1 2 3 4 5 6 7 8 9 10 11 12 13 14 15 16 17 18 19 20 21 22 23 24 25 P
O 1 2 3 4 5 6 7 8 9 10 11 12 13 14 15 16 17 18 19 20 21 22 23 24 25 26 O
N 1 2 3 4 5 6 7 8 9 10 11 12 13 14 15 16 17 18 19 20 21 22 23 24 25 N
M 1 2 3 4 5 6 7 8 9 10 11 12 13 14 15 16 17 18 19 20 21 22 23 24 25 26 M
L 1 2 3 4 5 6 7 8 9 10 11 12 13 14 15 16 17 18 19 20 21 22 23 24 25 L
K 1 2 3 4 5 6 7 8 9 10 11 12 13 14 15 16 17 18 19 20 21 22 23 24 25 26 K
J 2 3 4 5 6 7 8 9 10 11 12 13 14 15 16 17 18 19 20 21 22 23 24 25 26 27 J
H 2 3 4 5 6 7 8 9 10 11 12 13 14 15 16 17 18 19 20 21 22 23 24 25 H
G 1 2 3 4 5 6 7 8 9 10 11 12 13 14 15 16 17 18 19 20 21 22 23 24 25 G
F 3 4 5 6 7 8 9 10 11 12 13 14 15 16 17 18 19 20 21 22 23 24 F
E 4 5 6 7 8 9 10 11 12 13 14 15 16 17 18 19 20 21 22 E
D 5 6 7 8 9 10 11 12 13 14 15 16 17 18 19 20 21 22 D
C 4 5 6 7 8 9 10 11 12 13 14 15 16 17 18 19 20 21 22 C
B 4 5 6 7 8 9 10 11 12 13 14 15 16 17 18 19 20 21 22 B
A 6 7 8 9 10 11 12 13 14 15 16 17 18 19 20 21 A

STAGE

SCENE 06 꺼지지 않는 도시

지금은 수 차례 런던을 오갈 수 있는 직업을 갖게 되었지만, 나는 아직도 히드로 공항에 발을 내딛는 순간순간마다 무언가 말로 표현할 수 없는 짜릿함을 느낀다. 그것은 단순히 유럽을 여행한다는 기대감이나 설렘과는 다른 차원의 느낌이다. 어쩌면 과거의 내 꿈을 이루지 못한 것에 대한 대리만족쯤 될지 모르겠다. 그리고 빅벤과 국회의사당, 런던 아이와 타워브리지, 버킹엄 궁전과 근위병 등등 영국을 떠올리면 연상되는 많은 관광지와 즐길 거리들에도 불구하고, 나에게는 뮤지컬이 가장 먼저 떠오른다. 시간이 멈춰있는 듯한 도시 런던은 매일 수십 개의 극장에서 발산하는 형형색색의 조명들로 언제나 활기가 넘친다. 한밤중에도 발랄한 이 분위기를 느껴보지 못한 사람이라면 진정한 런던을 경험했다고 할 수 없을 것이다.

뮤지컬 '잭 더 리퍼'의 넘버인 '런던의 밤'의 가사처럼, 과거를 회상하며 각자의 그때를 그리워하기에 런던은 부족함이 없는 도시이다. 거기에는 시간이 지나도 변하지 않는 영국스러움이 한 몫 한다. 영국에서 한번이라도 운전을 해 본 사람이라면 어김없이 지나치게 되는 로터리(Roundabout), 과거 대영제국으로 불렸던 영국의 상징이자 보수적이고 따분하기 이를데 없는 왕실, 그리고 오래되면 오래될수록 한없이 가격이 치솟는 '하우스(House)'라 불리는 집들까지. 영국에서는 옛 것 그대로의 모습을 곳곳에서 찾아볼 수 있다. 좋고 나쁨을 떠나 필요하다면 고집스러울 정도로 예전의 모습을 그대로 보존하는 영국에서 옛 추억을 떠올릴 수 있는 모습을 찾기란 그리 어려운 일이 아니다. 물론 최근에는 모든 도시들이 세상의 흐름에 민감해져 영국 안의 또 다른 나라로 불리기도 하는 런던에도 많은 변화의 흔적들이 보이고 있지만, 바꾸는 것에 익숙하지 않은 영국인들에게 정말로 중요하다고 여겨지는 것들은 여전히 그대로일 수밖에 없다.

런던은 비가 오면 그 고유의 멋이 더욱 빛나는 도시이다. 그래서 런던이라는 도시, 영국이라는 나라를 느끼고 싶다면 비는 꼭 친해져야 하는 것들 중에 하나다. '비가 와서 여행을 망쳤는데…'가 아닌 '비가 와서 진정한 영국

❊ 꺼지지 않는 도시 런던을 환하게 밝히는 웨스트엔드의 뮤지컬 전용 극장들.

을 볼 수 있겠는데…'하고 말이다. 은은한 조명에 비친 비 맞은 거리는 물빛 그림자처럼 반사되어 신비로움을 더하고, 빗속을 뚫고 도착한 뮤지컬 극장에는 더 큰 울림으로 가득한 감동이 마음까지 와 닿는다. 감히 장담컨대 영국은 여행자라면 모두가 좋아하는 맑은 날 뿐만 아니라 비 오는 날까지도 각각 다른 치명적인 매력을 가지고 있는 세계에서 유일한 국가일 것이다.

❋ 런던의 타워브리지 야경

런던에 머물며 웨스트엔드의 에너지를 한껏 느끼던 어느 날. 갑자기 10년 전 배우의 꿈을 꾸려 했던 나의 모습이 떠올랐다. 세상을 모르고 사람을 몰랐던 시절, 키가 크고 나이를 먹었다는 것 말고는 해맑은 얼굴로 온 동네를 뛰어다녔던 어린 시절과 다를 게 없었던, 아직 때묻지 않은 20대 청년이었다. 한때 그저 음악이 좋아서 노래를 불렀고 무대 위 아이돌 가수가 좋아 춤추러 다녔던 시절을 지나 뒤늦게 뮤지컬의 참맛을 알고 꾸었던 꿈이었다. 내가 좋아하는 모든 게 들어있는 뮤지컬이었으니 주저없이 내 마음이 향하는 대로 따라갔던 것이다. 어릴 때부터 뮤지컬 배우로 인생을 정해놓고 살아가는 사람은 거의 없을 테니 나라고 못할게 없다고 생각했다. 하지만 취미와 직업의 차이를 그때는 잘 알지 못했다. 마냥 좋아하면 될 줄 알았던 시절에 잊고 있었던 한가지는 내가 얼마나 직업으로 뮤지컬을 사랑할 수 있는지 였다.

머릿속에만 있던 배우의 꿈을 조금씩 실현해가려고 할 때쯤. 관련 계통에 종사하고 있던 유일한 지인이 심각한 얼굴로 나에게 이런 말을 했다.

"너의 소질이나 적성이 이 분야하고 맞긴 한데 그것만으로 택하기에는 이 길은 결코 쉽지 않은 길이야. 그리고 무엇보다도 이 길을 선택한다면 막연한 상상만으로 경제적인 풍요로움을 쫓는 것은 더더욱 어려운 일이기도 하고…"

인맥도 학벌도 예술계와는 전혀 인연이 없었던 나에게 그 충고는 결코 가볍게 넘길 수 있는 일이 아니었다. 꽤 오랜 시간 그 말을 곱씹으며 내 스스로에게 물어보고 또 물어봤다. 내 인생에 있어서 아주 중요한 결정의 시간이었다. 나는 고민 끝에 결국 그 꿈을 포기하고 말았다. 지금에 와서 그때를 돌이켜보면 나를 힘들게 할 뮤지컬을 감당해 낼 자신이 없었고, 또 그 두려움이 뮤지컬을 향한 애정보다 더 컸던 것 같다. 뮤지컬을 내가 즐기고픈 대상 그 이상으로 좋아하지는 않았던 것 같다는 생각도 든다. 하지만 다른 한편으로는 '어떠한 어려움이 있더라도 뭐든지 해도 되는 20대의 젊음이 주는 특권을 아낌없이 불태워보는 것도 좋았을텐데…'라는 후회도 든다. 비록 꿈을 향한 강한 의지가 너무 뜨거워 녹아내리더라도 내가 도전할 수 있는 그때는 다시 돌아오지 않으니 말이다. 물론 그 불변의 진리는 직접 경험해보지 않는 한 알 수 없는 일이니 어쩌면 후회라는 말이 어울리지 않을지도 모르겠다.

이제 나의 꿈은 멀어져 갔지만 뮤지컬을 향한 마음은 변함없이 타오른다. 아직도 내가 좋아하는 배우가 출연하는 작품이나 오래 전부터 보고 싶었던 라이선스 작품은 어떻게 해서든 티켓을 구해내고 사람들이 많이 보지 않는 작품들도 한번씩 보며 꾸준히 시야를 넓혀가고 있다. 단지 아직은 이만큼 뮤지컬에 대해서 공감하고 얘기를 나눌 만한 사람이 주변에 별로 없어 가끔은 내 스스로가 참으로 유별나고 외로운 취미를 가졌다는 생각이 들 때가 있다. 배우들의 특성들을 알고 잘 어울리는 작품이나 캐릭터를 예상해 보고 오케스트라와의 조화, 무대의 참신함과 세밀함에 대해 논할만한 일이 흔치 않은 것이다. 똑같은 취미생활을 즐기더라도 특정 장르에 대한 생각을 나누려면 각자의 사고를 작품에 반영하여 서로 공감대를 형성하거나 차이를 인정하는 과정이 필요하다. 하지만 아직까지는 뮤지컬이 단순히 무대를 보여주는 쇼의 일종으로 여겨질 뿐 아니라 접할 수 기회도 흔치 않으니 많은 사람들과 함께 나눌 수 있는 취미가 되기는 어려울 수밖에 없다.

나는 무대에서 열정적인 연기를 펼치는 배우들을 보면 아직도 손발이 꿈틀거리고 동공이 확장되는걸 느낀다. 그리곤 당장이라도 무대에 올라가 배우가 돼보는 상상에 빠지기도 한다. 꺼지지 않는 런던의 불빛처럼 내 마음에도 여전히 뮤지컬을 향해 움직이는 남들과 다른 세포가 있는 것 같은 느낌을 받는다. 예고 없이 시작되는 오케스트라의 음악에, 타임머신을 타고 순간 이동을 시켜주는 화려한 무대에, 역할에 빙의되어 열연을 펼치는 배우들에, 심지어 관객들의 뜨거운 환호와 박수 소리에 내 마음은 이 세상 말로 다 표현할 수 없는 벅찬 감동에 흠뻑 젖는다. 은은하면서도 화려함을 뽐내는 런던의 야경처럼 지금은 잊고 지내는 나의 꿈도 어쩌면 마음속 깊은 곳 어딘가에 자그마한 불씨로 남아 있을지 모른다. 뮤지컬을 볼 때면 마음만은 언제나 배우였으니…

✱ 런던의 밤거리는 항상 그 자리에서 변함없는 모습으로 불을 밝히고 있다. 내 마음속 꺼지지 않는 불씨처럼 말이다.

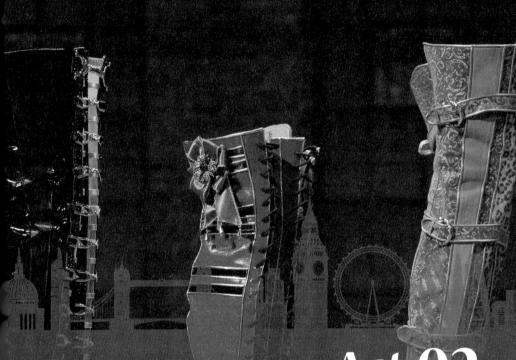

Act 02

감동인가? 유쾌함인가?

이제는 전 세계인이 즐기는 뮤지컬이지만 유럽 축구와 남미 축구의 스타일이 다르듯 서로 닮은 듯 다른 성향을 가지고 있는 두 가지의 뮤지컬 시장이 있다. 하나는 영국 웨스트엔드이며 다른 하나는 미국 브로드웨이다. 뮤지컬의 역사를 거슬러 올라가면 최초의 뮤지컬이 만들어져 시장을 형성한 곳은 영국이지만, 현대적 형태의 뮤지컬 작품을 만들어 활성화시킨 곳은 미국이었다. 막대한 자본주의를 바탕으로 강대국으로 부상한 미국은 거대 도시 뉴욕에 브로드웨이 극장가를 만들어 공연 문화를 체계적으로 발전시켜 나갔다. 하지만 뒤늦게 본고장 영국의 저력이 발휘되어, 특히 천재 작곡가로 불리는 앤드류 로이드 웨버와 뮤지컬계 미다스의 손으로 불리는 카메론 매킨토시의 등장으로 다시금 브로드웨이를 위협하기 시작했다. 주로 미국의 문화를 받아들인 우리나라에는 브로드웨이가 훨씬 더 익숙한 이름으로 알려져 있지만, 세계 뮤지컬 시장에서는 영국과 미국 두 나라가 서로 팽팽한 라이벌이자 가장 가까운 관계로 시장을 주름잡고 있다.

그중에서도 상대적으로 다양한 소재들을 자유롭게 표현하는 브로드웨이에서는 사회적으로 이슈가 되는 주제들을 곧잘 작품으로 만들어내고 있다. 브로드웨이 작품 중 가장 최근에 돌풍을 일으켰던 뮤지컬 '킹키부츠(Kinky Boots)'는 이런 특징을 보여주는 대표적인 작품이다. 2014년 그래미 시상식 (Grammy Award)에서 뮤지컬 부문 상을 수상할 정도로 인정받은 작품으로 다소 민감할 수 있는 성 정체성에 대한 소재를 재미있는 스토리와 흥겨운 음악으로 거부감 없이 잘 표현해 냈다. 킹키부츠는 재미와 감동이 있는 무대, 그리고 뮤지컬 시상식이 아닌 그래미 상을 거머쥘 만큼 검증된 넘버들로 관객들의 눈과 귀를 즐겁게 한다. 많은 이들이 기다렸던 이 작품을 2015년 9월부터는 웨스트엔드에서도 볼 수 있다고 하니 얼마나 화제가 될지 벌써부터 기대가 된다. 웨스트엔드와 브로드웨이 두 라이벌간의 대결로 관심을 모았던 웨스트엔드 뮤지컬 '마틸다'와의 경쟁에서 판정승을 거둔 작품이라 웨스트엔드에서의 성공도 이미 예견된 시나리오가 아닐까 예상해 본다.

모든 예술 작품들이 그렇듯 뮤지컬 작품에도 각 나라의 언어적, 문화적 차이가 반영된다. 웨스트엔드(오페라의 유령, 레미제라블, 캣츠, 미스 사이공, 지저스 크라이스 수퍼스타 등)와 오스트리아(엘리자벳, 모차르트, 레베카, 황태자 루돌프, 마리 앙투아네트 등)에서는 영국식 영어와 독일어의 센 발음과 특유의 음악성을 바탕으로 다소 철학적이고 클래식한 무대들이 주를 이루는 반면, 브로드웨이(위키드, 라이온 킹, 북 오브 몰몬, 킹키부츠, 브로드웨이 42번가 등)에서는 미국식 영어의 부드러운 발음과 유쾌한 무대가 그대로 작품의 분위기에 녹아드는 것 같다. 많은 사람들이 익숙하게 사용하는 언어, 각자가 가지고 있는 타고난 성향들을 무기삼아 서로 겨룰 수 있다는 것 자체가 어쩌면 하늘에서 내린 선물일지도 모른다.

✱ 브로드웨이에서 가장 최근에 돌풍을 일으켰던 뮤지컬 '킹키부츠'. 다소 조심스러운 주제를 자연스럽게 풀어가는 작품이다.

　얼핏 반대라고 할 정도로 다른 두 시장의 작품들이지만 예술이라는 프레임 안에서 비슷한 주제들 또한 심심찮게 등장한다. 예를 들어, 오페라의 유령(웨스트엔드)과 지킬 앤 하이드(브로드웨이)는 인간 내·외면에 대한 이중성과 딜레마를 객관적으로, 때로는 적나라하게 표현해 관객들의 공감을 얻은 대표적인 작품이다. 불완전한 인간이 완벽해지고 싶어하는 욕심으로 인해 겪게 되는 파란만장한 인생은 어쩌면 숙명과도 같은 불치병이라는 생각이 든다. 이러한 주제는 인류가 멸망하기 전까지는 끝없이 숙제로 남아 예술이라는 위대한 음식을 만들어 내기 위한 안성맞춤인 재료가 될 것 같다. 최근에는 특정 주제에 대한 심오한 고찰을 하는 작품들 보다는 뮤지컬 '마틸다', '빌리 엘리어트', '위키드', '킹키부츠'와 같이 가족 단위를 비롯한 일반 관객층까지 공감할 수 있는 작품들에 많이 집중하고 있어 점점 두 시장의 차이가 예전만큼 확연히 드러나지는 않고 있다. 과거보다 많은 사람들이 관심 있게 뮤지컬을 즐기게 되어 작품들도 관객을 폭넓게 아우르는 추세가 되고 있는 것이다.

　뮤지컬 작품의 성공은 직접적인 문화수익뿐만 아니라 관광수익이라는 두 번째 토끼마저 잡을 수 있게 만들기도 한다. 비록 한국은 영국이나 미국과 10시간이 넘는 시간을 날아가야하는 곳에 위치하고 있어 크게 고려 대상이 되지는 못하지만, 가까운 유럽이나 아메리카 대륙에서 입소문이 난다면 생각보다 큰 경제적인 효과를 거둘 수 있게 된다. 예를 들어, 4인 가족이 런던이나 뉴욕에서 뮤지컬을 본다면 10만 원짜리 티켓 4장만을 소비하고 돌아가지는 않을 것이며 당연히 각 도시의 많은 것들을 즐기며 더 많은 지출을 할 게 분명하다. 물론 뮤지컬 작품 하나 때문에 여행을 계획하게되는 사람은 별로 없겠지만 여행하고 싶은 비슷한 조건의 여러 나라들 중에 고민하는 상황이라면 뮤지컬 작품 하나가 충분히 최종 선택을 하게 하는 요인이 될 수 있다. 실제로 뉴욕을 가는 여행 상품들의 경우, 화려한 브로드웨이 극장가를 돌아보며 뮤지컬을 관람하는 관광코스가 이미 예전부터 있어왔다. 또한 런던에서도 시내 중심을 거닐다 잊을만하면 나타나는 극장들 때문에 영국 여행에 있어 뮤지컬의 존재감은 결코 작을 수 없다.

우리가 흔히 부르고 있는 웨스트엔드라는 말은 원래 이스트엔드처럼 특정 지역을 지칭하는 용어지만 일반 관광객들에게는 런던극장협회에 포함된

✱ 셀 수 없을 만큼 많은 사람들이 오가는 레스터 스퀘어 역 주변. 항상 생기 넘치는 에너지로 가득하다.

극장들을 통칭하는 용어로 사용되고 있다. 땅값 비싼 런던의 가장 중심부에 100년 200년을 꾸준히 버티고 있는 수십 개의 극장들의 존재 자체도 신기하지만, 그 수십 개의 극장에서, 그것도 매일매일(1주일에 하루만 공연이 없고, 요일은 공연마다 조금씩 다르다. 대체로 일요일에 공연이 없다) 공연이 올라가고 있다는 사실, 그리고 상당수의 작품들이 매진에 가까운 티켓을 팔고 있다는 사실이 놀라울 따름이다.

웨스트엔드에 '오페라의 유령', '캣츠', '지저스 크라이스트 수퍼스타' 등을 작곡하며 웨스트엔드 최고의 작곡가로 평가 받는 앤드류 로이드 웨버가 있다면, 최고의 제작자 카메론 매킨토시도 있다. 이 두 사람에게는 '최고'라는 수식어 외에 '천재'라는 또 하나의 수식어가 항상 따라 붙는다. 앤드류 로이드 웨버가 수많은 뮤지컬 음악을 작곡해 남작 작위를 받았듯이 카메론 매킨토시 또한 4대 뮤지컬 포함 '메리 포핀스', '올리버(Oliver)' 같은 내로라하는 뮤지컬들을 제작한 공을 인정받아 1996년 기사 작위(Knight Bachelor)를 받았다. 이들 모두 영국 뮤지컬의 역사에서 빼놓을 수 없는 인물들임에 틀림없지만 웨버가 매킨토시보다 높은 남작까지 오른 걸 보면 역시 뮤지컬에서는 일반적으로 음악이 다른 어떤 것보다 더 중요한 요소로 여겨지는 듯 하다. 어쨌든 이들의 뮤지컬을 향한 열정과 바람직한 고집이 웨스트엔드의 전성기를 이끌었고 현재의 모습을 만들었다고 해도 과언이 아니다.

세계 뮤지컬 시장을 주도하고 있는 영국과 미국은 웨스트엔드와 브로드웨이라는 서로 다른 성향의 영역을 이끌어 가고 있지만, 관객들에게 사랑 받는 뮤지컬들만큼은 서로 가져와 런던과 뉴욕 한복판에 있는 수많은 극장들을 이용해 마구마구 쏟아낸다. 다른 나라에서는 엄두도 내지 못하는 엄청난 작품들이 항상 공연된다. 화려한 두 도시의 풍경이 크게 다르지 않은 이유다. 지금도 웨스트엔드의 오페라의 유령, 레미제라블, 마틸다 등이 브로드웨이에서, 브로드웨이의 라이온 킹, 위키드 등이 웨스트엔드에서 버젓이 인기를 끌고 있다. 이렇게 이 둘은 그 누구보다 치열한 라이벌이자 서로 없어서는 안될 관계로 발전하고 있다. 각각의 특성을 살려 성공적인 작품을 만드는 동시에 서로의 장점을 닮아 새로운 창작을 하는 관계이기 때문이다. 뮤지컬이라는 상업적인 분야에 있어서 서로의 작품을 공연하며 수익 또한 발생시키는 긍정적인 라이벌이자 자극제인 셈이다.

초록 마녀의 습격

2013년. 모든 엄마, 아빠를 힘들게 했던 뮤지컬 애니메이션 '겨울왕국 (Frozen)'이 우리나라 아이들의 동심에 불을 지르며 선풍적인 인기를 끌었었다. 그 덕분에 OST 'Let It Go'를 부른 '이디나 멘젤(IdinaMenzel)'은 한국에서 일명 '빵 아저씨'로 불리는 '브래드 리틀(Brad Little)' 못지 않는 유명인이 되었다. 하지만 그녀는 겨울왕국 이전에 이미 브로드웨이 뮤지컬 '위키드 (Wicked)'의 주연을 맡으며 기록적인 흥행을 이끈 배우로 자리잡았고, 작품을 대표하는 '녹색 마녀'라는 닉네임으로 관객들의 머릿속에 '위키드'를 기억하게 만들었다.

뮤지컬 '위키드'는 우리에게 익숙한 동화 '오즈의 마법사'의 스토리를 색다른 시각으로 재해석한 '그레고리 맥과이어(Gregory Maguire)'의 원작 소설 '위키드'를 완성도 높은 뮤지컬로 재탄생시킨 작품이다. 스토리의 신선함에 브로드웨이 특유의 팝적 요소를 가미해 대중들에게 좀더 쉽게 다가갈 수 있었다. 게다가 뮤지컬 넘버들까지도 큰 사랑을 받아 토니 상, 그래미 상을 비롯하여 35개의 트로피를 휩쓰는 엄청난 흥행기록을 세우기도 했다. 기발한 스토리, 신나는 음악, 유희적 표현력, 화려한 무대까지 관객들을 끌어들일 수 있는 요소를 다 갖추었다고 해도 과언이 아닐 듯 하다. 개인적으로 브로드웨이 뮤지컬들은 대게 흥행과 오락적인 요소를 강조하는 경향이 있어 관람 후에도 오랜 여운이 남는 웨스트엔드 뮤지컬들을 더 선호해왔지만, 관람하는 순간에는 확실히 브로드웨이 뮤지컬들이 관객들의 오감을 자극하는 요소들이 많아 재미있는 건 사실이다.

뮤지컬 '위키드'는 반전 있는 초록 마녀 '엘파바(Elphaba)'와 그녀의 유쾌한 친구 '글린다(Glinda)'의 이야기를 중심으로 전개된다. 특히 이 두 캐릭터의 환상적인 조합이 주요 관전 포인트 중에 하나다. 이야기의 처음과 끝을 풀고 맺는 역할과 더불어 글린다의 인간적이고 푼수 같은 캐릭터는 극 전체 흐름에 굉장히 중요한 역할을 한다. 거기에 주변 인물들과의 갈등과 의인화한 동물들, 그리고 오즈의 마법사에 등장하는 캐릭터들의 뒷이야기(?)는 제법 그럴듯한 설정으로 다가온다.

　이 걸출한 브로드웨이 신상은 거대한 흥행몰이를 타고 지구 반대편인 우리나라에까지 순식간에 퍼졌다. 2013년 겨울부터 2014년 하반기까지, 거의 1년이라는 이례적으로 긴 기간 동안 한국의 대표 뮤지컬 배우 김선영, 옥주현, 정선아 등이 출연하며 공연(라이선스)이 성황리에 끝난 바 있다. 앞서 2012년 내한했던 오리지널 공연을 보고 나처럼 뮤지컬에 빠져 허우적대는 많은 사람들은 엘파바 역에 옥주현 배우, 글린다 역에 정선아 배우가 딱이라는 예상을 바로 내놓았다. 나 역시 내한 공연을 보자마자 같은 생각을 지인들에게 떠들고 다녔는데, 예상했던 대로 실제 라이선스 한국 공연에서 그대로 캐스팅 된걸 보고 연출자가 된 듯 왠지 뿌듯했던 기억이 있다. '엘파바'의 크고 날씬한 체형과 정말 하늘을 뚫고 올라갈 것 같은 가창력, 심지어 목소리 톤까지 가히 싱크로율 100%에 도전할 만한 배우가 옥주현 말고 또 있을까? 그리고 모든 여성의 워너비인 블론드 헤어를 얄밉게 휘날려도 사랑스러울 수밖에 없는 우아한 푼수 역을 가장 잘 소화할 수 있는 배우가 정선아 말고 또 있을까? 내 생각은 몇 번의 회전문을 돌았던 지금도 변함없다.

'약속과 계획은 깨지라고 있는 것이다' 누가 말했을까? 내 경험상 꽤나 공감이 가는 말이다. 특히, 여행을 할 때는 출발하기 전에 너무나 열심히 준비한 나머지 완벽하다고 자부했던 일정도 막상 현지에 가보면 도착하는 공항에서부터 누군가가 나를 보고 있었다는 듯 말썽이 생기고 모든 일정이 꼬이게 되는 경우가 적지 않다. '위키드'를 보러 갔던 날도 마찬가지였다. 아니 정확히 말하자면, 이날의 계획은 한국에서부터 꼬였다고 해야 할 것 같다. 보통 어느 나라를 가든지 수도나 대도시를 여행할 땐 교통 체증을 고려해야 하는데, 런던을 가면서 일일근교투어(하루에 가까운 주변 도시를 전용 차량으로 다녀오는 투어)와 뮤지컬 관람을 같은 날 잡아놓았던 것이다. 물론 이 두 가지를 같은 날 하는 게 불가능한 일은 아니다. 하지만 자칫 하늘에서 비라도 내려주시는 날엔 일반 여행자들의 입장에서 결코 싸지 않은 뮤지컬 티켓을 내린 빗물과 함께 그대로 떠내려 보내야 하는 일이 충분히 발생할 수 있다. 여러 가지 복잡한 일로 어쩔 수 없는 일정이긴 했지만, 런던에 갔는데 뮤지컬을 포기한다는 건 있을 수 없다는 고집으로 나의 운은 어디까지일지 시험해 보기로 했다. 대게 나는 해외 일정 중에 날씨 운이 잘 따라주는 편이기 때문이다. 하지만 우려는 현실로 다가왔다. 관람일 전날 정확하기로 소문난 BBC 일기예보에서 폭우(Heavy Rain) 소식을 듣게 되었다. 아닐 거라고 믿고 싶었지만 하늘이 내려주는 날씨를 받아들일 수밖에 없었다. 다음 날 아침, 빗소리와 빗물이 가득한 도로를 달리는 차 소리에 눈을 떴다. 창문을 두드리는 빗소리는 마치 내 가슴을 때리는 듯 했다. 빗방울이 맺힌 창문 너머로 다시 돌아오지 못할 런던의 아침은 바쁘고 평온했지만 비 오는 모습이 느낌 있게 다가올수록 그렇게 원망스러울 수가 없었다. 눈물을 머금고 분신과도 같은 애완동물과 작별이라도 하듯 '위키드'라는 녀석을 마음속에 묻어야만 했다. 하지만 아쉬운 마음은 쉽게 수그러들지 않았다. 투어 중에도 한국에서 오리지널과 라이선스 공연을 전부 봤으니 괜찮다고 스스로를 위로해 봤지만 소용없었다. 어찌됐건 여기는 런던 웨스트엔드고 같은 작품을 몇 번이고 보는 게 절대 이상한 일이 아닌 나에게 뮤지컬 관람은 공연 자체만을 보러 극장을 찾는 게 아니기 때문이다. 공연장 내·외부를 비롯해 부대시설들까지도 나에게는 관람의 일부분이다. 그렇게 안정과 흥분이 내 마음속에서 싸우는 동안 하늘도 내가 안쓰러웠을까? 아침부터 내렸던 비가 오후 4시쯤 되니 거짓말처럼 잦아들기 시작했다. 기대를 거의 내려놓고 있을 때 즈음이라 정말이지 믿어지지가 않았다. 런던으로 돌아오는 길에 다른 사람들은 빗속에서의 고된 투어 일정으로 차 안에서 잠을 청하고 있었지만 나는 멀쩡한 정신으로 창밖의 들판을 바라보며 미친놈처럼 간헐적 실소를 터뜨렸다. 솔직히 다른 이들의 단잠을 방해할 수 없어 내 마음을 제대로 표출할 수는 없었지만 내심 쾌재의 'Yes!'를 외치고 있었다.

오후 6시 20분. 뮤지컬 '위키드'의 극장 Apollo Victoria Theatre가 있는 빅토리아 역(Victoria Station)에 도착했다. 코치 스테이션, 기차역, 지하철역이 모두 위치한 런던의 교통 요지에 퇴근 시간이 맞물려 역 앞 신호등 주변으로 순식간에 사람들이 밀물처럼 몰려들었다. 좁기로 유명한 런던의 도로역시 노란색 번호판을 내비치는 수많은 빨간색 2층 버스(Double Decker)들과 퇴근 차량으로 붐비고 있었지만 나는 그런 모습들마저도 아름다워 보였다. 이미 어둑어둑해진 시간, 궂은 날씨에 제법 쌀쌀해진 밤거리, 순간 무언가 내 뺨을 스치고 지나갔다. 또다시 비가 내리기 시작하더니 이내 빗줄기는 자신의 존재를 알리고 싶었다는 듯이 굵어졌다. 갑자기 비 오는 날의 공기를 마시니 얼큰한 한국음식이 땡겼다. 공연까지는 아직 꽤 많은 시간이 남아 있었고 다행히도 빅토리아 역 근처 한식당을 알고 있어 억수 같은 비를 뚫고 달려 식당으로 향했다. 얼마 되지 않는 거리에도 이미 온몸이 축축해진 채로 나는 식당 구석 한자리를 차지하고 앉았다. '비오는 날엔 역시 김치찌개지!'. 밥과 음료를 함께 주문하고(우리나라와는 다르게 영국에선 모든 메뉴에 가격이 매겨져 따로 주문을 해야하고, 특히 주머니 사정을 항상 걱정해야 하는 런던에서는 간단한 김치 한 접시나 밥 한 공기도 결코 싸지 않다.) 기다리고 있으려니, 음식을 가져다 주시던 사장님은 거의 확신에 찬 목소리로 "뮤지컬 보러 오셨나봐요?"라고 물으셨다. "어떻게 아셨어요?"라는 대답에 "우리 가게에 이 시간쯤 오시는 한국 분들 중에 뮤지컬 보시는 분들이 꽤 많거든요. 그래서 이제 딱 보면 거의 맞더라구요. 하하. 비도 좀 맞으신 것 같은데 저희가 밥은 그냥 드릴게요. 맛있게 드세요." 별거 아닌 밥 한 공기에 로또 2등에 당첨된 것 같은 기분을 느꼈다. 그 기분탓이었는지 김치찌개의 맛도 비를 흠뻑 맞은 내 몸과 입맛을 감동시키기에 충분했다. 그리고는 나도 모르게 위장에 아무런 사전공지 없이 눈앞에 있는 모든 음식을 순식간에 흡입해 버렸다. 식당문을 나서며 세상을 다 얻은 듯한 미소를 짓고 있자니 순간 나도 어쩔 수 없는 본능에 충실한 단순한 놈이라는 생각이 들었다. 어찌 됐든 여행이란 머리가 아닌 가슴으로 하는 것. 어쨌든 여러모로 잘 풀리는 하루를 보내고 있었다. 제발 이 기운이 극장에서도 이어지길 바라며…

　녹색을 찾아 도착한 Apollo Victoria Theatre. 비가 와서 유난히 더 붐비던 극장 입구. 이 특이한(?) 영국인들은 적당히 비 맞는 정도는 별로 개의치 않는다. 오히려 나처럼 뮤지컬을 제대로 관람하기에 더없이 좋은 날씨라고 생각하며 이 얄궂은 날씨를 즐기는 듯 했다. 입장하는 한명한명 오늘 이 순간의 행복을 잔뜩 머금고 있는 얼굴로 들뜬 기분을 감추지 못한다. 나 역시 이미 경험한 작품이었지만 줄을 기다리며 극장 외부와 간판을 한참 동안 두리번거렸다. 브로드웨이 대표 흥행작들 중 하나로 우뚝 선 '위키드'를 웨스트엔드에서는 어떻게 표현했을지 궁금했다.

❋ 런던 빅토리아 역 바로 옆에 위치한 Apollo Victoria Theatre. 초록 마녀의 초능력으로 잠시 동심의 세계로 돌아갈 수 있다.

사실, 극장에 도착하기 전까지는 한국에서 이미 봤었던 이 작품 자체에는 그다지 큰 기대를 하지 않았다. 하지만 공연장 입구부터 내부까지 온통 물들 어 있는 초록 빛깔을 본 이후부터는 나의 뮤지컬 세포가 다시 꿈틀거리기 시 작했다. 풀이라도 뜯어와서 옷 위에 붙여서라도 온몸을 녹색으로 변색해야만 할 것 같았다. 실제로도 녹색 옷을 입고 즐거워하는 어린 꼬마들과 종종 마 주칠 수 있었다. 동심의 세계에서 마음껏 헤엄쳐 다니는 아이들을 보며 잠시 옛 기억을 떠올려 보았다. 슈퍼맨, 배트맨, 후레쉬맨 등 영웅적 캐릭터를 현 실인 듯 착각하며 옷과 장난감을 통해 그들과 하나가 되었다고 느끼는 순간, 이 세상 무엇도 두렵지 않은 최강 캐릭터로 다시 태어나는 환상 속에 잠시 살았었다. 장소와 대상만 다를 뿐, 전 세계 모든 아이들의 해맑은 세상에는 미소지을 수밖에 없는 그 무언가가 항상 존재하는 것 같다. 덕분에 지금도 수많은 캐릭터들이 여기저기서 쏟아져 나오고 있고, 장담컨대 앞으로도 이들 은 아이들의 사랑스러운 집착이라는 식물을 먹고 불로장생을 넘어 불로불사 하지 않을까 싶다.

❋ 마치 놀이공원에 온 듯한 착각 을 일으키는 극장 내부 모습. 잠 시 모든 걸 잊고 이 분위기에 빠 지게 된다.

박스오피스 주변은 이제 제법 많은 사람들로 분주해졌다. 술이나 음료를 마시는 사람들, 간단한 스낵으로 허기를 달래는 사람들, 기념품들을 고르고 있는 사람들 등 뮤지컬을 관람하기에 앞서 작품에 대한 예의를 갖추듯 너도나도 지르기에 바빴다. 나도 주변을 기웃거리며 무언가 사고 싶다는 욕구가 생겼지만 항상 뮤지컬 넘버에만 관심을 가졌던 지라 결국 OST 한 장만을 집어 들고 무대 좌석 쪽으로 발길을 돌렸다. 그리고 언제나 그랬듯이 내부로 들어가기 전 주위를 한번 둘러봤다. 런던의 다른 극장들에 비해 꽤 넓고 심플한 현대식 인테리어였지만 깔끔했고 곳곳에 포인트를 준, 결코 평범하지 않은 모습이었다. 좌석도 오래된 역사를 자랑하는 대부분의 웨스트엔드 극장들보다 훨씬 많아 보였다. 이 많은 좌석들 중에 나는 운 좋게도 Stalls C열 중앙자리에 앉게 되었다. 보통 규모가 큰 공연장일수록 좌석간 호불호가 크게 갈린다. 웨스트엔드에서도 너무 앞 좌석보다는 무대 전체를 즐길 수 있는 30~50%지점을 가장 좋은 좌석인 프리미엄 좌석으로 판매하고 있지만, 오히려 뮤지컬 마니아들의 경우는 배우들의 표정을 가까이에서 볼 수 있는 좌석을 선호하는 편이다. 그런 면에서 나에게도 C열이면 작품을 즐기기에 더없이 좋은 좌석이었다. 이때 문득 떠오른 또 하나의 관심거리. 바로 뮤지컬 '위키드'에서 빼놓을 수 없는 무대 장식이다. 눈과 귀를 자극하는 브로드웨이 뮤지컬의 특징을 아주 뚜렷하게 보여주는 작품이 바로 '위키드'이다. 티켓을 확인하고 무대가 시야에 들어오는 순간, 넓고 탁 트인 좌석들 선두에 보물섬 지도의 목표물을 가리키듯 녹색 불빛이 살아움직이고 있었다. 놀이공원에서나 볼법한, 어찌 보면 유치할 수 있는 모형들과 무대 장치들이 가득했다. 한국에서 이미 여러 차례 경험한 무대였지만 이국 땅에서 다시 마주하니 또다른 생생함이 있었다.

잠시 이런저런 생각에 빠져있는 사이, 시작을 알리는 경쾌한 음악이 나를 집중시켰다. 인트로(Intro)부터 마치 디즈니랜드를 연상시키는 무대 연출과 넘버가 흘러나온다. 시종일관 정신을 쏙 빼놓는 화려한 의상과 춤, 그리고 장면들이 이어진다. 게다가 전반적인 넘버들이 귀에 쏙 들어오는 음악들로 채워져 있으며, '오즈의 마법사'라는 식상하고 평범한 이름을 새롭고 신선한 이야기로 풀어낸 것 또한 변함 없었다. 하지만 한국에서 관람했던 공연들, 유튜브와 각종 매체를 통해 보게된 '위키드'의 모습과는 사뭇 달랐다. 자

유로운 미국식 문화가 녹아있는 American English를 통해 만들어진 원작과
달리, 예의와 형식을 중요시하는 영국식 문화가 녹아있는 British English
의 그것은 마치 실수로 케첩대신 칠리소스를 잘못 넣은 음식이 의외로 맛있
었던 느낌이었다. 한국 유치원생 꼬마가 들어도 선명하게 들리는 'Defying
Gravity'의 't' 사운드는 그동안 부드러운 발음에 익숙했던 나를 움찔하게 만
들었지만, 분명 또 다른 매력적인 넘버로 다시 태어나 영국 마녀의 느낌을
제대로 보여주었다. 같은 언어, 같은 음악이었지만 이렇게 다른 느낌으로 다
가올 수 있다는 게 너무나 신기했다.

　　공연은 끝났지만 신나는 넘버들이 아직 귓가를 맴돌고 있었다. 빅토리아
역 주변 풍경은 조금 전 끝난 뮤지컬 때문인지 여전히 많은 사람들로 붐비고
있었다. 이 기분 좋은 복잡함(?)을 숙소까지 가져갔으면 하는 생각을 하며
또다시 반가운 빨간 2층 버스를 기다리고 있었다. 5분쯤 지났을까? 갑자기
묘하게 싸한 느낌이 들어 옆을 쳐다 봤더니 허름한 행색을 한 사람이 나에게
다가와 말을 걸었다. 영국은 치안이 좋아 안심하고 다녔던 나라인데 갑작스
러운 불쾌한 만남으로 나도 모르게 살짝 주춤했다. 하지만 당황하지 않고 표
정관리를 하는 찰나에, 그는 나에게 "Excuse me, Sir…"이라고 말을 걸었
다. 알고 보니 그 사람은 주위 사람들 모두에게 한 사람씩 돌아가며 동전을
구걸하고 있었다. 게다가 갑작스러운 물음에 놀라는 사람들에게 두 손을 들
며 미안하다는 말까지 잊지 않았다. '이 나라는 뭐 죄다 이렇게 예의가 바르
지?' 내 평생 길거리 걸인에게 이런 느낌을 받을 줄은 상상도 못했다. 생각지
못했던 소소한 해프닝이었지만, 공연에서도 도움의 손길이 필요했던 그 사람
에게도 영국스러움이 묻어나는 밤이었다.

Apollo Victoria Theatre

위키드(Wicked)

⟦ **극장 주소** : 17 Wilton Road, Westminster, London, SW1V 1LG

⟦ **가는 방법** : Victoria, Circle, District Line 빅토리아 (Victoria) 역 도보 2분

⟦ **러닝 타임** : 2시간 45분

	일	월	화	수	목	금	토
오후				2:30			2:30
저녁		7:30	7:30	7:30	7:30	7:30	7:30

스토리(Story)

초록 마녀 엘파바(Elphaba). 그녀는 엄마가 내연남으로부터 얻은 이상한 음료를 마셔 초록색 피부를 갖고 태어나게 된다. 그녀의 아빠는 그녀를 거부하고 그녀는 동생 네사(Nessa)와 함께 대학을 들어가지만 남들과 다른 외모를 가진 탓에 친구들에게 항상 따돌림과 괴롭힘을 당하게 된다. 새 학기, 룸메이트를 정하던 중 글린다(Glinda, 갈린다)의 실수로 그녀와 같은 방을 쓰게 된다. 이 상황이 마음에 들지 않던 글린다는 친구들이 모이는 무도회장에 쓰고 가라고 최악의 모자를 선물하지만 이를 계기로 둘은 급속도로 가까워진다. 엘파바는 자신의 과거에 대한 얘기를 털어놓고 글린다는 그녀의 친구가 되어 여러모로 도움을 주는 사이가 된다. 한편, 엘파바에게는 피부색만큼이나 특별한 능력을 갖고 있었는데 글린다와 함께 떠난 에메랄드 시티에서 만난 오즈의 마법사는 그녀가 자신의 조수가 돼주기를 원했다. 하지만 머지않아 엘파바는 자신이 동물들을 학대하는 마법사에게 이용당하고 있다는 사실을 깨닫고, 사람들에게 '마녀'로 까지 몰리게 되자 글린다와 작별을 하고 마법사로서의 삶을 찾아 날아가는데…

좌석 고르기 Tip

고풍스럽고 우아한 다른 극장들에 비해 외관상으로 별로 특별할 게 없는 밋밋한 Apollo Victoria Theatre.
하지만 극장 내부에 들어서면 놀이공원에 와 있는 듯한 착각이 드는 분위기에 잠시 주춤하게 된다. 이 극장의 좌석은 Dress Circle, Grand Circle, Balcony 등으로 나눠진 일반적인 극장들과 달리 Stalls(1층)와 Circle(2층) 딱 두 개의 층으로만 나눠진다. 각 층의 일부 좌석(Stalls Y열 이후)을 제외하면 전체적으로 확 트여있는 구조 덕에 시야 제한 없이 관람할 수 있는 극장이며, 일반적으로 Stalls 중앙 G~P열까지가 넓은 무대가 한눈에 들어오는 프리미엄 석으로 판매되고 있다. 큰 극장인 만큼 작품을 제대로 감상하려면 되도록 중앙 블록과 가까운 좌석을 고르는 것이 좋다.

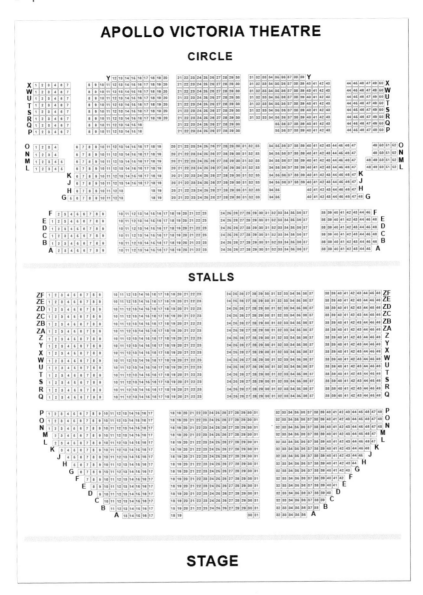

APOLLO VICTORIA THEATRE

CIRCLE

STALLS

STAGE

친절함으로 가득한 음악

몇 해전 봄 런던에서 마틸다(Matilda) 공연을 보러 갔을 때의 일이다. 우리나라에 아직 알려져 있지 않은 작품이라 극장 내·외부의 모습을 잔뜩 즐기고 있었다. 티켓 확인을 하고 내부로 입장하는 찰나 10살쯤으로 보이는 꼬마와 살짝 부딪히게 되었다. 바로 미안함을 표시하기 위해 고개를 돌린 순간, 나를 바라보며 먼저 뒤로 한 발짝 물러서서 "Sorry"라는 말을 건네는 귀여운 영국 신사를 발견할 수 있었다. 한편으로 우리나라 아이들에 비해 너무 아이같지 않은 모습이 약간 어색했지만 평소 영국인들의 가정교육 방식을 잠시나마 엿볼 수 있었다. 이들은 어떻게 이런 젠틀함이 몸에 베어 있을까? 심지어 어린 아이까지 어른도 부끄러워 할만큼의 신사도를 발휘하는데 어찌 이곳을 신사의 나라가 아니라 할 수 있을까? 이것이 절대적으로 좋고 나쁘다를 말하는 기준이 되기는 어려울지 몰라도 최소한 지금 마주 대하고 있는 사람을 기분 좋게 하는 역할은 충분히 하고 있지 않을까 싶다.

이런 영국인들의 성향 때문일까. 런던에서 보는 뮤지컬 넘버에는 친절함이 한껏 묻어나는 듯 하다. 빅벤과 국회의사당이 주는 런던의 분위기, 극장 박스오피스 직원의 따뜻한 배려, 거기에 온몸을 매너로 감싸고 있는 관객들까지 만나게 되면 뮤지컬을 관람하는 즐거움은 훨씬 배가 된다. 작품 안에서 배우가 어떻게 그려내는지에 따라 천차만별로 달라지는 캐릭터를 웨스트엔드만의 목소리와 제스처, 악센트와 발음을 더해 새로운 인격체로 만드는 것이다. 그리고 정말로 살아 움직이듯 예술을 사랑하는 사람들과 관객들이 거리 곳곳에 늘 함께한다. 이것 역시 영국을 방문할 때마다 나를 너무나도 부럽게 만드는 것 중에 하나다.

❋ 런던의 코벤트 가든에 가면 흥겨운 클래식 공연을 어렵지 않게 볼 수 있다

웨일즈의 해안 휴양도시 란디드노(Llandudno)라는 지역을 여행할 때, TV에서 웨일즈어로 부르는 'The Music of The Night'를 듣게 되었다. 영어와 거의 비슷한 발음이 없어 아무것도 알아 들을 수 없었지만 그 배우가 표현하는 표정과 손짓만으로도 오페라의 유령 고유의 분위기를 느낄 수 있었다. 오래된 게스트하우스의 오래된 20인치 TV에서 흘러나오는 뮤지컬 넘버의 느낌이란 마치 작품의 배경이 되었던 150년 전으로 돌아가 있는 듯한 착각에 빠지게 한다. 잠시 후면 모든 게 현실로 되돌아 오겠지만 5분 40초 동안 나는 파리에 있는 오페라 하우스 지하 어딘가에서 팬텀과 크리스틴을 만나게 된다.

'The Music of The Night'는 'The Phantom of The Opera'와 함께 뮤지컬 '오페라의 유령'을 대표하는 가장 상징적인 곡이며 배우들에게는 결코 쉽지 않은 넘버이다. 음역대가 아주 높거나 숨이 찰 정도로 빠른 곡은 아니지만 미세한 강약조절로 노래를 밀고 당기는 느낌을 살리기란 여간 어려운 게 아니다. 단지 멜로디를 찍어 부르는 수준을 벗어나 진정한 배우로서의 가창력이 드러나는 넘버인 셈이다. 자칫 중간에 잠깐이라도 호흡을 뺏기게 된다면 팬텀의 부드럽고 강렬한 카리스마는 온데간데 사라지게 된다. 오페라의 유령에서 가장 중요한 팬텀의 마력이 사라진다면 그 이후는 딱히 설명하지 않아도 불 보듯 뻔한 일이다.

뮤지컬에서 음악이 얼마나 중요한 요소인지는 모든 등장인물들이 저마다의 이야기를 갖고 있는 뮤지컬 '레미제라블'의 넘버에서도 쉽게 드러난다. 1막을 화려하게 장식하는 넘버 'One Day More'는 작품 속 배우들이 부르는 넘버의 힘이 얼마나 대단한 것인지 알려주는 아주 좋은 예이다. 쫓는 자와 쫓기는 자의 하루, 사랑하는 이들에게 운명처럼 맞닥뜨려진 하루, 짝사랑하는 이의 하루, 전쟁터로 나가기 전 비장함을 맹세하는 하루. 각자의 처한 상황에 따라 너무나도 다른 의미를 가진 하루라는 시간을 3분 40초 남짓한 노래 한 곡으로 표현하는 넘버이다. 나도 처음에는 단지 관객들을 사로잡는 피날레(Finale) 곡으로 더할 나위 없이 좋은 넘버라는 정도였지만 가사를 하나하나 읽어보고 캐릭터들의 상황을 상상해 보면 이 세상 모든 사람의 모습을 노래 한 곡으로 표현했다는 생각까지 들 정도로 훌륭한 곡임에 틀림없다. 게다가 이 넘버가 끝나고 나면 잠시 막이 내려가기 때문에 만약 관객들이 가사의 의미를 알고 듣는다면 그 이후에 남을 감동이란 이루 말할 수 없을 것이다.

뮤지컬 레미제라블의 1막을 화려하게 장식하는 'One Day More' – ㈜KCMI 제공

우리가 흔히 OST(Original Sound Track)라고 부르는 영화나 드라마에 삽입되는 음악들을 뮤지컬에서는 넘버(Numbers)라는 생소한 단어를 사용해 부른다. 다소 의아하기도 한 이 용어는 19세기 후반 미국에서 처음 사용하기 시작했다. 뮤지컬의 특성상 작품의 분위기를 제대로 표현하는 메인 테마곡의 경우 때로는 노래 가사가 없는 경음악(Instrumental)으로 배경에 깔리거나 미세한 수정만을 거친 후 여러 번 반복적으로 등장하는 일(Reprise)이 많아 특정한 제목이나 가사만으로 정확한 곡을 지칭하기 어렵기 때문에 편의상 극의 전체 순서를 나타내는 '넘버'라는 말이 도입됐다고 한다.

뮤지컬은 가슴을 울리는 음악들 외에도 우리 눈을 즐겁게 하는 무대와 연기까지 여러 가지 요소가 함께하는 예술이며 그중에 어떤 게 가장 중요하다라고 딱 잘라 말하기는 어려운 경우가 많다. 지금까지 꽤 많은 작품들을 봐왔지만 각각의 성격에 따라 음악이 감동과 즐거움을 주기도 하고 연기가 관객들을 압도하기도 하며 무대 자체만으로도 관객들의 시선을 사로잡기도 한다. 보통 한국에서 뮤지컬을 볼 때 연기력 좋은 배우와 조금 못한 배우가 더블 캐스팅으로 연기할 때는 그 몰입과 감동의 차이가 확연히 느껴진다. 음악을 표현해내는 것 또한 연기의 연장이기에 어쩌면 그 차이가 당연할지도 모르겠다. 그래도 엄연히 연기와 음악이 영역으로 나누어져 있기에, 굳이 따지자면 나에게만큼은 음악이 작품에 대한 애정과 관심을 가장 크게 느끼게 해 가슴에 오랫동안 남게 만드는 요소인 것 같다. 잠시 지나갔던 무대나 극의 이야기를 전달하는 대사 한마디는 대부분 쉽게 잊혀지지만 넘버들은 지금이라도 내 귓가에서 울려퍼질 것만 같다. 마치 발효와 숙성을 거친 음식처럼 깊은 맛을 내며 내 기억 속에 오래도록 자리잡는다. 가끔 길을 지나다 혹은 카페에서 차를 마시다 우연히 그 넘버를 듣게 되기라도 하면 음악과 끈끈히 연결된 무대와 스토리가 자연스럽게 떠오른다. 그리고는 귀를 간지럽히는 넘버와 함께 새로운 또 하나의 무대가 머릿속에 스쳐 지나간다.

뮤지컬의 넘버는 들으면 들을수록 좋아지는 매력이 있다. 어쩌면 일반 대중가요와 별반 다를 게 없어 보일지도 모르지만 뮤지컬 넘버에는 가요와는 다른 나를 압도하는 힘이 있다. 마틸다, 맨 오브 라만차, 노트르담 드 파리와 같은 작품의 OST는 처음 관람하면서 들었을 때는 별로 와 닿지 않았던 넘버들이다. 하지만 틈날 때마다 여러 곡들을 뜻하지 않게 반복해서 듣다 보면 음악 자체만으로도 너무나도 의미 있고 훌륭한 넘버들이다. 또 다른 한편으로는 작품 전체의 진정한 의미를 재발견하는 계기가 되기도 한다. 때문에 나는 어떠한 앨범이든 처음 들었을 때 전혀 흥미가 생기지 않더라도 서랍 안에 그대로 모셔두는 일은 거의 하지 않는다. 딱히 듣고 싶은 넘버가 없는 날이거나 뒤늦게 OST의 작품을 보게 된 날에는 여지없이 내 손에는 CD가 들려져 있고 그동안 알지 못했던 숨겨진 매력에 빠져들게 된다.

언젠가부터 뮤지컬 OST 수집이 취미가 되어버렸다. 정도의 차이는 있겠지만 웨스트엔드, 브로드웨이 상관없이 조금이라도 관심이 있거나 호기심을 유발하는 작품이라면 무조건 나의 소장품에 포함하게 된 것이다. 누가 시킨 적도 없고 딱히 모아야겠다는 마음을 먹은 적도 없었는데 그동안 크게 인지하지 못하고 있었던 내 방 책상 한 켠에 넘버들에 대한 애정의 결과물이 줄지어 서있게 됐다. 지금은 나의 보물 리스트에 들어갈 만큼 소중한 것들이 되어버렸고 더 이상 너저분한 책상 위가 아닌 제법 괜찮은 물건들만 모여있는 진열장 한 자리를 자랑스럽게 차지하고 있다. 이걸 보고 예전에 내 친구 중 하나가 '이게 다 얼마야?'라고 물은 적이 있다. 사실 그렇다. 지금까지 내가 산 넘버들을 합하면 런던을 한 번 더 갈 수 있을 만한 액수가 된다. 금액대가 훨씬 더 높은 뮤지컬 티켓에 지출한 돈까지 계산한다면 아마도 최고급 세단 한대 정도 값은 족히 넘을 금액이다. 하지만 지금까지 나는 한 번도 후회하거나 그 돈이 아깝다는 생각을 해 본적이 없다. 어떤 사람은 술로, 어떤 사람은 담배로 스트레스를 푸는 것처럼 뮤지컬은 내가 힘들었던 시절 모든 것을 내려놓고 잠시나마 편안해 질 수 있었던 유일한 휴식처였고, 항상 내 곁에서 발랄한 멜로디로 나를 즐겁게 해주던 둘도 없는 친구였다.

음악은 사소한 음 하나도 각자가 어떤 의미를 부여하느냐에 따라, 또는 받아들이는 사람의 마음이 어떠냐에 따라 엄청나게 다른 존재로 다가온다. 노래 한 곡으로 어려움을 극복하고 음악을 통해 질병까지 치료할 수 있다는데, 뮤지컬 안에서도 음악은 빼놓을 수 없는 중요한 요소임에 분명하다. 환희와 절규에 가득 찬 열창이 끝나고 짧은 2~3초의 정적 뒤로 흐르는 소리의 여운(잔음)이 전해주는 감정은 이루 말할 수 없는 짜릿함을 선사한다. 온몸에 닭살이 돋고 자리에 앉아있음에도 뒤꿈치가 들리는 긴장된 감동은 어쩌면 무대와 배우, 그리고 작품에 대한 무의식의 예의일지 모르겠다. 팡틴의 처절함과 콰지모도(Quasimodo)의 진심이 아직도 내 귓가를 울리는 것처럼 말이다.

❀ 하나하나 모으고 날씨와 기분에 따라 골라 듣는 재미가 있다.

❀ OST를 포함한 전세계 뮤지컬 관련 상품(MD)들을 구입할 수 있는 'Dress Circle'.
서울 중구에 위치한 공연장 '블루스퀘어'에서 찾을 수 있다.

먹먹한 감동의 여운

해가 뉘엿뉘엿 넘어가며 어둠이 드리우기 시작한 어느 가을 런던의 피카딜리 서커스. 그렇게 소중하게 여기는 끼니까지 거른 채, 다시 오지 못할 것만 같았던 이곳을 1년 만에 다시 찾았다. 역을 빠져나오면 맞이하는 작은 광장 너머로 보이는 LED 광고판들,(우리나라 대기업들의 광고도 항상 포함되어 있다) 화살 없는 활을 들고 있는 가짜 에로스 상 아래로 옹기종기 모여 앉아있는 사람들, 많은 사람들로 북적북적한 거리임을 알리는 소음들. 숫자에 불과한 내 나이와 내가 입고 있는 옷을 제외하고 런던을 대표하는 이곳만큼은 1년이라는 시간을 거짓말처럼 비껴간 듯 그대로였다.

오랜만에 만난 반가움에 한참을 바라 보다 광장 주변에서 발걸음을 옮긴다. 그리고 어제처럼 지나간 작년 이맘때가 떠오른다. 나도 모르게 그때의 동선 그대로 발길이 닿는다. 역시 사람은 자신이 관심을 가지고 보고 싶은 것만 눈에 들어오는 것인지 피카딜리 서커스에서 유난히 자주 보이는 뮤지컬 티켓 판매소들이 또다시 내 눈앞을 어슬렁거린다. 런던에 대한 정보가 거의 없었던 시절에 이런 곳들을 의심의 여지없이 기웃거렸던 옛 기억이 떠올라 슬쩍 멋쩍은 웃음을 지어본다. 추억을 회상하며 Prince of Wales Theatre를 지나 푸른 빛의 작은 광장으로 향했다. 갑작스러운 소나기로 흠뻑 젖었던 작년과는 대조적인 분위기의 Leicester Square Garden. 그리고 그 가장자리에 긴 줄로 늘어선 사람들과 함께 항상 일체형으로 자리잡고 있는 런던 공식 티켓 판매처 TKTS가 보인다. 순간 나 역시 예전에 티켓을 사기 위해 저들처럼 제법 부는 바람을 맞으며 라인 안에서 조마조마하게 기다리고 있었던 기억이 떠올랐다. 박물관도 아닌데 저렇게 줄까지 서가며 티켓을 구매하는 데에는 당연히 이유가 있다. 이곳에서는 공연 티켓들을 상당한 할인율이 적용된 가격으로 구매할 수 있다.(보통 반값에 판매수수료를 더해 판매한다).

이제는 런던에 거주하고 있는 사람들 못지 않게 런던이 익숙해진 나이기에 여러 경로를 통해 지인들과 블로그 이웃들이 여행에 관한 정보들을 꽤 많이 묻곤 한다. 최근 자주 질문하는 주제는 바로 뮤지컬에 대한 것인데, 그중에서 적지 않은 사람들이 TKTS에서의 티켓 구매에 대한 궁금증을 나타내곤 한다. TKTS에서 티켓을 사면 얼마나 할인이 되는지, 오픈 시간부터 줄서 있으면 괜찮은 석의 티켓을 구할 수 있는지, 한국에서 미리 예매하는 게 TKTS에서 구매하는 것보다 좋은지 등등… 그럴 때마다 나는 항상 티켓이라는 게 시즌에 따라 다르고 또 성수기 시즌에도 그때그때 다르기 때문에 뮤지컬이 여행에 차지하는 비중이 어떠한지에 따라 결정하는 게 좋다고 대답한다. 일반적으로 인기있는 뮤지컬들은 할인 적용이 안 되기 때문에 미리 예매하는 걸 추천한다. 이 말에 일부는 한국에서의 예매를 선택하지만 또 다른 일부는 비싸다며 현지에서 구매하겠다고 한다. 내가 항상 주장하는, '여행은 각자가 끌리는 대로 선택하는 것이 정답이다'라는 생각에는 변함이 없지만 조금만 합리적으로 생각해보면 많은 여행객들이 떠나기 전에 티켓을 사전 예약하는 이유를 금방 알아차릴 수 있다. 현지에서 살 때 당일 티켓이 없거나 원하는 좌석이 없는 경우가 있다는 것도 이유 중 하나지만, 나는 여기서 그보다 더 중요한 시간의 개념을 언급하고 싶다. 여행 중에 시간은 곧 돈이다. 우리는 여행을 출발하기 전에 유럽이라는 땅을 밟고 색다른 세상을 경험하기 위해 지출하지 않아도 될 목돈 2~300만 원을 아낌없이 지불한다. 이 금액은 평범한 사람들에게는 꽤 큰 돈이기에 여행 준비를 할 때, 또 현지에서 여행할 때도 가능한 비용을 줄이려고 노력한다. 많은 사람들이 간과하는 백만 원이 훌쩍 넘어가는 항공료와 숙박료에 대해서도 생각해 보자. 이 둘은 전체 예산에서 굉장히 큰 부분을 차지하는 꼭 지불해야만 하는 비용이자 엄밀히 말하면 총 여행 기간에 녹아있는 비용인 셈이다. 하지만, 막상 여행을 떠나게 되면 그 돈은 까맣게 잊은 채, 단돈 몇 만원을 아끼기 위해 TKTS 앞에서 두 번 다시 돌아오지 않을 런던에서의 시간을 허비한다. 그나마 원하는 티켓을 저렴하게 구할 수 있다면 다행이지만 그마저도 어렵게 된다면 시간은 물론, 더 누릴 수 있는 유럽의 추억까지 놓치게 되는 것이다. 박스오피스 앞에서 원하는 티켓을 득템하기 위해 기다리며 시간을 보내는 것 또한 여행의 일부분으로 여기고 즐길 수 있다면 얘기는 달라지지만, 각자가 여행 중에 즐기고 싶은 수많은 것들을 시간이 없어서 못하는 안타까운 참사는 피해야 하지 않을까 싶다.

❊ 해가 저물어가는 피카딜리 서커스의 모습. 오히려 밤이 되면 더 많은 사람들로 북적인다.

❊ 1년 내내 길게 늘어선 사람들과 일체형처럼 서있는 TKTS. 뮤지컬 할인 티켓을 살 수 있는 곳이다.

티켓을 사기 위해 혈안이 돼 있는 사람들에게 미리 예매해 놓은 티켓 바우처 냄새를 풍기며 얄밉게 TKTS 부스를 지나, 왔던 길을 되돌아 튜브 역 방향으로 향했다. 피카딜리 서커스 역을 지나 유럽치고는 그다지 특별할 게 없는 거리를 걸었다. 하루 평균 수십만 명이 오가는 지역으로 북적대는 거리지만 또 하나의 뮤지컬 거대 시장인 브로드웨이에 비하면 현란한 간판 하나 발견하기 어려울 정도로 절제되어 있는 거리 모습이다. 하지만 바로 이 거리에서 예술가를 육성하는 런던의 자부심 영국왕립예술학교(Royal Academy of Arts), 300년이 넘는 시간 동안 영국 왕실에 식료품을 납품해온 차(tea) 전문 매장 포트넘 앤 메이슨(Fortnum& Mason), 영국 귀족과 상류층뿐 아니라 세계적으로 유명한 사람들이 찾는다는 새빌로(SavileRow) 양복점 등 그 전통과 명목을 이어오는 곳들을 곳곳에서 발견할 수 있다. 다소 평범한 겉모습 때문에 지나치는 관광객들에게는 런던이라는 유럽에서도 손꼽히는 도시가, 화려하고 볼거리가 많은 파리, 로마, 바르셀로나 같은 도시들에 비해 자칫 실망스럽게 느껴질지 모른다. 하지만 현지에서 사람들을 만나고 이 도시가 품고 있는 도처에 숨은 의미들을 알아간다면 결코 쉽게 그런 말을 할 수 없을 것이다.

❋ 300년이 넘는 시간 동안 영국 왕실에 식료품을 납품해온 차 전문 매장 포트넘 앤 메이슨(Fortnum& Mason).

제법 시간이 흘러 뮤지컬을 관람하기 위해 샤프츠버리 애비뉴 (Shaftesbury Avenue)로 발길을 옮겼다. 다시 마주한 피카딜리 서커스 역 왼편으로는 고급 쇼핑가들이 나선형으로 시작되는 리젠트 스트리트(Regent Street)가 화려한 위엄을 보이고, 산책하듯 터벅터벅 걸어간 샤프츠버리 애비뉴에는 크고 작은 레스토랑과 상점, 그리고 극장들이 들어차 있었다. 얼마나 걸었을까? 순식간에 뮤지컬 레미제라블의 극장 Queen's Theatre에 도착했다. 이 살아 숨쉬는 듯한 감동의 결정체가 내 앞에 나타나는 순간, 얼마 전 눈물을 훔치며 봤던 영화 '레미제라블'이 다시금 떠올랐다. 우리나라에서도 뜨거운 사랑을 받았던 뮤지컬 영화인데, 이 인기는 비단 크랭크인(Crank in) 전부터 화제가 되었던 인지도 높은 배우들의 캐스팅과 훌륭한 연기 덕분만은 아니라는 생각이 들었다. 극적 효과를 연출하는 데에 있어 많은 차이를 보이는 뮤지컬과 영화 각각의 장점들을 극대화시키며 관객들의 눈가를 촉촉히 적셨던게 아닌가 싶다. 내 가슴속에 채 가시지 않은 벅찬 감동 때문인지 화려한 조명에 둘러싸인 Queen's Theatre 앞 간판들이 마치 나에게 이야기를 들려주는 듯한 착각이 든다. 극장에 시선을 붙잡힌 채 좁은 횡단보도를 건넜다. 이른 시간이어서인지 극장 주변에는 아직 관객들로 보이는 사람들이 거의 보이지 않았고, 나는 복잡한 시간을 피해 일찍 티켓 교환을 하기로 했다. 미리 예매를 했던 바우처를 꺼내들며 밝은 표정으로 환대해주는 박스오피스 직원에게 물었다.

　"보통 몇 시쯤 사람들이 극장에 오기 시작하나요?"

　"당신처럼 일찍 오시는 분들도 있는데, 대게 공연 시작 30분 전부터 몰리기 시작하죠."

　"오늘 공연 좌석은 만석인가요?"

　"거의 만석이네요. 시야 제한석(Restricted View) 몇 좌석을 제외하고는 자리가 없어요."

　사실 몇 차례 웨스트엔드에서 다른 작품들을 관람한 경험이 있으니 단순히 극장들 분위기를 몰라서 물어본 것은 아니었다. 얼마나 많은 사람들이 언제쯤 몰려들지 궁금했고, 이번에는 극장 맞은 편 카페에 앉아 모여드는 사람들의 모습을 관찰하고 싶었다. 카페로 들어가 커피 한 잔과 스콘 하나를 주문해 운 좋게도 밖을 내다 볼수 있는 창문 옆 자리를 어렵사리 차지해 앉을 수 있었다. 달콤한 커피와 스콘 한 입에 레미제라블 넘버들을 들으며 뮤지컬을 맞이하기 전 신성한 의식(?)을 거행했다. 그렇게 나만의 시간을 즐기는 사이 극장 직원의 말대로 공연 30분 전쯤 되니 하나 둘 사람들이 극장으로 입장하기 시작했다. 곧 기다리는 줄이 생겼고 그들의 표정들을 살필 수도 있었다. 에티켓과 매너를 중요시 하는 영국인들의 특성 때문에 평소에는 자신의 속내를 드러내지 않는 딱딱함이 다소 느껴지지만, 극장 앞 카페 안에서 본 그들의 모습은 너나 할 것이 모두 어린아이와 같이 가식없고 해맑은 인간 본연의 표정을 짓고 있었다.

✳ 코제트의 얼굴이 걸려있는 뮤지컬 레미제라블의 Queen's Theatre.

다시 길을 건너 극장으로 들어갔다. 내부는 내가 생각했던 레미제라블의 이미지와는 다르게 특별히 둘러볼 만한 곳이 없을 정도로 작았다. 내 기대가 너무 컸던 걸까? 살짝 아쉬운 마음을 뒤로하고 극장 홀 안으로 입장하기 위해 직원에게 티켓을 보여주었다.

"Thank you, Sir"

오늘따라 내 귀에 자주 들어오는 단어 하나가 있었다. 바로 'Sir'이라는 표현인데, 원래 이 말은 이름 앞에 붙여 작위를 받은 사람들의 신분을 나타내주는 말이다. 하지만 일반적인 영어 표현에서는 남성을 존칭하는 '신사분'과 같은 의미로 쓰여 남자라면 이 말을 해외에서 들었을 때 누구나 기분이 좋아질만한 표현일 것이다. 다른 날도 가끔은 들을 수 있는 말이지만 오늘은 유난히 다른 날보다 빈번하게 들렸고, 이곳 직원들의 태도 역시 박스오피스에서 티켓을 찾을 때부터 뭔가 다르다는 느낌을 받았다. 그냥 '우연히 이런 날도 있겠지'라고 넘겨버리기엔 뭔가 다른 하루였다. 혹시… 이것 때문이었을까? 이날 나는 중요한 일 때문에 정장에 한껏 멋을 내고 아침부터 하루 종일 런던거리를 누볐다. 드레스코드에도 의미를 부여하는 그들의 시선에 지구 반대편 대륙에서 온 아시아 남자가 다르게 보였던 건 아닐까? 순전히 내 입장의 성급한 결론으로 런더너들을 판단했을지 모를 일이지만 내가 느낀 솔직한 심정이었다.

나만의 착각이든 아니든 런더너들이 인정한 신사라는 뿌듯함을 안고 극장 홀 안으로 들어갔다. 순간 내 시선을 잡은 건 레미제라블의 상징성을 담고 있는 소녀가 그려진 커튼 막이었다. 이 소녀는 극중 안타까운 인생으로 죽음을 맞이한 팡틴(Fantine)이 장발장(Jean Valjean)에게 부탁한 딸 '코제트(Cosette)'. 뮤지컬, 영화, 소설을 불문하고 '장발장' 혹은 '레미제라블'이라는 단어 뒤로 떠오르는 작품의 이미지라고 할 수 있다. 먹먹해지는 작품의 감동을 이미 알고 있던 나였지만 수백 번도 더 봤음직한 이 소녀에게서 눈을 뗄 수가 없었다. 바람에 쓸쓸히 흩날리는 가녀린 머리카락과 말문이 막힌 채 뭔가를 말하려는 듯한 그녀의 눈에서 반세기는 족히 살았을 것 같은 사연이 느껴진다. 금방이라도 답답한 커튼을 뚫고 내 앞으로 다가와 맑은 눈망울을 깜박거리며 쳐다볼 것만 같았다. 나는 좌석에 앉아 왠지 모를 적막함이 감도는 조명을 쫓아 천천히 곳곳을 훑어보기 시작했다. 뭔가 절제되어 있는 분위기에 덩달아 나도 국립묘지에 있는 묘비들을 바라보듯 차분히 공연을 기다렸다. 천장에 샹들리에와 장식도 묵묵히 이 느낌을 더하고 있었다.

　공연의 시작을 알리는 Prologue가 울려퍼지는 순간. 나는 뮤지컬 오페라의 유령의 서곡을 처음 접했을 때 느낌에 버금가는 짜릿함, 혹은 그 이상의 벅차오름을 느낀다. 승리를 다짐하며 전쟁터로 향하는 전사처럼 나도 모르게 미간을 찌푸린 채 두 눈에 연결되어 있는 모든 근육에 힘을 주고 어디론가 진격해야만 할 것 같은 비장함을 경험한다. 그 다음으로 이어지는 'Look Down'. 현실감이 부각되었던 영화 '레미제라블'보다 뮤지컬 '레미제라블'이 더 훌륭하게 느껴지는 몇 장면 중에 하나인데, 이는 분명 공연장을 뚫어버릴 듯한 마초적인 남성들의 떼창(?) 때문일 것이다. 모든 뮤지컬에는 하모니가 어우러진 합창을 비롯해 모두 한 목소리로 노래하는 제창까지 많은 앙상블(Ensemble)이 있지만 죄수들의 비참함과 울부짖음을 담은 'Look Down'은 내가 그 어떤 음악들보다 자주 옹알이하듯 중얼거리는 넘버이기도 하다.

　뮤지컬 레미제라블은 부담없이 편하고 유쾌하게 즐기는 넘버가 아닌 웅장하면서도 디테일한 의미가 담긴 넘버들이 가장 많은 작품이며, 남자다운 힘이 느껴지는 음악과 부드럽고 감성적인 선율이 공존하는 작품이다. 특히, 브리티쉬 갓 탤런트(British Got Talent)에서 아무도 기대하지 않았던 평범한 아줌마 수잔 보일(Susan Boyle)이 반전 있는 가창력으로 인생역전을 만들어냈던 'I Dreamed a Dream(팡틴, Fantine)'은 이미 전 세계인이 한번쯤은 들어봤을 노래일 거다. 그 외에도 'Who Am I?(장발장, Jean Valjean)', 'Stars(자베르, Javert)', 'On My Own(에포닌, Éponine)' 등과 같이 주·조연들의 이야기와 감정이 담겨있는 넘버들이 더해져 레미제라블이 더욱 높은 평가를 받는데 일조했다. 레미제라블의 넘버들 중에는 배우를 꿈꾸며 자신의 모든 것을 쏟아 붓는 배우 지망생들이 참여하는 오디션에 단골 메뉴로 등장하는 넘버들이 넘쳐난다. 하지만 결코 쉽지 만은 않은 넘버들이기에 배우를 꿈꾸는 이들뿐 아니라 현역 배우들까지도 음악을 조금이라도 더 완벽하게 소화하기 위에 도전하고 있다. 이렇게 훌륭한 음악이 넘쳐나는 작품이지만 내가 가장 사랑하는 넘버는 따로 있다. 극의 후반부, 장발장은 자신의 모든 진심을 담아 'Bring Him Home'을 부른다. 감정이 메마른 순간에도 두 눈에 눈물이 고이게 만드는 이 넘버는 한동안 내 휴대폰 연결음으로 사용했을 정도로, 내가 좋아하는 넘버 다섯 손가락 안에 드는 곡이다. 이 넘버에는 이제 점점 늙어가는 자신을 되돌아 보며 친딸처럼 키워왔던 코제트와 그녀의 연인

마리우스(Marius)가 행복하게 살아가길 바라는 마음과, 그의 인생 마지막 숙제를 마치고 싶어하는 간절함이 담겨있다. 웨스트엔드 현지에서도 뜨거운 사랑을 받고 있는 이 곡은 2010년에 열렸던 뮤지컬 레미제라블 25주년 기념 공연에서 1, 2막 피날레를 장식하는 넘버가 아니라 극 중간에 삽입된 넘버였음에도 1분이 넘는 감동의 기립박수를 받았을 정도로 감성을 자극하는 곡이다.

하지만, 국민 MC 유재석도 만인에게 호감을 줄 수 없듯, 아무리 완벽한 작품이라 하더라도 항상 칭찬만 들을 수는 없다는 안타까운 현실이 있다. 대표적인 송-스루 뮤지컬(Song-Through, 극에 등장하는 모든 대사들을 모두 배우들이 노래로 연기하는 뮤지컬)인 레미제라블은 고유의 웅장함과 가슴속으로 파고드는 감동을 훌륭한 넘버들로 채우곤 하지만, 3시간이라는 긴 시간 동안 음악으로만 어필하는 어색한 교감 방식이 일반 대중들에게는 지루하거나 공감하기 어려운 쇼로 비쳐지기도 한다. 그 때문인지 내 지인들의 경우에도 영화로 먼저 작품을 접하고 뮤지컬을 본 사람들은 대부분 '영화가 더 재밌던데…'를 연발하곤 했다. 이 작품에서 중요한, 배우들의 감정이 묻어나는 표정과 거친 시대적 상황에 대한 현실감을 영화만의 장점으로 흥미롭게 관객들에게 어필했으니 충분히 이해가 되는 부분이다.

그럼에도 불구하고 뮤지컬 레미제라블은 나에게 소리없이 다가와 가슴속에 깊은 여운을 남긴 작품이다. 왕실의 관심을 한 몸에 받으며 오랜 전통과 인기를 유지해온 '포트넘 앤 메이슨' 만큼이나 뮤지컬이라는 특화된 분야에서 오랫동안 변함없는 사랑을 받아온 레미제라블은 오페라의 유령, 미스 사이공, 캣츠와 함께 세계 4대 뮤지컬로 불리우기에 충분한 내공을 갖고 작품임에 틀림없다.

Queen's Theatre

레미제라블(Les Miserables)

🎬 **극장 주소** : 51 Shaftesbury Avenue, London, W1D 6BA

🎬 **가는 방법** : Bakerloo or Piccadilly Line 피카딜리 서커스(Piccadilly Circus) 역 도보 5분

🎬 **러닝 타임** : 3시간

공연 시간

	일	월	화	수	목	금	토
오후				2:30			2:30
저녁	7:30	7:30	7:30	7:30	7:30	7:30

스토리(Story)

빵 한 조각을 훔친 죄로 19년의 감옥살이를 한 장발장(Jean Valjean). 가석방으로 풀려난 그는 전과자라는 이유만으로 사람들에게 부당한 대우를 받던 중 우연히 만나게 된 주교의 거처에서 은식기를 훔쳐 도망가다 잡히게 된다. 하지만 신부는 그것들은 자신이 준 것이고 오히려 덜 가져간 것이 있다며 은촛대까지 뽑아서 준다. 신부의 선의에 감동한 장발장은 자신의 초라한 모습을 되돌아보며 새로운 삶을 살기로 결심한다. 몇 년 후, 정체를 숨기고 새 이름과 새 삶을 살아온 장발장은 시장이 되어 가난한 이들을 도우며 지낸다. 장발장은 운명의 여인 판틴(Fantine)을 비참한 삶에서 구해주게 되고 그녀가 자신이 외면했던 여인이었음을 알게 된다. 죽음을 눈앞에 둔 판틴은 자신의 유일한 희망인 딸, 코제트(Cosette)를 장발장에게 부탁하고 장발장은 이것만이 자신이 그녀에게 속죄하는 길이라 생각하며 판틴을 안심시킨다. 그러나 코제트를 만나기도 전에 자베르 경감(Javert)은 장발장의 정체를 알아차리고 악착같이 그를 쫓게 되는데…

 좌석 고르기 Tip

런던 차이나타운 맞은 편에 위치한 100살이 넘은 Queen's Theatre.
맘마이아의 극장인 Novello Theatre처럼 중간 복도가 없는 구조로 되어있다. 마찬가지로 내부에 기둥은 없어 Stalls(1층)석은 전반적으로 관람하기 좋은 편이지만 S열 이후 좌석은 Dress Circle(2층)에 가려 시야 제한이 발생한다. 또, Upper Circle(3층)에는 시야가 방해되는 좌석이 많은 편이니 예매 시 유의해야 한다. 일반적으로 Stalls C~N열까지의 좌석이 관람하기에 좋은 좌석으로 보인다.

Queen's Theatre 좌석 배치도

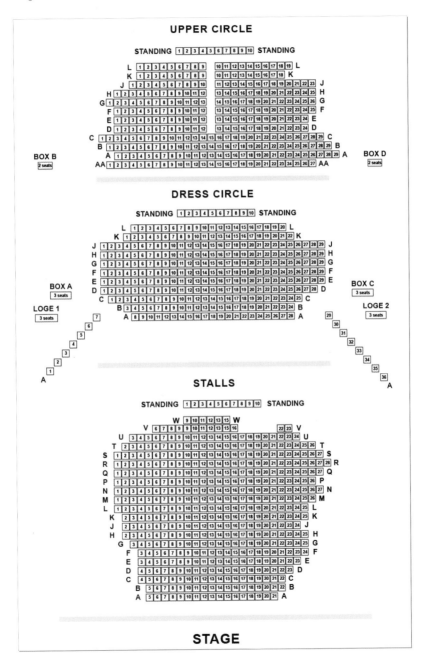

그럼 우리는?

　　웨스트엔드와 브로드웨이 같은 거대 시장이 다양한 무대를 통해 사람들을 매료시키고 있다면 후발 주자인 우리나라는 현재 어느 정도의 위치일지 궁금했다.(사실, 내가 우리나라 뮤지컬 시장을 평가 할 수 있는 사람은 못 되기에 위치라는 표현이 조금은 어울리지 않을지 모르겠다.) 영국, 미국, 오스트리아, 프랑스, 체코 정도를 제외한다면 세계적으로 성공을 거둔 창작 뮤지컬을 찾기가 어렵기 때문이다. 대부분의 유럽을 비롯한 서구 문화권에서는 오히려 오페라와 같은 클래식 음악이 훨씬 오래도록 역사와 명성을 이어 왔다. 200년이 채 되지 않는 역사를 지닌 뮤지컬은 한때 클래식의 아류라는 부정적인 평가를 받기도 했지만 20세기 중반부터 쏟아진 대중적인 작품들로 당당히 예술 문화의 한 축을 담당하고 있다. 하지만 여전히 순수 예술을 지향하는 일부에서는 상업성이 점점 더 짙어지고 있는 뮤지컬에 대해 쓴소리를 이어가고 있다.

　　우리나라의 경우, 1966년 한국 최초의 뮤지컬이라고 알려져 있는 '살짜기 옵서예'를 시작으로 뮤지컬이 새로운 공연 문화의 한 자리를 담당해 왔지만 당시 시대적 상황으로 인해 뮤지컬은 극소수의 사람들만이 알고 즐기는 문화일 수밖에 없었다. 하지만 1980년대에 접어들며 흔히 '뮤지컬 1세대'라고 불리는 남경주 배우를 필두로 최정원, 전수경, 성기훈, 이경미 등 지금도 왕성하게 활동 중인 배우들이 등장하며 무대에 활력을 불어넣기 시작했다. 이후 2000년대부터 해외 라이선스 뮤지컬들을 수입하며 한국 뮤지컬 시장은 조금씩 요동치기 시작했고 최근 통계자료에 의하면 3000억 원대의 시장으로 성장하기에 이르렀다. 이렇게 최근 뮤지컬 산업이 급성장한 이면에는 여러 가지 부정적인 시각과 열악한 제작 환경이 공존한다. 우리나라처럼 급변한 사회가 겪는, 세대교체와 의식 변화가 가져오는 불가피한 대립과 갈등처럼 뮤지컬 계에도 최근 십수 년간 많은 갈등들이 이어져오고 있다.

　　최근 10년 사이 아이돌 가수를 비롯한 연예인들의 뮤지컬 출연은 한국 뮤지컬이 성장해 오면서 겪을 수밖에 없었던 성장통 중 하나였다. 이로 인해 전반적인 뮤지컬 산업의 규모는 한층 거대해졌지만 반면, 작품과 실력에 관계없이 연예인 출신 배우들을 거부하는 일부 관객이 생기기도 했다. 뮤지컬을 공연 예술의 결정체라고 여겨왔던 오랜 팬들 입장에서는 자신들이 좋아하는 배우의 자리를 아직 제대로 갖춰지지도 않은 연예인들이 인지도를 이용해 뺏으려 한다고 여겼을 수도 있다. 마치 호(號)와도 같은 '배우'라는 칭호를 주기가 싫은 감정적 반항 심리처럼 말이다. 그런 마음은 충분히 이해하지만 연예인의 뮤지컬 출연과 맥락을 같이 하는 옥주현, 정성화, 김준수, 바다 같은 배우들의 현재 위치는 뭔가 그런 팬들과는 다른 생각을 하게 만든다. 물론 결과론적인 입장에서 말하고 있지만 이들은 우리나라 그 어떤 배우와도 견줄만한, 또는 그 이상의 능력과 티켓 파워를 갖고 있는 배우가 되었다. 특히, 한국의 정상급 배우로 우뚝 선 옥주현 배우가 2005년 초연한 '아이다'에 캐스팅 되었을 때 그녀가 이렇게까지 발전하리라고는 그 누구도 쉽게 예상하지 못했을 것이다. '걸그룹 출신'이라는 이미지는 항상 꼬리표처럼 따라다녔을 것이고 얼음처럼 냉랭한 관객들의 마음과 각종 논란거리들이 따라다녔을 것이다. 또 오직 실력으로 자신을 증명하며 뮤지컬 계에서 살아남기 위한 피할 수 없는 통과의례를 이겨내야만 했을 것이다. 그녀는 이제 예전 아이돌의 이미지를 벗고 무대에서 주저 없이 눈물을 흘릴 수 있는 배우가 되었다.

불과 5년 전까지만 해도 마니아 층의 전유물이라는 인식이 강했던 뮤지컬이 한층 대중화, 보편화된 여러 가지 이유 중 하나가 바로 연예인 출신 배우들의 발굴이라고 생각한다. 뮤지컬 배우들이 드라마, 영화, 예능 등 여러 매체에 등장하며 인지도를 쌓아 올린 것 역시 대중화에 중요한 역할을 한 것은 분명하다. 하지만 클래식 음악만큼이나 경제적으로, 취향적으로 쉽게 접근하기 어려웠던 뮤지컬 작품에 좋아하는 드라마 배우와 가수가 출연한다는 이유로 관심을 갖고, 이후에는 그들 때문이 아닌 뮤지컬 자체에 매력을 느껴 극장을 찾고 있는 사람들이 적지 않다. 전반적으로 풍성한 분야로 거듭나기 위해서 능력 있는 연예인들의 투입은 관객 입장에선 막을 이유가 없는 일이 아닐까 싶다. 물론 일부 연예기획사 혹은 공연제작사의 이익만을 목적에 두고 아직 검증되지 않은 연예인들로 치장하는 공연은 지양되어야 하겠지만, 배우들의 저변 확대를 위해 맹목적인 비판보다는 좀더 발전적인 시야로 바라봐야 하지 않을까 생각한다.

우리나라 배우들의 객관적인 능력은 웨스트엔드를 비롯한 해외 배우들에 미치지 못한다고 많이 알려져 있다. 실제로 실력을 인정받고 인지도를 쌓으며 활동하는 배우의 수는 그리 많지 않다. 배우의 저변이 좁다는 뜻이고 그 말은 곧 관객들이 선택할 수 있는 폭이 좁다는 말이 된다. 최근 몇몇 대학에 뮤지컬 관련 학과가 개설되고 전문 인력을 양성하는 아카데미와 같은 통로들이 생겨나고 있지만 해외에 비하면 아직 걸음마 단계에 불과하다. 전반적으로 뮤지컬 산업에 대한 인프라가 부족해 전문화 되어 있지 못한 것이 사실이다. 때문에 혹자는 한국 뮤지컬을 두고 '실력 없는 배우들이 펼치는 수준미달 분야'라고 말하기도 한다. 그렇다고 웨스트엔드나 브로드웨이의 수준이 우리보다 절대적으로 높다고 단정 짓기에는 무리가 있을 것 같다.

요즘 우리나라에서 큰 흥행성적을 올리고 있는 작품들은 대부분 라이선스 뮤지컬들이고 이들 모두 영어, 독어, 혹은 불어로 만들어져 있다. 넘버들과 극을 연출할 때는 분명 오리지널 작품의 대본과 스토리에 맞게 임팩트 있는 대사를 구성하고 때로는 가사의 발음까지도 고려하게 될 것이다. 예를 들면, 묵음 처리를 잘 하지 않는 영국식 영어 't' 사운드와 독어 'und(υnt)' 같은 사운드는 극 중 강조되어야 할 부분에 작가와 작곡가의 의도에 의해 적절하게 사용되곤 한다. 그래서 어느 정도의 연륜과 재능을 갖춘 배우가 아니라면 완전히 다른 문화권에서 만든 작품의 언어를 연기와 노래로 정확하게 표현해 내는 게 결코 쉬운 일이 아닌 것이다. 그런 점에서 본다면, 예술 작품의 번역 작업이란 단순히 언어를 옮기는 행위인 'Translation'의 의미를 뛰어넘는 일이다. 예술적 감각이 없는 사람은 결코 감당할 수 없는 일인 것이다. 그리고 세계적으로 사랑 받아온 작품의 감동을 관객들에게 전달하는 배우들에게는 더 없이 부담스럽고 고민스러운 일이 아닐 수 없다.

해외 라이선스 뮤지컬들은 우리나라에 수입돼 들어오면서 가능한 극의 흐름과 연출의 의도에 맞게 번역이 이루어지지만, 그 작업은 작품을 무대에 올리기 위한 과정에서 겪는 큰 고통 중 하나가 된다. 언어가 가지고 있는 사전적 의미대로 직역하면 예술적 가치가 반감되는 결과를 가져오기 때문에 작품 고유의 느낌을 살리기 위한 작업은 공연이 회를 거듭하는 중에도 계속되곤 한다. 그래도 언어 표현의 장벽을 뛰어 넘지 못하고 실제로 프리뷰나 공연 초반부에는 어색한 번역이나 넘버들과의 부조화를 지적 받는 일이 적지 않다. 가끔은 지극히 개인적인 시각에서 지엽적인 지적을 하는 사람들도 있지만, 이제는 작품을 대하는 눈과 귀가 트인 관객들의 정당하고도 따가운 질책들이 더 많아지고 있다.

만약 반대로 우리나라 창작 뮤지컬들을 해외로 수출한다면 어떻게 될까? 안중근 의사의 이야기와 심리를 감동적으로 표현해 내며 관객들의 눈시울 뜨겁게 만들었던 뮤지컬 '영웅' 같은 작품을 외국 배우들이 연기한다면 과연 우리 배우들과 같은 느낌을 낼 수 있을까? 기술적인 무대 연출과 배우들의 가창력 자체는 의심의 여지가 없을지 모르지만 일제 강점에서 해방된 지 불과 70년 밖에 되지 않아 아직도 일본과 관련된 역사 문제에 민감한 우리나라 정서를 표현해 내는 것은 아마도 거의 불가능에 가까울 것이다. 라이선스 뮤지컬들이 주를 이루고 있는 한국 뮤지컬 시장에서 우리의 정서와 언어로는 그들의 문화를 정확히 표현해 내기 어렵다는 점을 감안해야 하지 않을까 생각한다.

✳ 기다리고 기다렸던 뮤지컬 레미제라블 한국 공연 실황 – ㈜KCMI

어쩌면 이 책을 읽고 있는 독자들 중에는 공연 예술의 순수성과 진실성을 유지하고 싶어하는 사람들도 있을 것이다. 그렇다면, 진정한 예술의 순수성은 무엇이고, 그건 어디에서 나오는 것일까? 어릴 때부터 연극을 사랑하고 배고프게 공연을 해오면서 한길만을 봐온 사람만이 해야 하는 것일까? 아니면 예술 관련 학과에 진학해서 이론적 지식을 바탕으로 소극장 경험부터 쌓아온 사람이 해야 하는 것일까? 장담컨대 태어날 때부터, 혹은 어릴 때부터 뮤지컬 배우만을 꿈꾸다 현재 배우가 된 사람은 거의 없을 것이다. 배우가 될 수 있는 사람이 따로 있는 것은 아니다.

오늘날 뮤지컬 같은 장르의 공연 예술은 대부분 상업성을 위해 대형 극장에서 올라간다. 티켓을 파는 것이 공연을 올리는 주된 목적이 된다는 것 자체만으로 이미 좁은 의미의 순수성을 잃어버린 것이 아닐까 생각한다. 좀더 훌륭한 공연을 위해 더 좋은 시설과 더 좋은 극장이 필요하고, 그런 요건들이 갖춰지기 위해서는 응당 기본적인 재정 상황이 공연을 통해 뒷받침되어야 한다. 돈보다 훨씬 가치있고, 의미를 담은 작품들이 관객의 사랑을 받는 일은 더할 나위 없이 바람직한 일이지만, 뮤지컬을 포함한 현대의 모든 분야에서 경제적인 부분을 제외하고 발전을 논한다는 것 자체가 비현실적인 일인 것이다. 결국, 공연 수입의 키를 갖고 있는 것도, 작품의 인지도와 퀄리티를 높이게 하는 것도 관객이다. 우리의 관람 문화가 소극적인 모습에서 적극적으로 조금씩 변해간다면 우리나라에서도 '오페라의 유령'과 '레미제라블' 같은 작품이 나오지 못할 이유가 없다. 예술의 순수성에 대한 정의를 내리기보다는 작품의 완성도와 배우들의 처우 개선 등에 대한 고민을 하는 것이 더욱 효율적이고 미래지향적이지 않을까 생각한다. 그것이 전제되고 작품을 어떻게 표현해 낼지에 대한 숙제는 배우의 몫이기 때문이다.

최근 진화를 거듭하고 있는 한국 뮤지컬을 바라보며 좀더 객관적인 시각에서 작품을 바라보고 평가할 수 있는 시야가 필요할 때라는 생각이 든다. 작품을 선택하는 건 오로지 관객의 몫이지만 서구 문화에 치우친 사대주의나 자신이 좋아하는 배우가 아니면 배척하는 문화적 이기주의는 분명 우리 뮤지컬의 성장을 방해하는 요소가 될 것이다. 지하철, 버스정류장, 커피숍뿐만 아니라 종로와 강남 한복판에 번쩍거리는 전광판에서도 뮤지컬 정보를 접할 수 있는 시대가 되었다. 더 이상 뮤지컬은 어색한 다른 동네 문화가 아닌 것이다. 해외 뮤지컬들과 경쟁하는 것은 좋지만 절대적이기보다는 상대적인 잣

대로 작품을 대하고, 다양성을 수용하는 마음 자세가 선행된다면 문화 콘텐츠를 제작하기 위해 필요한 인적·물적 인프라가 변하게 되고, 결국 관객들이 원하는 작품의 질도 변하게 되지 않을까 생각한다.

아직도 내 몸은 웨스트엔드 무대에서 활약하던 홍광호 배우의 자랑스러운 모습과 전세계 엘리자벳이 모두 모인 무대에서 옥주현 배우가 노래하던 짜릿함을 기억하고 있다. 지금도 누군가는 어디에선가 행복한 고통을 이겨내며 저마다의 스타일이 풍기는 창작물을 만들어내고 있을 것이다. 때론 상업성에 목을 멜 수밖에 없는 비정한 현실이 예술을 향한 그들의 노고를 사막의 신기루처럼 허무하게 만들지 모르지만, 음악과 친구가 되어 무대를 사랑하는 이들의 열정은 어떤 화려함보다도 빛날 것이라 믿는다.

SCENE 06 누구나 넌!

이 책의 주를 이루는 웨스트엔드 뮤지컬과 웨스트엔드에서 공연되고 있는 브로드웨이 뮤지컬이 대체로 일반 관객들에게 꽤나 알려져 있지만, 그렇다고 세계적으로 흥행에 성공한 유명 작품들 중에 영국과 미국에서 만든 작품들만 있는 것은 아니다. 다만 이 두 곳이 워낙 걸작으로 손꼽히는 대부분의 작품들을 만들어내며 눈에 띄는 문화 산업으로 거듭나고 있을 뿐, 다른 나라에서도 역사에 남을 걸작을 향한 창작 활동은 끊임없이 계속되어 왔다. 그렇다면, 세계 뮤지컬 시장을 이끌고 있는 두 축 이외에는 어떤 도시에 어떤 훌륭한 작품들이 숨은 보석처럼 살아있을까?

그 대표적인 곳이 바로 세계적인 음악가들을 배출한 나라인 오스트리아다. 뮤지컬이 과거에 비하면 쾌속질주로 대중에게 다가가고 있지만, 친근하고 매력적인 볼거리로 접근하는 브로드웨이와 제목만 말해도 들어 봤음직한 작품들을 탄생시킨 웨스트엔드에 비하면 아마도 오스트리아 작품들은 일반 대중들에게 생소할 것이다. 일반적으로 오스트리아 뮤지컬의 주체인 수도 비엔나(빈Wien)에서는 비엔나 극장 협회(VBW-VereinigteBühnen Wien)를 중심으로 문화가 소비되고 있다. 뮤지컬 '엘리자벳(Elisabeth)', '모차르트(Mozart)', '레베카(Rebecca)', '황태자 루돌프(Rudolf)', '마리 앙투아네트(Marie Antoinette)' 등 생각보다 많은 작품들이 전세계적으로 이름을 알렸는데, 특히 '엘리자벳', '모차르트', '레베카'는 우리나라에서도 몇몇 새로운 뮤지컬 스타의 탄생과 함께 큰 성공을 거두며 팬들의 머릿속에 각인되어 왔다. 이들의 공통점은 대부분 역사적으로 실존했던 인물을 바탕으로 극적인 효과를 높이는 가상 인물과의 스토리를 가미해 같은 인물을 새롭게 해석했다는 점이다. 극의 중요 요소인 넘버들 또한 하나하나 귀에 꽂히는 곡들로 이루어져 긴장감을 더하고, 스토리와의 환상적인 조합으로 작품의 완성도까지 높이는 역할을 한다.

이토록 매력적인 오스트리아 뮤지컬의 성장에는 늘 작곡가 실버스타 르베이(Sylvester Levay)와 작가 미하엘 쿤체(Michael Kunze)가 함께 해왔다. 성공한 대부분의 오스트리아 뮤지컬에서 이들의 이름을 발견할 수 있을 정도니 두 사람을 빼고는 오스트리아 뮤지컬을 말하기 어려울 정도다. 3시간 이라는 결코 짧지 않은 시간 동안 한시도 눈을 뗄 수 없게 만드는 긴장감 넘치는 스토리와 가볍지도 무겁지도 않으며 임팩트 있는 넘버들은 웨스트엔드와 브로드웨이와는 또 다른 장르의 뮤지컬을 보는 듯 하다. 나도 이런 반전 있는 스토리와 관객을 쥐락펴락하는 음악 스타일을 너무나 좋아하는데, 이 넘버들은 언제 들어도 질리지 않고 흥미진진한 매력으로 항상 내 스마트폰의 앞자리를 차지하고 있다. 반면, 우리가 이미 알고 있는 역사적 인물들을 허구적 요소와 함께 재해석한 작품들이다 보니 간혹 그 인물들의 이야기와 이미지를 오해할만한 소지를 만들기도 한다. 실존 인물들이 주는 현실감이 관객들에게 훨씬 빠르고 깊은 몰입을 가능하게 하지만, 생각하기에 따라 긍·부정이 갈릴 수 있는 인물이나 사건이 다소 왜곡돼 보일 수 있다는 것이다. 개인적으로 모든 예술은 되도록이면 작품 그 자체로 받아들여져야 한다고 생각하지만 민감한 사건에 대한 논쟁은 우리나라 외국할 것 없이 뫼비우스의 띠처럼 끝없이 계속되고 있다.

오스트리아 뮤지컬에 조금씩 빠져 갈 때, 우연히도 오스트리아를 여행할 수 있는 기회가 생기게 되었다. 이미 우리나라에서 '엘리자벳'의 스토리와 넘버에 빠져 몇 번의 회전문을 돌며 기본적인 배경지식을 가지고 있었던 터라 하늘이 주신 이 기회를 잊지 못할 추억으로 만들고 싶었다. 황후 엘리자벳의 별칭을 따서 이름을 지은 '씨씨 박물관(Sisi Museum)', 뮤지컬의 배경이 되었던 '쉔부른 궁전(Schloss Schonbrunn)과 호프부르크 왕궁(Hofburg)', 극중 대부분의 사건들이 벌어진 도시 '비엔나(Vienna)'까지 모두 내 머릿속에는 작품의 한 장면으로 기억돼 있었다. 상상 속으로만 그려보았던 곳들을 직접 가볼 수 있다는 사실만으로도 설레는 마음이 저절로 부풀어갔다.

그렇게 일정을 준비하던 중, 깜짝 놀랄만한 반가운 소식을 알게 되었다. 보통 비엔나에서는 매일 수십 가지의 작품들이 마구마구 쏟아지는 런던이나 뉴욕에 비하면 극소수의 작품들만이 공연되고 있는데, 내가 방문하기로 예정돼 있던 불과 일주일도 안 되는 기간이 뮤지컬 '엘리자벳'의 공연 기간에 포함돼 있었던 것이다. 물론 런던에서 처음 오페라의 유령을 보게 되었을 때만큼은 아니지만 어떻게 보면 웨스트엔드에서 관람하게 될 확률보다 더 낮은 확률에 내가 포함된 것이라, 그 기분은 뭐라 말로 표현할 수가 없었다. 게다가 오스트리아 뮤지컬 중에는 독특하면서도 매력적인 독어 발음을 너무나도 훌륭하게 잘 표현한 작품들이 많다는 걸 이미 알고 있었기 때문에 또다른 오리지널의 감동을 상상하며 뛰는 가슴을 진정시켜야만 했다.

나를 만족시켜줄 작품을 기대하며 공연 날을 손꼽아 기다렸다. 드디어 그날, 뮤지컬 엘리자벳이 공연될 비엔나의 라이문트 극장(Raimund Theater)으로 향했다. 하염없이 밀려오는 현지에 대한 궁금증에 출국 전부터 극장에 대한 많은 정보를 찾아봤던 탓인지 극장이 점점 가까워질수록 더해만 가는 두근거림을 주체할 수가 없었다. '실제로는 어떤 모습일까, 생각보다 클까? 웅장할까?' 모든 게 너무나도 궁금했다. 내가 찾아갔던 날이 새로운 시즌을 개막하는 날이어서 였는지 극장으로 향하는 많은 사람들이 눈에 띄었고 막 도착한 극장 앞은 말 그대로 인산인해를 이루고 있었다. 첫 공연을 취재하러 온 방송국 카메라와 꽤 유명한 듯한 사람들도 보였다. 오스트리아의 뮤지컬 문화는 런던의 그것과는 약간 다른 느낌이었다. 웨스트엔드에서는 뮤지컬이 이미 대중화되어 있는 분위기로 우리나라와 비교한다면 멀티플렉스 영화관에서 영화 한 편 보는 것 같은 분위기였다면, 비엔나에는 우리가 익히 알고 있는 유럽 문화의 파티복 혹은 격식을 차린 정장 차림의 모습들이 많았다. 관광객이었던 나로서는 최대한 깔끔하게 보이려 나름 신경 쓴 복장으로 차려 입었는데도 최선을 다한 나의 노력을 초라하게 만드는 그들의 드레스코드에 멋쩍은 웃음을 지으며 극장 안으로 들어갔다.

극장 내부는 그리 특별한 건 없었다. 단지, 내 귓가에 들리는 소리가 익숙지 않은 독일어일 뿐이었다. 극장 홀 안 좌석은 거의 가득 찼다. 주변을 이리저리 둘러보며 주체할 수 없는 설렘을 느끼는 사이 곧 막이 올랐다. 도입부인 프롤로그(Prologue)가 끝나고 나는 머리를 세게 얻어맞은 듯 한참을 멍하니 앉아 있었다. 뮤지컬 엘리자벳의 경우 작품의 특성상 프롤로그만 봐도 전반적인 무대의 퀄리티를 알 수 있기에 그 짧은 6분의 시간 동안 나는 앞으로의 3시간이 어떻게 펼쳐질지 확신을 가질 수 있었다. 독일어 특유의 억양과 발음이 극의 분위기와 스토리, 그리고 음악에 어우러져 완벽한 무대를 만들어내고 있었다. 한국에서도 독일어로 된 각종 영상들을 통해 익히 작품에 대해 알고는 있었지만, 라이브 무대에서 느껴지는 배우들의 흡입력과 스텝들의 놀랄만한 연출력은 '역시, 오스트리아!'라는 짧은 한마디를 뱉

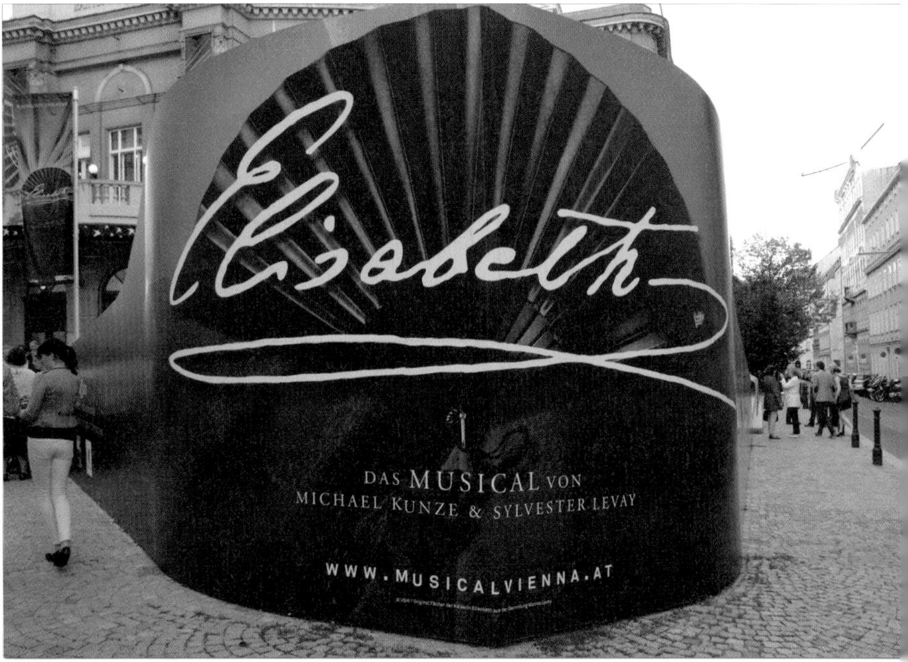

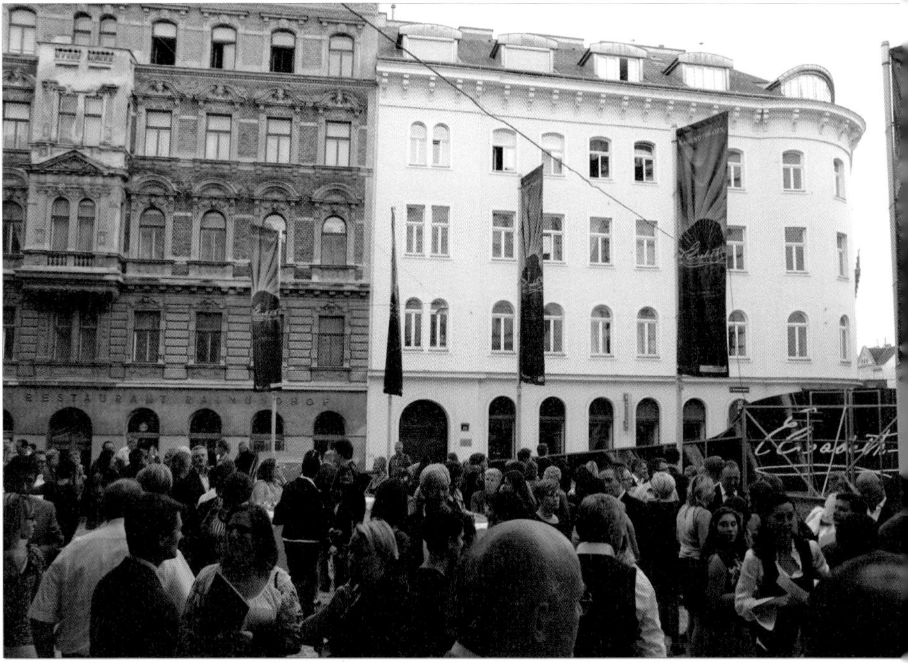

❀ 뮤지컬 '엘리자벳'을 관람하기 위해 몰려든 사람들. 마치 파티장 같은 느낌이었다.

어내기에 충분했다. 내 예상은 적중했다. 아무리 유명한 작품이라도 긴 공연 시간 동안 단 몇 분이라도 지루하게 느껴지는 부분이 있기 마련인데, 그날 그 순간만큼은 오로지 극에 빠져있었던 것 같다. 프롤로그에 나오는 루케니 (Luigi Lucheni)의 대사처럼 정말 그 시대 생존했던 사람들이 그대로 살아나 내 앞에서 사건들을 재현하는 것 같았다. 일부 극의 해석과 무대 연출, 그리고 몇몇 넘버들은 한국에서 봤던 라이선스 공연과는 여러 가지로 다른 모습이어서 조금 어색하기도 했지만, 원래 이들의 뮤지컬이라서 였는지 오히려 비엔나의 해석과 무대가 훨씬 자연스러워 보였다.

예정되었던 모든 무대가 끝나고 수많은 인파와 함께 극장을 빠져나왔다. 그리고는 다시 극장을 멍하니 쳐다보았다. 어둠이 드리운 비엔나의 밤은 낮과는 전혀 다른 라이문트 극장을 더욱 돋보이게 만들었다. 조금 전까지 나를 혼미하게 만들었던 음악들이 내 귓가에 맴돌았고 조명에 둘러싸여 벽면 곳곳에 걸려있던 사진들은 내 앞에서 다시 연기를 시작할 것만 같았다. 언제 다시 비엔나에 돌아와 오늘 같은 감격을 맛보게 될지 모를 일이지만, 어둠 속에서 환한 빛을 밝히고 있는 극장을 바라보며 언젠가는 다시 이곳을 찾아 더 큰 전율을 느껴보겠노라 마음속으로 다짐했다. 그렇게 내 스스로에게 주문을 걸며 발길이 떨어지지 않던 비엔나의 밤과 아쉬운 작별을 고해야만 했다.

❀ 어둠이 드리운 비엔나의 밤은 낮과는 전혀 다른 라이문트 극장(Raimund Theater)을 더욱 돋보이게 만들었다.

그 외 '로미오와 줄리엣(Romeo et Juliette)', '십계(Les Dix Commandements)', '태양왕(Le Roi Soleil)과 같은 훌륭한 작품들을 만들어낸 프랑스도 뮤지컬에선 빠지지 않는 나라이다. 하지만 앞서 언급한 작품들보다 작품성을 인정받고 흥행에 성공하며 알려진 프랑스 작품으로는 단연 뮤지컬 '노트르담 드 파리(Notre Dame de Paris)'를 꼽을 수 있다. '노틀담의 꼽추'라는 이름으로 익숙한 이 스토리는 아크로바틱을 방불케 하는 화려한 안무와 무대를 넓게 쓰는 웅장한 연출로 관객들의 사랑을 받은 작품이다. 뿐만 아니라, 파리 고유의 분위기를 연상케하는 넘버들은 들으면 들을수록 빠져드는 중독성 짙은 멜로디들로 끊임없이 이어진다. 우리나라에서도 일반 뮤지컬들과는 또 다른 감성으로 큰 인기를 얻으며 이미 여러 차례 오리지날과 라이선스 한국 공연이 꾸준히 올려져 왔다.

파리는 유럽 여행을 하는 한국인들이 제일 먼저 가고 싶어하는 곳 1위 자리를 항상 다투는 도시이기도 하다. 혹시, 파리 여행을 계획하고 있다면 뮤지컬 관람 여부와 상관없이 사람이 많이 다니지 않는 이른 아침에 세느 강 주변을 걷거나 노틀담 대성당(Cathédrale Notre Dame de Paris) 앞에 앉아서 '노트르담 드 파리'의 넘버(특히 '대성당의 시대Le Temps des Cathedrales'와 '아름답다Belle'를 추천한다)들을 들어보라. 장담컨대 음악과 함께 펼쳐진 장면들이 서로 절묘하게 어우러져 절대 후회하지 않는 분위기를 연출하게 될 것이다. 우연히 만난 운명처럼 말이다.

Act 03

SCENE 01 Lovely!!

'Lovely'

영국인들이 일상생활에서 자주 사용하는 표현이다. 이 말은 크게 'Fantastic'이나 'Perfect'와 같이 만족스럽고 좋은 상황에서 감탄사처럼 쓰거나 정말로 너무나 예쁘고 사랑스러운 아이들을 보며 쓰는 말이기도 하다. 개인적으로 영국인들에게 너무나 잘 어울리는 표현이라고 생각한다. 아마도 영국 드라마를 좋아하거나 영국식 영어에 조금이라도 관심 있는 사람이라면 어떤 느낌인지 알 수 있을 것이다. 이미 영어가 전 세계 사람들이 쓰는 글로벌 언어가 되어 버렸지만, 같은 유럽국가들을 비롯해서 동일한 언어를 사용하고 있는 세계 초강대국 미국에서조차 영국에서 쓰는 영어를 우아하고 고급스럽다고 인식하고 있다. 그건 아마도 발음, 억양, 표정, 제스처, 표현의 다양성 등 여러 가지 요인이 복합적으로 만들어 낸 이미지일 것이다. 그런 영국인들이 흔히 사용하는 'Lovely'라는 표현은 함부로 따라하기 힘든 독특한 매력을 가졌을 뿐 아니라, 남녀노소 할 것 없이 너무 잘 어울려 들으면 들을수록 더 듣고 싶어지고 저절로 미소 짓게 하는 마약(?) 같은 표현이다. 이런 말들이 익숙지 않은 우리나라 같은 아시아인에게는 몸에 개미 몇 마리가 기어다니는 것처럼 간질거림에 몸서리를 치게 되는 표현일지도 모르지만, 한번만 영국인들이 말할 때의 상황과 그 표정을 제대로 경험한다면 느낌을 이해할 수 있을 것이다.

별거 아닐 수 있는 영어 한 마디를 이렇게 열심히 찬양(?)한 이유는 최근 몇 년 사이에 런던을 뒤흔들어 놨던 뮤지컬 작품 때문이다. 그 이름은 바로 뮤지컬 '마틸다(Matilda)'. 어쩌면 우리나라에서 나름 뮤지컬을 즐기셨던 분들에게도 생소한 제목일 수 있다. 이렇게 말하고 있는 나도 웨스트엔드에 빠지지 않았다면 충분히 고개를 갸우뚱 했을 법한 작품이다. 하긴, 뮤지컬 레미제라블도 첫 막을 올린지 한참이 흘러 런던에서 25주년 기념 공연을 한 이후에서야 한국으로 넘어온 걸 보면 작품의 이름을 일반 대중들에게까지 알리는 건 결코 쉬운 일이 아닌 듯싶다.

뮤지컬 마틸다는 '찰리와 초콜릿 공장(Charlie and The Chocolate Factory)'이나 '라이온 킹(Lion King)'같이 뻔한 스토리를 유쾌하고 사랑스럽게 표현했다는 점에서, 한때 '발레'라는 따분할 수 있는 소재를 '어린아이'라는 매개체를 통해 해학적으로 풀어낸 뮤지컬 '빌리 엘리어트(Billy Elliot)'와 같은 길을 걷고 있다. 영국 첫 공연이 올라간 그 이듬해에 웨스트엔드에서 오픈하자마자 런던을 뒤흔들만한 큰 인기를 얻으며 성공적인 항해를 시작했다. 셰익스피어의 고장이자 마틸다를 제작한 로열 셰익스피어 컴퍼니(RSC, Royal Shakespeare Company) 본사가 위치한 '스트렛포드 어폰 에이번(Stratford-upon-avon)'에서 첫 무대가 오른 이래 이제 만 5세가 채 되지 않은 어린 뮤지컬이지만, 지금까지도 식을 줄 모르는 인기를 보면 빌리 엘리어트의 아성을 깨기에 충분해 보인다. 그 여세를 몰아 2013년에는 미국 브로드웨이로 진출해 세계적으로 인정받는 올리버 상(Oliver Awards)과 토니 상(Tony Awards)을 비롯한 각종 시상식을 휩쓸며 명불허전의 모습을 보여줬다. 최근에는 점점 세계로 그 영역을 넓혀가고 있으며 2015년에는 미국 지방 투어 공연(US National Tour)이 진행 중이며 호주에서도 새롭게 막이 오를 예정이다.

✺ 뮤지컬 '마틸다(Matilda)'를 제작하고 최초로 공연한 Royal Shakespeare Company(RSC).

이 작품의 매력은 무엇일까? 먼저, 우리나라 관객들에게는 익숙지 않은 작품이니 간략히 짚어본다. 뮤지컬 '마틸다'의 스토리는 대략 이렇다. 주인공 꼬마 아가씨 마틸다는 사기꾼에 가까운 허풍쟁이 아버지와 딸보다 돈에만 관심이 있는 어머니 사이에서 태어난다. 마틸다는 주위 친구들을 도와주는 착한 소녀로, 자기 자신도 모르는 초능력을 갖고 있는 능력자이기도 했다. 이토록 사랑스러운 보물을 철없는 부모는 성가시고 귀찮은 존재로만 취급하며 그녀를 이상한 학교에 입학시키게 된다. 한편 그 학교에는 남자 같이 생긴, 예전에 투포환 선수였던 괴상한 교장과 마틸다의 천재적인 능력을 알아본 천사 같은 허니 선생님이 있다. 교장은 귀엽고 사랑스러운 아이들을 공처럼 집어 던지거나 커다란 초콜릿 케이크를 다 먹게 하는 등 매일같이 못살게 괴롭힌다. 이에 마틸다는 초능력을 발휘해 친구들과 함께 교장을 학교에서 쫓아내고, 허니 선생님은 쫓기는 처지가 된 마틸다의 부모로부터 그녀를 입양해 행복한 가정을 만들어 가게 된다는 내용이다.

1996년 영화로도 만들어졌던 이 작품은 앞서 언급한대로 어린 아이들이 좋아할만한 권선징악의 메시지를 바탕으로 비현실적인 요소를 포함하고 있는 전형적인 스토리다. 그리고 화려한 무대 장식과 볼거리는 일반적인 작품들의 성격으로 볼 때 웨스트엔드보다는 브로드웨이 뮤지컬에 더 가깝다. 하지만 관객들로 하여금 스토리보다는 너무나도 사랑스러운 아이들과 명품 연기를 펼치는 배우들, 그리고 지루하지 않은 무대로 눈을 돌리게 함으로써 저절로 엄지 손가락을 세우게 만들었다.

런던에서의 어느 봄날. 나는 어김없이 이리저리 거리를 헤매고 있었다. 한국에서의 명동이 새롭지 않듯, 이쯤되면 런던이라는 곳도 싫증이 날 법 한데 왔던 곳을 또 와도 나에겐 여전히 새롭다. 마치 봤던 작품을 두세 번 이상 보아도 볼 때마다 느끼지 못했던 것들이 새롭게 보이는 것과 같다고 할까. 항상 붐비는 런던 중심부를 돌아 뮤지컬 마틸다가 공연될 Cambridge Theatre가 있는 곳으로 향했다. 런던의 숨은 관광지인 닐스 야드(Neal's Yard) 부근에 있는 이곳은 런더너들뿐만 아니라 세계 각지에서 온 학생들이 많이 찾는 활기가 넘기는 곳이며, 관광객들의 필수 코스 코벤트 가든(Covent Garden)과 레스터 스퀘어(Leicester Square)와도 가까워 런던의 젊음을 제대로 느낄 수 있는 곳이기도 하다. 나는 오후 6시가 되기도 전

❊ 런던의 숨은 관광지인 닐스 야드(Neal's Yard)

에 후다닥 저녁을 해치우고 그 에너지를 본격적으로 느끼기 위해 주변을 걷기 시작했다. 그리고 한국에서부터 익히 알고 있었던 런던의 유명 커피 전문점 '몬머스 커피(Monmouth Coffee)'를 찾아갔다. 지금은 런던을 찾는 관광객이라면 모르는 사람이 없을 정도로 알려져 긴 줄을 기다려야만 마실 수 있을 정도이지만, 몇 년 전까지만해도 붐비기는 했어도 어렵지 않게 주문할 수 있었다. 나는 가게 문을 들어서면서 혼잣말로 중얼거렸다. '도대체, 얼마나 맛있길래 그렇게 유명하지? 그래봤자 영국 커피겠지.(실제로 영국 커피는 쓰고 맛이 없는 편이다)' 내부는 작지만 아담하고 편안한 느낌이었고 작은 칠판에 커피 메뉴들이 적혀 있었다. 카페 밖에서부터 풍기는 기분 좋은 커피 향이 내부에선 더욱 진하게 퍼지고 있었다. 주문을 하고 이 느낌을 담고 싶어 카메라 셔터를 눌러대기 시작했다. 그리고 직원 쪽을 향해 카메라 렌즈를 돌리는 순간 "이쪽은 찍으시면 안되고요, 다른 내부만 찍어주세요."라고 하며 한참 즐기고 있는 나의 기분에 찬물을 끼얹었다. 사실 영국은 참 사진 찍지 말라는 곳이 많은 나라다. 웨스트민스터 사원(Westminster Abbey)과 세인트 폴 성당(St. Paul's Cathedral)을 비롯한 주요 관광지들 중에 사진 촬영을 금지하는 곳들이 많은데 이젠 카페까지 나를 거부한다. 그 순간의 즐거운 느낌을 담지 못해 너무 안타까웠지만, 그래도 커피 향이 주는 낭만은 여행의 즐거움과 너무나도 잘 어울려 그들의 작품이 얼마나 맛있을지 기대가 됐다. 드디어 나온 커피를 곧바로 한 모금 머금자, '이런! 사람을 아무 말도 못하게 만드네.' 지금은 너무 많은 사람들이 몰려 예전 그 맛을 잃어가는 듯 하지만, 그때의 그 맛은 긴 여행에 지친 몸과 마음을 한 방에 치유할 만한 것이었다. 나는 커피 맛에 감탄하며 카페 밖으로 나왔다. 오늘은 왠지 기분 좋게 뮤지컬을 볼 수 있을 것 같았다. 게다가 평소에 우리나라에서도 커피를 마시며 거리를 걷는 걸 좋아하는데 많은 사람들이 오고 싶어하는 런던에서 맛있는 커피를 들고 걸으며 뮤지컬을 기다리니 이보다 더 행복할 수 없었다.

토요일 저녁. 해가 저물고 어둑어둑해진 런던의 밤거리는 오히려 낮보다 더 열기가 올라있었고 줄지어 늘어선 카페와 레스토랑들이 내 시선을 잡아 끌었다. 이렇게 매력적이고 밝은 밤이 흘러가는 게 너무나도 아쉬웠지만, 베일에 싸여 궁금하기만 했던 작품을 볼 생각을 하니 곧바로 가슴이 두근거리기 시작했다. 나는 일곱 갈래로 갈라진 길 중심에 있는 Cambridge Theatre 로 갔다. 누가 주말 저녁 아니랄까봐 극장 주변에는 관람객으로 보이는 많은 사람들로 붐비고 있었고 티켓도 전석 매진되어 인기 뮤지컬임을 증명하고 있었다. 박스오피스에서 티켓을 찾고 극장 내부로 들어가려고 하는데 입구부터 유난히 어린아이들이 많이 보였다. 웨스트엔드를 대표하는 뮤지컬 중에는 레미제라블이나 오페라의 유령처럼 작품성을 우선으로 꼽는 작품들이 있는가 하면, 라이온 킹이나 마틸다처럼 편하게 즐기기 좋은 가족 뮤지컬도 있다. 그래서 극장 내부는 물론, 곳곳에 위치한 기념품샵들도 알록달록한 색깔들과 사랑스러운 장식들로 아이들의 정신을 쏙 빼놓고 있었다. 순간 나도 그들과 함께 동심으로 돌아갔는지 아빠 미소를 지으며 한참을 바라보다 마틸다 OST를 집어 들었다. 약간은 충동적인 소비이기도 했지만 어차피 뮤지컬 OST를 모으는 취미가 있었던 터라 꼭 사야만 했던 것처럼 스스로를 합리화하며 아무 고민 없이 지갑을 열었다. 그렇게 또 하나의 작품을 얻었다는 쾌감에 즐거워하며 극장 내부로 입장했다.

극장 홀 안으로 첫 발을 내딛는 순간. 나는 내 눈을 의심할 수밖에 없었다. 내가 지금까지 본 작품들의 무대 중에 감히 최고의 무대라고 생각하는 모습이 눈앞에 펼쳐졌다. 조금 전 상점에서 본 것들과는 비교가 안 되는, 시선을 사로잡는 수많은 빛깔들이 관객석까지 물들어 있었고, 무대는 셀 수 없을 정도로 많은 각기 다른 크기의 네모들로 가득 채워져 있었다. 도대체 이

✼ 활기차고 에너지 넘치는 곳에 위치한 'Cambridge Theatre'. 아직도 그날의 느낌을 잊지 못한다.

런 무대를 어떻게 만들었을까? 그리고 얼마나 걸렸을까? 나는 좌석을 찾아 가면서 무대로부터 시선을 놓을 수가 없었다. 무언가 말로 설명하기 어려운 두근거림을 느꼈다. 지금까지 무대만으로 이렇게 내 감각을 자극했던 작품이 있었던가? 자리를 찾아 앉은 후에도 나는 너무 신기해 오랫동안 두리번거리며 곳곳에 고정되어 있는 나무 조각들을 유심히 살펴보고 또 살펴봤다. 한동안 뭐에 홀린 사람처럼 정신을 내려놓고 둘러봐서인지 옆에 있던 한 외국인이 민망한 눈빛으로 나를 쳐다보고 있었다. 순간 정신이 번쩍들어 눈을 풀고 다시 봤지만, 그래도 쳐다보게 되는 무대였다.

　과연 이런 무대에서 어떠한 작품이 연출될지 너무나 궁금했다. 극이 시작되자마자 나는 많은 영국인들이 왜 'Lovely'라는 말을 연발하는지, 그 표현에 정확히 어떤 의미가 내포되어 있는지 확실히 알 수 있었다. 극 중 배우들의 연기와 노래는 역시 훌륭했다. 철저하게 훈련된 사랑스러운 꼬마 배우들이 앙증맞은 몸짓으로 대사 하나하나를 이어갈 때마다 다른 능숙한 배우들에게서 뿜어져 나오는 짜릿함과는 다른 순수한 쾌감 같은 것들이 느껴졌다. 뿐만 아니라 성인 배우들, 특히 마틸다의 부모 역을 맡은 배우들의 철없고 능청스러운 연기는 관객들과 교감하기에 충분했다. 1막이 끝나고 2막이 시작하기 직전, 마틸다의 아빠 역을 맡은 배우가 관객들에게 실없는 말들로 분위기를 이끈 덕에 2막을 기분 좋게 시작할 수 있었다. 그 사이에 나는 잠깐 주변 관객들에게 시선이 돌아갔다. 관객들 중 상당수가 가족 단위 관객들이었다. 이 많은 가족들이 어떻게 황금 같은 주말 저녁에 뮤지컬 극장에 앉아서 서로 눈을 맞추며 박장대소하고 있는 것일까? 우리와는 달리 이들에게는 뮤지컬 관람이 결코 특별한 것이 아닌, 모두 함께 하루 저녁을 즐길 수 있는 가족 문화의 한 모습으로 자리 잡고 있었다. 2013년 우리나라에 '엘사(Elsa)'와 Let it go 열풍을 몰고 왔던 '겨울 왕국'을 극장에서 가족들과 함께 보는 느낌이랄까? 아직 변성기가 오려면 100년은 걸릴 것 같은 맑고 청아한 목소리로 '아빠, 저 무섭게 생긴 아저씨는 왜 치마를 입고 있어요?'와 같은 대화를 나누기도 하고, 마틸다 엄마가 춤 선생과 연기하는 장면에서는 남녀노소 할 것 없이 끝도 없는 웃음바다로 정신이 혼미해 지기도 한다. 이들에게는 어릴 때부터 일상생활에서 자연스럽게 습득된 문화일 수 있겠지만, 그렇게 할 수 있었던 건 아마도 영화와 공연 문화를 즐기는 비용이 우리나라와는 달리 크게 차이 나지 않기 때문이지 않을까 하는 생각도 들었다. 다시 말하면 물가를 고려했을 때 영국에서는 상대적으로 영화가 비싸고 공연은 싸기 때문이라는 것이다. 어찌됐든 이런 모습들은 부럽고 또 부러운 기억으로 내 머릿속에 사진처럼 남아있다.

한없이 유쾌할 것만 같았던 시간이 흘러가고 커튼콜이 시작되었다. 모든 관객들은 훌륭했던 무대를 꾸며준 배우들을 향해 기립박수로 화답했다. 우리나라에서는 과연 언제쯤 이 공연을 올릴 수 있을까? 2010년 뮤지컬 '빌리 엘리어트'가 한국에서 공연되었던 것을 보면 분명 우리나라 어린 배우들도 충분히 능력은 가지고 있을 듯 하지만, 그동안 라이선스 뮤지컬들이 우리나라에 들어온 속도를 감안한다면 아직은 내가 너무 앞서 나간다는 생각이 든다. 커튼콜을 포함한 모든 공연이 끝나고 한껏 미소를 머금은 얼굴로 극장 문을 나섰다. 런던의 밤거리는 여전히 불을 밝히고 있었다. 공연이 끝나고 숙소로 돌아오는 길에 처음 알게 된 사실이 있다. 런던의 밤은 화려하고 웅장하고, 게다가 사랑스럽기(Lovely)까지 하다는 걸…

Cambridge Theatre

마틸다(Matilda)

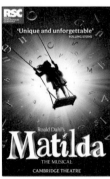

■ 극장 주소 : Earlham St, London, WC2H 9HU

■ 가는 방법 : Piccadilly Line 코벤트 가든(Covent Garden) 역 도보 3분 / Piccadilly or Northern Line 레스터 스퀘어 (Leicester Square) 역 도보 5분

■ 러닝 타임 : 2시간 40분

공연 시간

	일	월	화	수	목	금	토
오후	3:00			2:30			2:30
저녁			7:00	7:30	7:30	7:30	7:30

스토리(Story)

주인공 꼬마 아가씨 마틸다는 사기꾼에 가까운 허풍쟁이 아버지와 딸보다 돈에
만 관심이 있는 어머니 사이에서 태어난다. 마틸다는 주위 친구들을 도와주는
착한 소녀로, 자기 자신도 모르는 초능력을 갖고 있는 능력자이기도 하다. 이토
록 사랑스러운 보물을 철없는 부모는 성가시고 귀찮은 존재로만 취급하며 그녀
를 이상한 학교에 입학시키게 된다. 한편, 그 학교에는 남자 같이 생긴, 전직 투
포환 선수인 괴상한 교장과 마틸다의 천재적인 능력을 알아본 천사 같은 허니
선생님이 있다. 교장은 귀엽고 사랑스러운 아이들을 공처럼 집어 던지거나 커다
란 초콜릿 케이크를 다 먹게 하는 등 매일같이 못살게 괴롭힌다. 이에 마틸다는
초능력을 발휘해 친구들과 함께 교장을 학교에서 쫓아내고, 허니 선생님은 쫓기
는 처지가 된 마틸다의 부모로부터 그녀를 입양해 행복한 가정을 만들어 가게
된다.

 좌석 고르기 Tip

런던에서 가장 번화하다고 할 수 있는 곳에 위치한 Cambridge Theatre.
내가 가본 웨스트엔드 극장들 중에 가장 시야 제한석이 없고 전반적인 좌석 만
족도가 높은 극장이다. 특히, Stalls(1층)석은 가장자리나 맨 뒷좌석이 아니라면 어
디에서든 재미있는 공연을 관람할 수 있다. 중앙에 복도도 있어 불편함도 덜하며
Dress Circle(2층)이나 Upper Circle(3층)에서도 만족하는 극장으로 알려져 있다.
뮤지컬 마틸다를 볼 예정이라면 상대적으로 좌석은 크게 중요하지 않다.

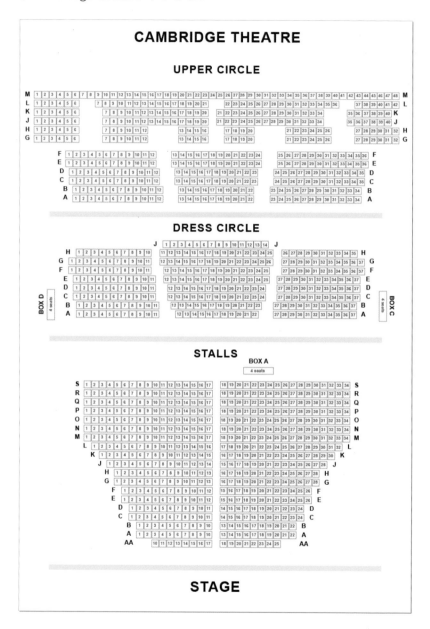

CAMBRIDGE THEATRE

UPPER CIRCLE

DRESS CIRCLE

STALLS

STAGE

SCENE 02 예상치 못한 만남(Deja-vu)

여행은 언제나 찌든 일상의 피로함을 청량감으로 환기시켜주는 역할을 한다. 특히 100퍼센트 계획된 일정대로만 움직일 수 없는 여행 중에는 날씨, 교통, 그리고 우연히 만나게 되는 사람들까지 여러 가지 변수들로 인해 생각지도 못했던 상황에 새롭기도 난감하기도 하다. 물론 저마다 다른 성향을 가진 여행객들 중에는 그러한 기분을 즐기는 이가 있는가 하면, 새롭고 어색한 상황에 두려워하는 이도 있다. 하지만 시간이 지날수록 확고해지는 건 '여행'이라는 누구나 좋아하는 판타스틱한 어휘를 '정답'이라는 폐쇄공포증에 걸릴 것만 같은 말로 가둬 놓을 수 없다는 사실이다. 여행은 각자 하얀 캔버스에 저마다의 스타일로 그려내는 그림인 것이다. 일반적으로 잘 그린 그림과 못 그린 그림을 판단할 수는 있지만, 피카소(Pablo Ruiz Picasso)의 추상화 같이 무엇을 대상으로 그렸는지 당최 알 수 없는 그림들이 돈을 주고도 살 수 없는 걸작으로 평가 받는 걸 보면 작품에 담긴 의미가 훨씬 중요하다는 걸 알 수 있다. 여행도 가슴이 시키는 대로 즐길 수 있을 때 어떠한 물질적 가치와도 바꿀 수 없는 나만의 명작으로 탄생하게 된다.

내 안에 잠재된 뮤지컬을 향한 열정은 영국에서의 유랑 중에도 여지없이 이어진다. 런던이 아닌 곳에서도 뮤지컬은 예상치 못한 만남이 주는 짜릿함을 그대로 느낄 수 있게 해주니 말이다. 지난해, 엄밀히 말하면 영국은 아니지만(현재 그레이트 브리튼과 북아일랜드 연합 왕국, The United Kingdom of Great Britain and Northern Ireland) 한때 영국의 한 부분을 차지했던 아일랜드(Ireland)의 더블린(Dublin)을 여행하게 되었다. 더블린으로 넘어가기 전 머물렀던 파리(Paris)에서의 2박 3일이 내내 비로 뒤덮여 제발 아일랜드에서는 평온하기를 바랐다. 하지만 곧 그 바람은 너무 과한 내 욕심이었다는 걸 알게 되었다. 누가 습기 많은 섬나라 아니랄까봐 내 속도 모르고 하늘에서는 도착하는 공항부터 아주 무거운(?) 비(Heavy Rain)를 내려 주셨다. 게다가 5월임에도 겨울인지 의심하게 만드는 바깥 공기와 굵은 빗방울 덕분에 나의 23인치 캐리어는 초고도 비만인 무거운 몸을 이끌고 궂은 날씨와 싸워야 했다. 항상 그랬듯 이 상황을 내 힘으로 바꿀 수 없다면 즐겨야 하기에, 호텔에 도착할 때까지 젖은 옷과 신발 따위는 신경 쓰지 않기로 했다. 오후 3시. 야속하게도 엄청나게 퍼붓던 폭우는 호텔 체크인을 하고 난 후에도 그칠 기미가 보이지 않았다. TV속 일기예보에는 오늘 밤 늦게까지 엄청난 비와 바람이 계속된다고 했다. 해야 할 일정이 있는데 큰일이었다. 그래도 일정을 변경해서라도 뭔가를 해야겠다는 생각에 호텔 문을 나서 시내 중심 쪽으로 향했다. 하지만 억수같이 쏟아지는 비보다 더 큰 문제는, 우산이 무용지물이 되는 끔찍한 바람 때문에 어느덧 상체까지 무방비 상태가 되어버렸다는 점이었다. 설상가상으로 지난번 영국 일정 때 갑작스런 비에 파운드랜드(Poundland, 우리나라 '다이소' 같은 곳)에서 샀던 1파운드짜리 우산은 무차별적인 비바람 공격에 아무런 저항도 하지 못한 채 알몸을 보이며 뒤집어져 골절 상태에 이르렀다. 거리에는 금요일 오후인데도 문을 열지 않은 상점들이 많았고, 지나는 사람들 역시 드물었다. 호텔로부터 200m쯤 걸어왔을까. 더 이상은 어딘가로 간다는 것 자체가 무리일 뿐 아니라, 가고 싶은 의지조차 나지 않던 찰나, 멀리에서 볼 땐 회사 이름인 줄로만 알았던 현대식 건물 하나가 왼편으로 보였다. 'Energy Theatre'라는 건물명과 함께 노란색 바탕의 꽤나 익숙한 뮤지컬 포스터 한 장이 눈에 들어왔다. 그건 우리나라 사람들에게도 많이 알려진 작품인 싱잉 인 더 레인(Singing In The Rain)이었다. 나의 일정을 망가뜨린 지금 이 날씨와 너무나도 잘 어울리는 뮤지컬이라는 생각에 갑자기 너무나 보고 싶은 마음을 주체할 수 없었다. '이렇게 많은 비가 내리는 날 싱잉 인 더 레인을 보면 어떤 느낌일까?' 보통 런던을 제외한 지역에서는 웨스트엔드나 브로드웨이 팀들이 각 지방을 돌면서 순회(Tour)를 하는 형식으로 짧게 공연되기 때문에 에든버러(Edinburgh), 리버풀(Liverpool), 스트렛포드 어폰 에이번(Stratford-Upon-Avon) 등 다른 도시에서도 많은 작품들을 놓쳤던 터라 별 기대하지 않았지만, 혹시나 하는 마음에 공연 기간을 천천히 살펴봤다. 와우! Tickets are now available. 오늘, 아니 파리부터 지금까지 계속 나를 괴롭혔던 비가 나에게 이런 황금 같은 우연을 만들어 주다니… 너무나 보고 싶은 작품이었지만 이상하게도 볼 기회를 매번 놓쳤던 작품을 영국도 아니고 이곳 더블린에서 보게 될 줄이야. 갑자기 일주일 내내 나를 괴롭혔던, 감기처럼 제발 떼어버리고 싶었던 비가 더없이 사랑스러워 보였다. 하지만 어떤 좌석이 남아있을지 모를 일이기에 내 마음속 흥분과 긴장을 억누르며 박스오피스로 향했다. 그곳에는 궂은 날씨 탓인지 직원 2명 외에 아무도 없었다.

"오늘 공연 티켓 1장 구매 가능한가요?"

"Stalls석을 원하시나요?"

"네. 맞아요"

"그렇다면, 당신 정말 운이 좋으시네요. 조금 전에 어떤 분이 끝내주는 좌석을 취소하셨거든요."

좌석 위치는 Stalls M-24. 그 순간 싱잉 인 더 레인 넘버 가사처럼 'What a glorious feeling I'm happy again~~'을 춤추며 부르고 싶었다. 우리나라 공연장과 비교하면 세종문화회관 보다는 작고 해오름극장보다는 큰 규모의 공연장이었는데, 내 위치는 미리 예매를 했어도 이보다 좋기 힘들 정도의 완벽한 좌석이었다. 게다가 티켓 가격까지 웨스트엔드보다 저렴했다. 날아갈 듯한 기분으로 한 손에는 맥주를 들고 호텔로 돌아와 햄릿으로 시작해 해리포터로 끝난 이날을 자축했다.

공연 시간이 가까워지자 시간이 거꾸로 흘러가듯 하늘이 맑아졌다. 가까운 극장 위치와 가벼워진 날씨 덕분에 아주 여유로운 마음으로 발걸음을 옮겼다. 벌써부터 극장 주변에는 많은 사람들이 모여들어 있었다. Energy Theatre는 아직 첫 공연을 올린지 5년 남짓한 따끈따끈한 수퍼 햇병아리 공연장이었다. 입구에 들어서기 전부터 이 덩치 큰 녀석은 이름처럼 심플하고 힘이 넘쳐 보였다. 내부로 들어가니 웨스트엔드처럼 역사가 깊고 고풍스러운 분위기의 극장은 아니었지만, 우리나라 공연장들처럼 크고 깔끔하며 관람객들을 위한 편의 시설이 잘 갖추어진 공연장이었다. 그리고 공중에는 힘껏 점프를 하면 잡힐 듯한 거리에 싱잉 인 더 레인의 상징물이라고 할 수 있는 우산이 펼쳐져 거꾸로 눕혀진 채 공연장을 밝히고 있었다.

❉ 깔끔하고 편리한 시설을 갖춘 Energy Theatre. 우리나라 공연장의 분위기와 조금 비슷했다.

공연 시간 15분 전. 다시 비가 내리기 시작했다. 하늘마저도 나를 위해 또다시 비를 내려 주신다는 생각이 들었다. 이 기분이면 오늘의 선택이 절대 실패할 리가 없을 거라는 막연한 믿음이 생기기 시작했다. 수많은 좌석들은 뮤지컬이 주는 설렘으로 상기된 관객들로 금새 들어차기 시작했고, 절묘한 타이밍에 서곡(Overture)이 흘러나왔다. 비의 느낌을 가득 담은 복고풍의 경쾌한 음악이 내 온몸을 짜릿하게 만들었고 클래식한 무대 장치가 공중 부양하는 내 기분을 떠받치고 있었다. 전반적인 극의 흐름이 무성영화시대를 배경으로 한 스토리여서 내가 좋아하는 클래식함을 3시간 내내 질리도록 누릴 수 있었다. 몇몇 캐릭터들의 언어유희와 우스꽝스러운 연기는 최근 며칠간의 피로를 말끔히 날리기에 충분했다. 그리고 무엇보다 1막의 마지막을 장식하는 이 작품의 클라이맥스. 공연장에서 연출하는 비를 맞으며 춤을 추는 장면에서는 뮤지컬로 인한 희열의 정점을 찍는 순간이었다. 그 와중에도 한 가지 아쉬웠던 건 좋은 좌석에 앉았음에도 생기는 나의 특이한 욕심이었다. 이 장면에서 배우들은 관객들에게 비로 내려 바닥에 떨어진 물을 뿌리는데 나의 변태(?) 같은 심리가 발동하여 그 물이 맞고 싶었던 것이다. 마치 이종격투기 선수 수준의 힘을 가진 앙상블 배우의 격렬한 발놀림이 넓디넓은 사막에서 물을 갈구하는 듯한 나에게 한두 방울 정도 물 맛만 보여줬을 뿐이었다. 저 빗물에 흠뻑 젖어도 전혀 기분 나쁠 것 같지 않았다. 실제로 한국에 돌아온 후에도 우연찮게 싱잉 인 더 레인 라이선스 공연을 챙겨보게 되었는데, 그땐 앞자리에서 배우들이 뿌리는 빗물을 제대로 맞았지만 전혀 기분 나쁘지 않았다. 오히려 작품에 푹 빠져 배우들과 교감되는 느낌이랄까.

이 어이없고 우연한 사건 이후로 뮤지컬 '싱잉 인 더 레인'은 브로드웨이 뮤지컬 중 내가 손에 꼽으며 좋아하는 작품이 되었다. 노트북 앞에서 자판을 두드리고 있는 지금 이 순간에도 더블린에 머물렀던 3박 4일 중 봤던 그 어떤 관광지보다도 가장 먼저 떠오르는 내 인생의 한 페이지로 남아있다.

그런데 더블린에서의 절묘한 인연은 다음 일정이었던 잉글랜드 서부에 위치한 브리스톨(Bristol)에서도 나와 함께했다. 브리스톨에 도착하던 날, 아니나 다를까 저녁부터 이 지긋지긋한 비라는 녀석은 다시 내 주변을 맴돌기 시작했다. 빗속을 헤치며 세계적인 명문 브리스톨 대학교(University of Bristol)나 700년의 역사를 견뎌온 브리스톨 대성당(Bristol Cathedral) 같은 유명 관광지를 다닐 때까지만 해도 이곳에서 뮤지컬 하나 정도는 봐야겠다는 생각조차 하지 않았고 이렇다 할 극장을 발견하기도 어려웠다. 하지만 이런 게 데자뷰(Deja-vu)일까? 브리스톨의 대표적인 랜드마크들을 둘러 보고 다시 번화한 시내 중심으로 돌아와 거리를 걷고 있을 때쯤 저 멀리 연세가 좀 지긋해 보이는 건물 하나가 보였다. 바로 뮤지컬 극장이라는 걸 직감하고 나는 눈 한 번 깜빡이지 않고 곧장 그곳으로 향했다. 역시 나의 뮤지컬을 열망하는 촉은 일반인에 비해 훨씬 좋다는 걸 새삼 느끼는 순간이었다. 거의 숨도 쉬지 않고 도착한 The Bristol Hippodrome에서는 'I'm Gonna Live Forever'로 우리나라에서도 많이 알려진 뮤지컬 '페임(Fame)'이 딱 5일간 공연 중이었다. 당일 티켓을 판매 중인 박스오피스에는 몇 사람만이 차례를 기다리고 있었고, 곧 내 차례가 돌아왔다. 그리고는 티켓 여부를 묻는 물음에 극장 직원은 왠지 모를 익숙한 음성으로 대답했다.

"오늘 당신의 날인가보네요. 10분 전쯤 정말 좋은 좌석 한 장이 취소됐거든요."

내 잠재의식 속에 뮤지컬을 갈구하는 무언가가 항상 있는 것일까? 마치 일부러 뮤지컬을 위해 도시까지 이동하며 저렴한 티켓을 노린 것처럼 말이다. 게다가 티켓 가격은 런던의 3분의 2. 행복한 저녁시간을 위한 준비는 완벽했다.

✤ 여행 중 우연히 만나게 된 브리스톨 The Bristol Hippodrome. 예상치 못한 만남이 더욱 즐거웠다.

생각보다 한가한 평일 저녁. 공연장 주변만이 유난히 번잡했다. 어디서든 극장에 첫발을 내딛는 설레는 기분은 항상 나를 미지의 세계로 데려다 주는 신비의 문과 같다. 처음 가보는 놀이동산 롤러코스터에 탑승해서 출발하기를 기다리 듯, 나는 각기 다른 극장에서 매번 새로운 롤러코스터를 기대한다. 어떤 날엔 정신 차리기 힘들 정도로 나를 들었다 놓는가 하면, 또 다른 날엔 속도도 느리고 경사도 완만해 소리 한 번 지르지 않을 때도 있지만 나는 이미 그것에 중독되어 삶의 일부처럼 놓을 수가 없게 되었다.

The Bristol Hippodrome은 웨스트엔드만큼 들떠있지도, 더블린 Energy Theatre만큼 최신식의 시설을 자랑하지도 않았다. 오히려 점잖은 영국 노신사를 보는 듯 했다. 뮤지컬 '페임(Fame)'이라는 신나는 공연을 관람하는 관객들도 다른 지역들에 비해 감정 표현을 다소 자제하는 듯 했다. 내가 흔히 생각하는 유럽인들과 다르다는 생각이 들었지만 이 어색한 느낌도 싫지는 않았다. 공연 중 화려한 조명 뒤로 간간히 드러나는 사람들의 얼굴에는 'Happiness', 'Enjoy'와 같이 단순하면서도 미소 짓게 하는 단어가 숨어 있었고 내 모습도 그들과 별로 다를 게 없었을 거다. 이럴 때마다 인종과 상관없이 느끼게 되는 인간의 본능을 공유하게 된다. 행복, 슬픔, 우울, 환희… 이런 말들은 우리가 살아가는 일상에서 쳇바퀴처럼 하루에도 수십 번 반복될 수 있는 감정이기에 나는 오늘도 파란 눈을 가진 옆 사람과 이 기분을 나눴을지 모른다.

❀ 웨스트엔드와는 달랐지만 이들만의 분위기를 풍겼던 극장 내부 모습.

　　무대의 막이 내리면 간혹 알 수 없는 허탈함이 몰려올 때가 있다. 이건 배우들이 겪는 심리라고 하던데 내게도 두근거림으로 가득했던 희열과 함께 눈 깜짝할 사이 지나간 시간이 마치 일장춘몽의 여운처럼 다가온다. 10년 전 유토피아 같은 신비로움으로 시작된 짝사랑이 이젠 나의 일부이자 분신이 되어 버린 느낌이다. 극장에 울려 퍼지는 음악 한 소절과 대사 한마디가 쉽게 잊혀지지 않는 지금도, 새로운 작품의 의미를 알아가는 신선함과 기대감이 내가 살아있음을 상기시키는 것 같아 즐겁다.

　　내 주위에는 뮤지컬을 무슨 재미로 그렇게 비싼 비용을 지불하면서까지 자주 보냐고 묻는 사람들이 의외로 많다. 그에 대한 나의 대답은 항상 간단하다. '그냥 좋으니까'이다. 뮤지컬 맨 오브 라만차(Man of La Mancha)에서 돈키호테를 항상 주인님이라고 부르며 쫓아다니는 산초(Sancho)에게 알돈자가 '당신은 아무것도 얻는 게 없는데 왜 저 사람을 따라다니는 거죠?'라고 묻자, 산초는 해맑은 표정으로 '그냥 좋으니까'라는 의외의 대답을 내놓는다. 분명 산초도 꼬리의 꼬리를 물고 생각해 보면 이유가 있었겠지만 다른 건 필요 없고 '좋다'라는 감정에 결론적으로 도달했을 것이다. 뮤지컬 작품들을 통해 화려하고 긴장감 넘치는 무대, 주옥 같은 넘버들, 극을 풀어가는 배우들과 그들이 표현하는 대사들을 통해 내 죽어가던 감정 세포에 숨을 불어넣는 과정을 되풀이 하게 된다. 하지만 이 오랜 탐구의 끝은 항상 '좋다, 행복하다'라는 단순한 감정으로 마무리된다. 그래서 여행처럼 뮤지컬은 정답이 없다. 유쾌한 작품이든 감동적인 작품이든 그냥 보고 좋으면 된다. 대부분의 사람들이 좋다고 해서 원하지도 않는데 억지로 나의 감정을 낭비할 필요는 없는 것이다. 나는 오늘 하루가 너무 즐거웠다. 그냥… 좋았다.

원조의 자존심

어느 날 내 지인 중 한 명이 나에게 이런 말을 했다.

"야, 영국 사람들은 친절하긴 한데 너무 자존심이 세. 자기들 고집이 너무 세서 오히려 손해를 보는 것 같더라고. 내가 아는 어떤 사람은 도무지 융통성이 없는 영국 사람들하고 일 안한대."

우리나라 사람들 일부에게 비춰진 또 다른 영국인들의 이미지이다. 내 생각에는 반은 맞고 반은 틀린 말 같다. 한 가지 확실한 건 영국인들의 기본적인 성향은 옛 것을 소중히 여기고 지켜나가고자 하는 욕구가 강한 보수성을 바탕으로, 고집과 자존심이 세다는 것이다. 하긴 수많은 식민지들을 쥐락펴락했던 대영제국의 후손으로서 자존심이 없다면 그게 더 이상한 일일 것이다. 한때 막강한 힘을 자랑했던 독일이나 프랑스 같은 나라를 보더라도 국가에 대한 국민들의 자부심은 실로 대단하다. 최근에는 모든 사람들이 워낙 세계화, 첨단화된 시대에 살고 있기 때문에 눈에 띄는 이런 자부심들은 많이 사라졌지만 아무래도 이런 부강했던 역사를 가진 사람들의 내면에는 자신들의 문화와 사회 규범이 가장 뛰어나다는 착각이 있었을지도 모른다.

이런 영국 사람들의 특징이 때론 '콧대 높다'는 부정적인 의미로 비춰질 때도 있지만 대중문화예술을 만드는 데 있어서 자존심이란 프로 의식으로 바꿔 말할 수 있지 않을까 싶다. 나라마다 각기 다른 전통문화가 있듯이 예술에도 저마다의 제작 방식이 존재한다. 작곡가는 자신이 만든 노래와 잘 어울리는 이미지, 작가나 제작자는 이야기에 딱 들어맞는 배우를 찾아 나선다. 그건 누가 뭐라 해도 작품을 처음 만들 때 염두에 두었던 영감을 현실화 시키는 것뿐이고 원작자 고유의 제작 기준으로 자리잡게 된다.

일반적으로 웨스트엔드 뮤지컬에서 연기하는 모든 배우들은 최소한 6개월에서 1년이라는 긴 일정을 혼자서 소화해 낸다. 단, 주연배우에게 부득이한 사정이 생기는 경우 '언더스터디(Understudy)'라는 미리 준비된 배우가 평소에는 앙상블 등의 다른 역할을 맡다가 대신 투입되는 시스템으로 공연 일정에 지장이 없도록 한다. 물론 우리나라 작품에서도 '언더스터디'나 '얼터', '커버'와 같은 개념의 배우들이 원래 배우들을 대신하기 위해 준비하는 경우가 있지만, 배우를 보고 극장을 찾는 관객들이 많은 한국 시장의 특성상 아직 흔히 볼 수 있는 모습은 아니다. 때문에, 우리나라의 경우 주연급 역할의 배우들을 더블(Double) 혹은 트리플(Triple)로 캐스팅해 불가피한 상황에 대비하는 것이 일반적이다. 하지만 2012년에 공연되었던 뮤지컬 '레미제라블' 한국 공연의 경우, 영국 오리지널 팀이 직접 내한해 모든 캐스팅에 직접 참여하여 우리나라에서 처음 올라가는 대작인 것을 생각하면 의외의 캐스팅과 신인 배우들로 채워졌던 일이 있었다. 우리나라에서는 흔치 않은 단일 캐스팅이었기에 가장 체력 소모가 많은 장발장 역을 맡았던 정성화 배우는 캐스팅이 확정된 후, 영국으로 직접 날아가 몇 개월간 보컬 레슨을 받았다고 한다. 다행히 지방 투어를 포함해 약 1년간의 대장정은 잘 마무리되어 한국에서의 순조로운 첫 출발을 알렸지만 배우들에게는 얻은 게 많은 만큼 힘겹기도 했던 1년이었다는 후문이다. 만약 원작자 측에서 공연의 성공 자체만을 우선으로 제작했다면 적당히 인기 있는 배우들로 티켓 확보를 하고, 그렇게 오랫동안 많은 사람들이 시간과 에너지를 소비할 필요가 없었을 것이다. 하지만 원작에 부합하는 이미지와 실력으로 작품의 완성도를 높이는 그들만의 자존심이 여기에도 작용했으리라 생각한다. 2015년에도 뮤지컬 '레미제라블'이 한국에서 한번 더 막을 올린다는 소식과 함께 배우 오디션 공지 소식을 들은 바 있다. 이번에도 영국 오리지날 제작팀이 직접 모든 캐스팅에 참여할 것으로 알려져 또 어떤 새로운 배우들의 조합으로 훌륭한 무대가 연출될지 벌써부터 궁금하다.

✵ 2012년 국내에 첫 라이선스 공연을 선보인 뮤지컬 '레미제라블' - ㈜KCMI

전설적인 제작자 카메론 매킨토시의 고집은 레미제라블에 이어 미스 사이공에서도 어김없이 이어졌다. 뮤지컬 미스 사이공 캐스팅 과정도 그들의 자존심을 보여주는 좋은 예이다. 그는 오랜 기간 동안 전세계를 돌며 캐스팅하는 과정을 거친다. 미스 사이공 초연 캐스팅을 했던 1988년, 뉴욕을 비롯하여 프랑스, 필리핀 등 각지에서 새로운 배우들을 발굴했던 까다로운 원칙은 30여 년이 지난 지금까지도 새로운 프로덕션이 시작될 때마다 계속되고 있다. 2014년 시작된 프로덕션에 '투이' 역으로 캐스팅 된 홍광호 배우도 그 과정에서 적임자를 찾던 중 발탁된 것이다.

다소 어렵고 힘든 과정이지만 나는 그의 끈질긴 고집을 이해할 수 있을 것 같다. 뮤지컬에서 배우들의 이미지는 그 어떤 것보다 포기하기 힘든 요소이다. 때로는 뮤지컬의 중심인 넘버들보다 더 큰 비중을 차지하기도 한다. 배우가 아무리 연기와 넘버들을 잘 소화한다 하더라도 그 역할의 이미지와 잘 맞지 않는 캐스팅이라면 관람하는 동안 좀처럼 극에 몰입하기 어렵기 때문이다. 어쩌면 대부분의 사람들은 그렇게까지 많은 것을 고려하지 않고 뮤지컬을 관람할지 모른다. 하지만 그의 프로 의식이란 이런 세밀한 부분까지도 만족시키는, 완벽한 작품을 만들고자하는 긍정적인 자존심에서 시작되는 것이라 짐작한다.

런던의 대부분의 극장들은 비교적 최근에 지어진 한국의 공연장들과는 달리 편리하고 쾌적한 시설과 구조를 갖추고 있지 못하다. 변화라는 단어가 익숙하지 않은 영국인들에게 100년씩 된 건물들을 최신식 건물로 바꾸길 기대하는 것이 무리일지 모른다. 2000년대 이후, 런던 외 카디프, 에든버러, 더블린 등의 대도시에는 웨일즈 밀레니엄 센터(Wales Millennium Centre), 에너지 극장(Energy Theatre)과 같은 독특한 인테리어에 현대식 시설을 갖춘 대극장들이 만들어졌다. 하지만 이들은 단지 뮤지컬만을 위한 전용 극장이 아니라, 연극, 발레, 오페라 등을 모두 수용할 수 있는 다목적 공연장으로 만들어진 것이다. 좀더 효율적인 용도로 사용함으로써 높은 수익을 올릴 수 있다는 면은 어쩔 수 없는 시대의 흐름인 것 같기도 하다. 시간이 지날수록 웨스트엔드 극장들은 더욱 희귀성이 높아지는 시장이 되지 않을까 하는 생각이 든다.

✿ 웨일즈의 수도 카디프에 위치한 웨일즈 밀레니엄 센터. 독특하고 편리한 시설을 갖추고 있다.

새롭게 지어진 영국의 대형 극장들을 보면서 훌륭한 시설과 감각에 감탄하는 반면 웨스트엔드의 좁고 불편한 극장이 그리워졌다. '무조건 편한게 좋은 것일까?' 하는 생각이 들었다. 나 또한 기술의 혜택으로 편하게 사는 것에 익숙해진 사람이지만, 가끔은 일부러라도 불편함을 찾아 경험하면서 살 필요성을 느끼기 때문이다. 오히려 극장으로써는 최신식의 시설을 자랑하는 공연장보다 100년이 넘는 낡고 오래된 극장에서의 느낌이 예술적인 분위기를 더하는 데 훨씬 큰 역할을 하는 것 같다. 우리가 느끼는 유럽인들의 여유가 단순히 선진국의 자존심과 부유함에서 나오는 것만은 아닐 것이다. 때로는 귀찮고 힘들어도 기계의 힘을 빌리지 않고 직접 하면서 인간적인 교감을 나누는 아날로그 감성이 그들에게는 여전히 남아있고, 아마 앞으로도 쉽게 없어지지는 않을 것 같다. 이건 일정한 유행 사이클로 돌아오는 복고 패션처럼 새로운 것을 갈구하는 인간의 본능 사이에 나타나는 일시적인 욕구는 아닐 것이라는 생각이다.

　흔히 유럽이라고 일컬어지는 서구문화에서는 일반적으로 새로움, 신선함보다는 오래됨, 클래식, 역사와 같이 의미가 담긴 것에 더 큰 가치를 둔다. 삐걱거리고 허름하더라도 오래될수록 가격이 올라가는 영국의 집값은 그들의 의식과 문화를 말해준다. 존댓말이 발달하지 않았다고 생각되는 그들의 언어에도 연세가 지긋한 사람들에 대한 예의를 지키고 존경을 표하는 표현들은 얼마든지 있다. 사람들간의 격(格)이 없는 평등한 사회를 지향하지만 깊게 패인 주름살과 하얀 머리에 그들은 감사와 존경의 마음을 숨기지 않는다. 더불어 진정한 멋은 신비로움이나 새로움이 아니라 존재하는 그 자체라고 생각한다. 그래서인지 이제 나는 버킹엄 궁을 구경하는 것 보다는 앞쪽 더 몰(The Mall)거리를 걷는 게 더 좋고, 타워 브리지보다는 템스 강변을 걷는 게 더 좋아졌다.

SCENE 04 뮤지컬은 보는 것일까?

　　일상 속에서 뮤지컬 넘버들은 지친 마음을 위로해 주는 친구와도 같다. 어떤 상황에서든 나를 잠시나마 꿈 같은 세상으로 데려다 주니 말이다. 특히, 홀로 운전 중인 차 안은 나의 스테이지가 된다. 만약 뮤지컬 넘버들을 집에서 부른다면 끊이지 않는 민원에 시달릴 게 뻔하지만, 아무도 들을 수 없는 나만의 공간에서 나는 팬텀이 되고 하이드가 되어 본다. 한번 그 캐릭터에 푹 빠져보는 것이다. 그 시간만큼은 세상 그 누구도 부럽지 않다. 그러다 가끔은 내 스스로에게 물음표를 그려볼 때가 있다. 과연 나는 듣는 뮤지컬을 좋아하는 것일까, 보는 뮤지컬을 좋아하는 것일까? 그러면 예전에는 한번도 생각해 본 적 없는 질문들이 속속 이어진다. 여가시간에 즐기는 취미 생활을 뭘 그리 심각하게 생각하냐고 말할지 모른다. 하지만 나에게 뮤지컬은 단순한 취미 생활을 뛰어넘는 의미로 내 삶 속에 자리잡고 있다. 일상의 스트레스를 푸는 것에 그치지 않고 생각지도 못했던 에너지를 주고, 이루지 못했던 것에 대한 간접적인 성취감을 느끼게 해주는 삶의 일부라고 느껴질 정도라면, 그것을 단순히 여가라는 단어로 표현하는 것은 어려운 일이다. 근근이 무의미한 인생을 사는 것 같아 보여 싫다. 다시 스스로에 대한 질문으로 돌아가 답을 한다면 나는 아마도 '듣는 뮤지컬'이라고 답할 것이다. 하지만 좀 더 깊게 고민해 본다면 정말 그럴까? 최근 지인들에게 입에 침이 마르도록 칭찬을 아끼지 않았던 '마틸다'나 그와 라이벌 관계였던 브로드웨이 경쟁작 '킹키부츠(Kinky Boots)'는 누가 봐도 '보는 뮤지컬'의 전형적인 형태를 띄고 있다.

　　그렇다면 극장을 찾는 관객들은 뮤지컬의 어떤 점에 매료되는 것일까? 고민에 고민을 거듭한 나의 생각은 '그냥 재미있는 작품에 끌린다.'라는 싱거운 결론으로 이어진다. 뮤지컬 마니아들에게는 무대, 대사, 배우, 넘버 하나하나가 모두 작품을 선택하고 평가하는 중요한 요소들이지만, 단순한 여가로 즐기는 대중들은 대부분 공감하고 만족할 수 있는 작품들을 선호하는 게 당연한 일일 것이다. 게다가 쉽게 접할 수 있는 영화보다 가격 면에서도 부담이 될 테니 사람들에게 입소문이 퍼져있는 안정적인 작품이나 배우를 찾아보게 될 것이고 순간적으로 끌리는 작품, 눈과 귀가 매료되는 작품은 자연스럽게 관객들의 선택을 받게 된다.

런던 웨스트엔드에는 수년간 가족 뮤지컬로서 그 입지를 굳건히 지키고 있는 작품이 있다. 바로 우리에게 너무나도 친숙한 뮤지컬 '라이온 킹(Lion King)'이 그것인데, 이 또한 전형적인 보는 뮤지컬에 속하는 작품이다. 브로드웨이 출신인 라이온 킹은 극장을 찾는 대부분의 관객들이 이미 스토리를 알고 있을 뿐 아니라, 동물들에 관심이 많은 아이들부터 영어에 울렁증이 있는 어른들까지 부담 없이 즐길 수 있다는 점에서 전 연령층을 아우르는 보기 드문 뮤지컬이다. 이러한 특성은 상업성이 짙은 뮤지컬 시장에서 직접적 수요자인 관객들과 제작자 모두를 행복하게 만드는 중요한 요소가 되었다. 이에 라이온 킹은 아기 사자 '심바(Simba)'를 노리는 하이에나처럼 호시탐탐 최고의 자리를 노린 끝에 62억 달러(한화 약 6조 5천억 원)라는 놀라운 수치를 기록하며, 오랫동안 흥행 성적 부동의 1위 자리를 고수하던 '오페라의 유령'을 제치고(2014년 기준) 왕좌에 오르게 되었다. 더 좋은 작품을 만들기 위해 필요한 인지도와 상업성을 바탕으로 뮤지컬 라이온 킹은 이제 명실상부 세계적인 뮤지컬로 거듭나고 있는 것이다.

영국으로 출장 계획이 잡혀 일정을 짜고 있던 날, 런던에서의 저녁 일정 하나가 비게 되었다. 내가 처음 웨스트엔드에 오게 되었을 때, 나의 버킷리스트와 같았던 뮤지컬들을 이미 섭렵해 왔던 터라 최근 런더너들을 사로잡은 '북 오브 몰몬(Book of Mormon)'이나 영화의 흥행을 이어온 '찰리와 초콜릿 공장(Charlie and The Chocolate Factory)'과 같은 신선한 작품을 찾아야 했다. 사실, 라이온 킹은 티켓 값이 다른 작품들에 비해 비싼 편이었고 그동안 온라인과 주위에 재밌다는 평가에도 왠지 나와는 안 맞을 것 같다는 이상한 편견이 있었다. 때문에 브로드웨이 뿐만 아니라 웨스트엔드에서도 손꼽히는 흥행작이었음에도 라이온 킹이라는 이름은 내 머릿속에 그다지 큰 존재감 없이 자리하고 있었다. 하지만 언젠가는 만날 운명이었을까? 런던에 머물 예정이었던 기간에 보려고 했던 뮤지컬들의 좌석이 썩 마음에 들지 않아, 결국 울며 겨자 먹기 식으로 라이온 킹을 선택하게 되었다. 정말 내키지 않았지만 한국에서도 뮤지컬이라면 가리지 않고 봐왔기에 한번쯤 볼만은 할거라는 생

각으로 위안을 삼았다. 이제 내가 선택한 작품이니 분명 신선한 추억을 가져다 줄 것이라는 막연한 믿음으로 말이다.

다시 찾은 코벤트 가든에서는 더욱 생기 넘치는, 가볍지 않은 발랄함이 느껴졌다. 런더너들뿐만 아니라 관광객들의 휴식처가 되어버린 곳. 어김없이 펼쳐지는 거리 공연과 각종 볼거리들이 나의 발걸음을 막아 세웠고 카메라 셔터음이 끊이지 않았다. 어느 카페 야외 테이블에 앉아 지나가는 사람들과 주변 광경들을 즐기기 시작했다. 저들이 무슨 직업을 갖고 있는지, 런더너인지 아닌지 따위는 중요하지 않았다. 주름진 눈가와 자연스럽게 드러나는 표정은 코벤트 가든만이 가진 고유의 분위기와 잘 어우러져, 눈에 비치는 장면 하나하나를 출력해 화보로 만들고 싶다는 생각까지 들게 했다.

✤ 어김없이 펼쳐지는 거리 공연과 각종 볼거리들이 나의 발걸음을 막아 세웠고 카메라 셔터음이 끊이지 않았다.

다른 날보다 훨씬 편안한 마음으로 Lyceum Theatre로 향했다. 라이온 킹이 공연되는 이곳은 코벤트 가든과 붙어있다고 할 수 있을 정도로 가까운 곳에 위치하고 있어 가족단위 관람객들에게는 최적의 동선으로 꼽을 수 있다. 이내 도착한 극장 근처에는 번화한 지역임을 말해주듯 수많은 행인들과 관람객들을 발견할 수 있었다. 예전에도 이 거리를 지날 때 붐비는 모습을 지나치듯 보곤 했지만 관람을 위해 다시 와보니 나도 그 자리에 모여있던 사람들도 마치 정글로 향하기를 자처하는 무리들 같아 보였다. Lyceum Theatre는 다른 극장들과 다르게 내부로 들어가는 입구와 박스오피스로 들어가는 입구가 달랐다. 나는 아무 의심 없이 같은 줄인 줄 착각하고 기다리다 직원의 안내에 'Box Office'라고 쓰여 있는 다른 입구로 들어갔다. 너무 바빠서였는지 박스오피스 직원은 바우처를 확인도 하지 않고 이름만으로 티켓을 건네주었다. 대게 꼼꼼하기로 소문난 영국인들이지만 바쁜 거에는 이들도 어쩔 수 없었나 보다.

극장으로 들어오자마자 정면에 보이던 라이온 킹 기념품샵이 한눈에 들어왔다. 지금까지 봤던 극장 기념품샵 중에 가장 크고 눈에 띄는 위치에 자리하고 있었다. 애니메이션 라이온 킹을 통해 이미 가까워진 캐릭터들을 상품화시켜서 였는지 낯설지 않은 분위기에 한번 더 쳐다보게 되었고, 사람들의 관심을 끌기에도 충분했다. 라이온 킹이 그려져 있는 티셔츠, 아기 사자 심바의 익살꾸러기 친구 티몬 인형 등은 얼핏 꼬마 아이들에게만 인기 있는 아이템일거라 생각할 수 있지만 사실 그것들을 들었다 났다 하는 사람들의 대부분은 어른들이었다.

들떠있는 분위기의 극장 안은 유쾌한 기대감으로 다소 상기된 표정의 관객들로 가득했다. 붉은 바탕에 상형문자 같은 알 수 없는 문양들로 꾸며진 무대 커튼이 호기심을 자극했고 전반적인 극장 내부 장식들까지도 정글 숲 같은 이상야릇함으로 채워져 있었다. 생각보다 뻔하지 않은 모습에 조금씩 기대감이 생기기 시작했다. 게다가 내가 앉았던 좌석은 라이온 킹에서만큼은 가장 좋다고 말할 수 있는 Stalls(1층) 복도석이었다. 바로 이 복도를 통해 우스꽝스럽게 분장한 배우들이 국보급 해피 바이러스를 방출하며 수시로 등장하기 때문이다. 주위에 있던 관객들 역시 그걸 아는 듯이 그저 작품 자체를 즐기기 위해 온 편한 복장에 편한 마음으로 기다리는 것 같았다. 순간 내 감정도 그들과 동화되고 있었다.

✽ 번잡했지만 뮤지컬 극장을 즐기는 기분은 항상 행복하다.

극장 양쪽 복도를 따라 등장하는 캐릭터들의 행렬로 극이 시작되었고 머지않아 인지도와 대중성을 두루 갖춘 뮤지컬 라이온 킹의 진정한 매력을 실감하게 되었다. 겁은 많지만, 비범한 운명을 가진 심바와 항상 함께했던 품바와 티몬을 비롯해서 호시탐탐 심바를 노리는 하이에나들, 밀림을 그대로 옮겨놓은 듯한 기린, 표범, 초원들까지 인간이 표현할 수 있는 가장 세밀한 묘사는 무대 위에서 빛을 발했다. 사파리 월드 내부를 차를 타고 지나가며 달려드는 동물들을 관람하는 듯한 느낌이라는 게 실제로 밀림에 가본 적 없는 내가 비유할 수 있는 최선이었다. 라이온 킹은 캐릭터를 묘사하는 능력뿐만 아니라, 각각이 가지고 있는 특성에 모두가 좋아하는 유머코드를 삽입하여 다소 지루할 수 있는 정통 뮤지컬의 단점을 극복했다. 나는 뒤통수를 맞은 기분이었다. 뮤지컬 만큼은 나름 까다롭지 않은 취향으로 폭넓게 받아들이고 있다고 생각했었는데 나의 어리석은 선입견에 '아차'하는 탄식을 연발했다. 물론 울림이 있는 넘버들이나 옴짝달싹 못하게 만드는 긴장감, 묵직함과는 거리가 있는 작품이지만 훌륭한 무대 연출 하나만으로 이토록 관객들의 시선을 끌 수 있다니 실로 놀랍지 않을 수 없었다. 나도 모르게 '대중성의 승리'라는 말이 생각났다. 관광객들을 비롯한 대다수의 사람들을 흡입시킬 수 있다는 건 대단한 상업적 능력이고, 흔히 말하는 예술성이나 작품성을 논하기 이전에 관객들을 즐겁게 해줄 수 있는 본능적 욕구 충족의 능력을 가졌다는 뜻이다.

모든 공연이 끝나고 잠시 커튼콜이 끝난 무대를 바라보며 각각의 캐릭터들을 수준급의 연기로 잘 표현해 준 배우들에게 마음속으로 박수를 보냈다. 라이온 킹이 내게 선사한 반전의 매력은 생각보다 놀라웠다. 작품에 대한 선입견은 결국 내 시야를 가리는 쓸데없는 것이라는 생각이 들었다. 극장을 나서는 사람들의 만족스러운 표정에서 라이온 킹의 인기를 다시 한번 실감할 수 있었고 당분간 그 인기는 변함없이 이어질 것 같다는 예상 또한 의심의 여지가 없었다. 다른 요소를 배제하더라도 모두가 즐길 수 있는 대중적인 매력은 사람들을 무대로 모이게 하는데 성공했고, 지금도 전세계에서 가족 뮤지컬의 왕좌를 굳건히 지키고 있다.

이젠 내 스스로에 대한 물음에 답을 할 수 있을 것 같다. 내가 조금 더 선호하는 작품의 유형이 있을지는 모르지만, 아마도 어떠한 작품이든 나만의 감성과 맞물려 긍정적인 화학작용을 일으킨다면 그것으로 나에게 뮤지컬의 존재 가치는 충분하지 않을까 싶다. 그리고 그 이상의 의미로 마음속에 자리잡을지는 오로지 내 몫이 될 것이다. 때로는 음악과 스토리가, 때로는 무대나 배우들의 연기가 내가 특별히 더 관심을 가지고 있는 분야 혹은 내가 살아온 삶과 관련이 있다면 언젠가는 다시 찾게 될 만큼의 의미있는 작품이 될 것이다. 그리고 설사 대다수의 관객들이 외면하는 작품일지라도 나는 그 작품을 영원히 사랑하게 될 것이다.

Lyceum Theatre
라이온 킹(Lion King)

▌**극장 주소** : 21 Wellington St, London, WC2E 7RQ

▌**가는 방법** : Piccadilly Line 코벤트 가든(Covent Garden) 역 도보 5분

▌**러닝 타임** : 2시간 30분

공연 시간

	일	월	화	수	목	금	토
오후	2:30			2:30			2:30
저녁			7:30	7:30	7:30	7:30	7:30

스토리(Story)

아프리카의 평화로운 왕국 프라이드 랜드(Pride Lands). 이곳을 다스리는 사자 무파사(Mufasa)의 아들 심바(Simba)가 태어난다. 심바는 친구 날라와 어울리며 하루 빨리 아버지 같은 왕이 되고 싶어 한다. 한편 왕의 동생 스카(Scar)는 자신이 왕위를 차지하기 위해 하이에나들과 결탁하여 무파사를 죽이고 심바에게 죄를 뒤집어 씌워 멀리 내쫓는다. 간신히 목숨을 건진 심바는 유쾌한 미어캣 티몬(Timon)과 멧돼지 품바(Pumbaa)와 함께 생활하며 어른이 된다. 그러던 어느 날 심바는 옛 친구 날라(Nala)를 만나 프라이드 랜드가 파괴되고 있다는 소식을 듣게 된다. 하지만 자신이 저지른 실수 때문에 고향으로 돌아가기를 거부하는 심바. 결국 아버지의 가르침과 자신의 운명을 깨달은 심바는 스카와 하이에나들을 물리치고 평화를 되찾기 위해 왕국으로 돌아가는데…

 좌석 고르기 Tip

넓은 초원을 무대에서 즐길 수 있는 넓은 극장 Lyceum Theatre.
끊이지 않는 인기만큼 여전히 높은 티켓 가격을 유지하는 작품이다. 일반적으로 다른 작품들에 비해 10~20% 정도 가격이 높다. 극의 스토리나 음악보다는 쇼적 요소에 집중되는 작품이기 때문에 너무 앞에서 보는 건 그다지 추천하지 않는다.(맨 앞 좌석은 시야 제한석도 있다) 또, Stalls(1층) U. V열부터는 Royal Circle(2층)에 가려 일부 시야가 방해된다. 수시로 등장하는 배우들 때문에 라이온 킹을 가장 실감나게 관람할 수 있는 방법은 1층 양쪽 복도를 끼고 있는 좌석들을 먼저 선점하는 것이다.

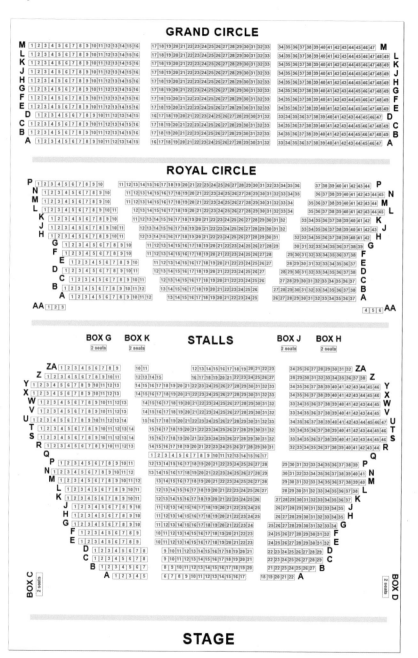

SCENE 05 이 도시에 살아 숨쉬는 이야기 보따리

"강력한 이유는 강력한 행동을 낳는다(Strong Reasons Make Strong Actions)"

영국의 세계적인 극작가 윌리엄 셰익스피어(William Shakespeare)가 남긴 명언이다. 2014년 그의 탄생 450주년을 기념해 세계 각지에서 많은 사람들이 영국으로 모여들었다. 셰익스피어가 태어나고 자란 잉글랜드의 스트 랫포드 어폰 에이번(Stratford-Upon-Avon)에서 나는 그의 창작에 대한 원천과 영감을 조금이나마 눈으로 확인할 수 있었다. 그리고 너무나도 유명 하고 존경받는 그 자신에게 이 명언은 어느 정도의 의미가 있을지 갑자기 궁 금해졌다. 그는 어떤 강력한 이유 때문에 수백 년이 지난 지금도, 그리고 앞 으로도 길이 남을 희대의 역작을 쓰게 되었을까? 물론 글을 쓰는 대부분의 작가들이 작품을 통해 사람들의 관심을 받고, 또 그 관심이 성공까지 이어지 길 바라겠지만 그것이 글을 쓰는 이유의 전부가 되지는 못할 것이다. 작가라 면 왠지 가난해야만 할 것 같은 이미지와는 다르게 꽤나 부유한 가정에서 자 란 셰익스피어가 그랬듯, 분명 물질적인 성공이나 유명세가 작가의 숙명적 이유가 될지는 못할 거라는 생각이 든다.

❀ 현재 박물관으로 사용되고 있는 셰익스피어 생가의 셰익스피어 상(William Shakespeare)

최근 영국을 대표하는 최고의 문화 콘텐츠는 단연 해리포터라고 할 수 있을 것이다. 전세계 4억 5천만 부 이상의 판매고를 올리며 가난하고 평범한 한 작가를 영국에서 손꼽히는 갑부로 만들어 준 작품이다. 해리포터의 작가 J. K 롤링은 자신의 소설을 영화로 만들겠다는 제안을 받았을 때 영화 장면의 모든 배경 장소를 영국으로 한정하고, 배우들 역시 영국인만을 캐스팅하겠다고 했다. 아마도 영국의 정통성을 담은 영국스러운 작품을 만들기 위해서가 아니었을까. 덕분에 영화에 출연했던 배우들은 세계적인 명성을 얻게 되었고 등장했던 모든 장소들은 하나같이 인기 관광지가 되었다. 이런 면들은 좀더 신비롭게 살아있는 이미지를 만들어 지금도 영국의 존재를 알리는 중요한 힘이 되고 있다.

✷ 영화 '해리포터'에 등장했던 런던 뱅크(Bank) 역 부근에 있는 레든홀 마켓(Leadenhall Market)

✿ 런던 북부 왓포드에 위치한 세계 유일의 해리포터 스튜디오

✿ 영화 '해리포터'에 기숙사 식당으로 등장한 크라이스트 처치

✴ 살인마 잭이 활동했던 이스트 엔드(East End). 밤이 되면 불빛 하나 없는 으스스한 거리로 돌변한다.

영국을 배경으로 한 이야기는 뮤지컬에서도 어렵지 않게 찾을 수 있다. 잭 더 리퍼(Jack The Ripper), 지킬 앤 하이드(Jekyll &Hyde), 킹키부츠 (Kinky Boots), 드라큘라(Dracula), 메리 포핀스(Mary Poppins), 두 도시 이야기(A Tale of Two Cities) 등 웨스트엔드뿐 아니라 영국에서 만들지 않은 작품들에도 배경으로 자주 등장한다. 그중에서도 잭 더 리퍼, 지킬 앤 하이드는 19세기 후반 영국이 번성했던 시기를 배경으로 실제 발생했던 사건이나 실존했던 인물을 각색한 작품으로 더욱 유명하다. 지금도 런던의 이민자 노동 계층이 주로 살고 있는 이스트 런던 골목골목을 걸어 다니며 잭 더 리퍼와 관련된 실제 사건 스토리를 들려주는 도보 관광 상품이 꾸준히 인기를 끌며 성행하고 있다. 현재 이스트 런던 주변은 도시 개발에 따른 상업화로 매우 빠르게 변해가고 있어 새롭게 떠오르는 관광 명소로 알려지고 있지만, 잭 더 리퍼의 주 활동 무대였던 화이트 채플 주변은 시간이 지나도 변함없이 이 이야기가 전해지지 않을까 생각한다.

유럽 여행 중에 한번쯤은 들르게 되는 런던 시내 곳곳에서는 활기차고 감동적인 이야기가 넘쳐나는 뮤지컬 극장들을 만나게 된다. 런던 여행의 시작과 같은 장소인 내셔널 갤러리(National Gallery)에서 내려다보이는 트라팔가 광장을 둘러보고 피카딜리 서커스 역 방향인 헤이마켓 거리로 걸어오는 길에 Her Majesty's Theatre(오페라의 유령)와 마주치게 된다. 그리고 레스터 스퀘어 방향으로 걸어가면 Prince of Wales Theatre(북 오브 몰몬), 또 차이나 타운 방향으로는 Queen's Theatre(레미제라블)가 나타난다. 이후 5분 이내의 간격으로 Prince Edward Theatre(미스 사이공), Cambridge Theatre(마틸다) 등등 대부분의 유명 작품의 극장들이 관광지 안에 녹아있다. 이렇게 여행 중에 만나는 뮤지컬은 나의 이야기와 결합해 또 하나의 드라마가 되고 작품이 된다. 비 오는 날엔 비를 맞으며, 맑은 날엔 반가운 햇살을 맞으며, 한밤 중엔 아름다운 런던의 밤거리를 느끼며 그렇게 런던을 배회하는 것만으로도 나만의 예술 작품이 되는 것이다. 여기에 음악까지 더한다면 내가 바로 배우고 가수가 된다.

뮤지컬은 인생의 새로운 낙(樂)을 알게 해 준다. 나는 어떤 작품이든 2-3회 이상 보기 전에 그 작품을 안다고 하지 않는다. 한 번 보고 작품을 이해할 수 있는 경지에 오르지 못했기 때문이다. 내가 같은 작품을 여러 번 보는 이유이기도 하다. 뮤지컬 맘마미아, 시카고의 경우도 일단 처음 볼 땐 스토리 자체에서 느껴지는 문화적 괴리에 적응할 시간이 필요했다. 한동안은 스토리 이해에 몰입한 나머지 다른 음악이나 배우들의 무대에는 집중하지 못하게 된다. 적응할 때쯤 되면 기대했던 첫 번째 공연은 끝이 난다. 그리고는 머지않아 같은 작품을 다시 찾게 된다. 물론 나에게 좀더 알고 싶다는 궁금증을 유발시키지 못한 작품들도 있지만, 자주 들을수록 더 좋아지는 넘버들처럼 대게는 두 번 이상 같은 작품을 찾게 된다.

누군가 이런 말을 했다고 한다. '한 번 다녀온 여행지에 다시 갔을 때 또 다른 즐거움을 느끼는 사람은 진정한 행복을 아는 사람이다.' 뮤지컬 또한 마찬가지다. 두 번, 세 번 회를 거듭할수록 그동안 미처 알지 못했던 행복을 내 마음속 빈자리에 조금씩 채워 가는 과정은 여행의 매력과 너무나도 닮아있다. 이것이 바로 내가 여행과 뮤지컬 모두를 사랑하는 이유일지 모른다. 똑같지만 똑같지 않은, 새롭지만 새롭지 않은 경험이란 내가 살아오면서 느껴본, 엄지 손가락을 치켜들게 되는 몇 안 되는 즐거움 중 하나이다.

영국은 프랑스나 이탈리아 같은 자유로운 이미지가 먼저 떠오르는 나라는 아니지만 세계적인 작가들과 공전의 히트를 기록한 굵직한 문학과 예술이 가득한 곳이다. 역사적인 배경을 통해 길들여진 이들의 신사적인 생활 습관 이면에 감춰져 있는 야성적인 본능의 이중성이 아마도 이와 같이 기발한 작품들을 탄생시킨 원동력이 되었던 건 아닐까. 정의를 갈구하며 싸우는 반면, 착하기만 한 사람에게 매력을 느끼지 못하는 인간의 본능처럼, 이들의 이야기 안에는 선과 악, 밝음과 어둠이 항상 조화롭게 표현되어 사람들을 유혹하고 있다.

영국인의 자부심과도 같은 셰익스피어의 이야기는 450년이 지난 이 순간에도 영국 안에 살아 숨쉬고 있을 것이다. 세월이 흐르고 인간의 생각이 변하면서 문화와 예술의 생김새 역시 자연스럽게 변하겠지만, 셰익스피어가 남기고 떠난 흔적처럼 이 영국이라는 특이하고도 유별난 나라는 비록 물질적 풍요로는 세계 최고가 아니지만 언제나 활기차고 매력적인 이야기가 넘쳐난다는 점에서는 세계 최고임을 믿어 의심치 않는다. 그래서 나는 오늘도 영국을 꿈꾸고 그들의 이야기를 꿈꾼다.

커튼콜 & 전반전

SCENE 01 어울리지 않는 커플

영국에는 셰익스피어와 같은 훌륭한 극작가를 비롯해 수많은 문학적인 예술 작품들이 많은 것으로 유명하다. 그중에는 소설을 원작으로 제작돼 우리나라에는 뮤지컬로 많이 알려진 지킬 앤 하이드(Jekyll & Hyde)가 있는데, 이 작품은 영국 스코틀랜드 출신 로버트 루이스 스티븐슨(Robert Louis Stevenson)의 소설 'The Strange Case of Dr. Jekyll and Mr. Hyde'을 원작으로 한다. 그 당시 실존했던 인물인 'Deacon'이라는 남자를 소재로 만들어졌는데 그는 낮에는 둘도 없는 신사였지만, 밤에는 완전히 다른 사람으로 돌변하는 살인마였다고 한다. 도시 전체가 세계문화유산으로 등재된 스코틀랜드의 수도 에든버러(Edinburgh)에 가보면 중심부에 위치한 '로열 마일(Royal Mile)'이라는 이름의 구시가지 거리에 아직도 그의 이야기와 관련된 장소들을 곳곳에서 찾아볼 수 있다. 말 그대로 픽션이 가미된 소설이기에 작품 속 내용들이 실제와 같지는 않지만 그런 성향의 사람이 살았었다는 사실만으로도 기존 영국의 이미지와는 뭔가 어울리지 않는다.

비유가 좀 과격하긴 하지만, 영국인들을 조금만 더 유심히 들여다보면 극단적인 선과 악을 상징하는 '지킬'과 '하이드'의 모습이 떠오른다. 품격 있는 매너를 갖춤과 동시에 그 안에는 날것의 본능적인 사나움을 모두 갖고 있는 듯 하다. '신사의 나라'라는 수식어로 대변되는 영국. 내가 본 영국도 그와 크게 다르지 않다. 예전만큼의 부강함과 명성을 갖춘 나라는 아니지만, 돈이면 뭐든 할 수 있을 것 같은 현대 자본주의에서 그보다 더 중요한 가치를 추구하는 인간 중심의 의식 구조를 가진 나라이다. 게다가 문화와 예술, 그중에서도 전통과 흥행을 이어오고 있는 '뮤지컬'이라는 영역은 영국 런던의 웨스트엔드 시장을 만들며 부드럽고 신사적인 이미지를 더했다.

반면 영국에는 뮤지컬과 너무나도 어울리지 않지만 영국인들이 열정을 다해 사랑하는, 그래서 마치 종교와도 같아진 또 하나의 문화가 있다. 세계적으로 수많은 팬들을 보유하고 있는 '영국 프리미어리그(English Premier

✽ 소설 'The Strange Case of Dr. Jekyll and Mr. Hyde'의 모티브가 되었던 'Deacon's House Café'

League, EPL)'가 바로 그것인데, 명실상부 세계 정상급인 축구 선수들이 몸 담고 있는 꿈의 리그이다. 영국인들이 축구에 보내는 무한한 애정에는 축구 종주국이라는 자부심도 한몫할 것이다. 하지만 그보다는 억눌려 있는 자아를 잠시나마 풀어놓는 자유로움이나 뮤지컬 속 인생과도 같은 짜릿한 반전 스토리가 맹목적 애정을 부추기는 것이 아닐까. 그래서 매년 치러지는 스무 팀의 축제는 어쩌면 선수들이 만들어내는 것이 아니라 관중들 스스로가 만들어가는 것일지도 모른다. 팬들의 열렬한 응원과 관심이 없었다면 프리미어리그는 그저 초라한 동네 축구에 지나지 않았을 것이고 세계 최대의 규모로 일구어 낸 천문학적인 시장도 없었을 것이기 때문이다.

화려하고 멋지게 포장된 EPL의 이면에는 금방이라도 경기장을 쓸어버릴 듯한 기세의 관중들이 존재한다. 축구를 향해 이들이 뿜어내는 에너지는 아직 길들여지지 않은 맹수의 모습과도 같다. 축구장에서 난동을 부리는 사람을 일컫는 '훌리건(Hooligan)'이라는 단어를 만들어 낼 정도로 과격함으로는 둘째라고 하면 서러울 사람들이 바로 영국인들이다. 역사적으로도 그들의 뿌리를 살펴보면 조상들 중 하나인 앵글로 색슨(Anglo-Saxon)족은 매우 호전적이며 거칠어 '신사'라는 단어와는 전혀 어울리지 않는 민족이었다. 이렇게 무서운 사람들이 침략과 정복을 통해 이룩한 나라가 그토록 화려했던 대영제국이며 지금의 영국을 만든 것이다. 우리가 알고 있는 이미지와는 너무나도 다른 과거를 가지고 있다는 점을 생각해보면, 지금의 영국인들의 모습은 이러한 조상의 성향들을 오랜 세월 동안 수많은 제도적 체계를 통해 학습되고 다듬어온 결과라고 볼 수 있다. 하지만 본능적인 욕구를 채우기 위해 찾는 축구장에서는 조금씩 이성적인 통제에서 벗어나 아무리 남에게 예의를 지키고 피해를 주지 않는 그들이라 해도 절제를 벗어던진 모습들이 나오게 되는 것 같다.

✵ 웨스트엔드 뮤지컬 극장과 생동감 넘치는 프리미어리그 경기장.

뮤지컬과 축구는 모두 비슷한 시기에 대중들이 즐길 수 있는 문화로 시작되었다. 영국의 모든 분야가 왕성했던 19세기 중반 이후. 산업이 활발해지며 자연스럽게 큰 도시로 자본이 유입되었고, 오락, 예술, 문학 등 즐길 문화를 갈구하는 수요가 늘어나면서 지금까지 영국을 대표하는 주요 여가 산업으로 발전되어 온 것이다. 이제는 미국과 다른 유럽 국가에도 웨스트엔드와 프리미어리그 못지 않는 시장이 있어 서로 경쟁하고 있지만 '세계 최초'라는 수식어는 영국인들이 평생 자부심을 가질만한 것일 테다. 세계인이 주목하고 있는 거대 시장을 이끌고 있다는 생각 때문일까? 영국에서 만났던 축구팬들은 백발이 성성한 할아버지부터 어린 아이들까지 하나같이 축구를 바라보는 눈빛에 말로 설명하기 힘든 그 무언가를 담고 있었다.

뮤지컬과 축구를 동시에 경험할 수 있는 런던에서도 이 둘의 주요 무대가 되는 지역은 서로 나뉜다. 뮤지컬 극장은 런던의 관광지가 몰려있는 1존에 대부분 위치한 반면, 축구 경기장들은 2존 이후 지역 곳곳에 자리잡고 있다. 런던의 유명 관광지들과 함께하는 뮤지컬 극장, 그리고 상대적으로 넓은 땅덩이가 있고 덜 붐비는 지역에 위치한 축구 경기장은 어찌보면 지극히 자연스러운 모습이다. 때로는 넉넉하지 않은 시간 때문에 경기장 방문을 포기하는 사람들도 종종 보게 되지만, 오히려 이 거리가 런던이라는 큰 도시를 좀더 폭넓게 둘러볼 수 있게 하는 계기가 되기도 한다.(보통 관광객들은 런던의 1존만을 둘러보는 여행을 하기 때문) 뮤지컬 극장들은 물론이고 첼시의 스탬포드 브리지(Stamford Bridge, 2존), 아스날의 에미레이츠 스타디움(Emirates Stadium, 2존), 웨스트햄의 불린 그라운드(Boleyn Ground, 3존), 토트넘의 화이트 하트 레인(WhiteHart Lane, 4존), 그리고 잉글랜드를 대표하는 웸블리 스타디움(Wembley Stadium, 4존)까지 런던 곳곳을 돌아볼 수 있으니 말이다. 혹시 축구를 좋아해서 런던을 찾는 사람이라면 일반 여행객들보다 좀더 넓은 런던을 경험하게 될 것이다.

무대, 배우, 관객은 비단 뮤지컬이나 연극에만 존재하는 요소는 아닌 듯하다. 축구에도 그라운드라는 초록색 초대형 무대 위에 22명의 배우들이 가득 들어찬 수만 명의 관객 앞에서 각자에게 주어진 역할과 능력을 마음껏 발휘한다. 그리고 벤치에서 팔짱을 끼고 있는 연출자는 배우가 마음에 들지 않거나 부상 등의 특별한 일이 발생하면 다른 배우로 대체하기도 하며, 가끔 열성적인 관객들은 배우와 작품이 내 인생처럼 느껴져 다소 거칠게 몰입하기도 한다. 단지 다른 점이라면 미리 약속한 각본대로 무대를 꾸며가는 뮤지컬에 비해 축구에서는 언제 무슨 일이 벌어질지 모르는 반전 드라마가 수시로 펼쳐진다는 점이다. 어차피 (작품을 처음 보는)관객이나 관중들 입장에서는 앞으로 어떤 일이 벌어질지 모른다는 점은 같다. 하지만 경기장에 있는 어느 누구도 결과를 확신할 수 없는 불확실성이란 사람을 더욱 흥분시키는 매혹적인 요소일 것이다. 어쩌면 이런 점이 뮤지컬보다 축구가 더 폭넓게 대중들에게 어필하고 사랑 받게 된 이유가 아닐까 싶다. 때로는 관중들의 과도한 애정이 빗나간 행동을 낳기도 하지만 말이다.

영국인들은 다양한 즐길거리들을 만들어내고 대중화시키는 쪽으로 탁월한 재주가 있는 듯 하다. 뮤지컬뿐만 아니라 축구의 경우에도 최초의 시작은 스페인이었으나 그것을 한층 체계적인 스포츠로 만들어 사람들에게 알리고 산업화시킨 것은 영국이었다. 원래 축구는 노동자 계급에서 시작되었다는 이유로 사회 계층이 다른 귀족과 상류층에게 관심조차 받지 못했던 스포츠였지만, 돈을 버는 사람들의 눈에는 세공하기 전 다이아몬드 원석으로 보였나 보다. 그 능력들이 지금도 런던으로 몰려드는 사람들, 꺼지지 않는 밤거리를 만든 원동력이 된 것이다. 가까운 유럽뿐 아니라, 세계 각지에서 웨스트엔드와 프리미어리그를 즐기기 위해 런던을 찾는 사람들은 끊이지 않는다. 나 또한, 지금은 영국의 모든 것에 매료되어 영국을 더 많이 알고 싶어하는 사람이 되었지만, 처음 런던을 찾게 만들었던 웨스트엔드로 시작해 이제는 프리미어리그까지 영국에서의 일정을 좌우하는 커다란 관심사가 되어버렸다.

도대체 여긴 어디지?

EPL 팀들 중에 다음 5개 팀들이 어느 지역을 연고로 하는지 맞춰보자. 크리스탈 팰리스(Crystal Palace), 헐시티(Hull City), 아스톤 빌라(Aston Villa), 번리(Burnley), 레스터 시티(Leicester City). 만약 이 중에 4개 이상을 맞췄다면 EPL 중독 중증에 해당하며, 분명 하늘이 두 쪽 나는 천재지변이 발생하지 않는 한 매주 주말마다 TV 앞에서 EPL 경기를 손꼽아 기다리는 사람일 것이다. 한 손에는 맥주를 그리고 다른 한 손에는 리모컨을 들고 말이다. 그리고 눈에 실핏줄이 터져가며 뜬눈으로 밤을 새우는 일이 많을 것이다. EPL 중독은 영국과 9시간(서머타임 적용 시 8시간)이라는 시차를 극복해야하는, 한국 팬들에게는 아주 불리하지만 즐거운 질병이다. 만약 꼭 봐야만 하는 빅매치가 주말이 아닌 평일, 그것도 새벽 4, 5시에 시작한다면 세상에 둘도 없는 고민에 빠지게 될 것이다.

EPL은 박지성 선수의 운명과도 같은 맨체스터 유나이티드(Manchester United)를 비롯하여 첼시(Chelsea), 아스날(Arsenal), 맨체스터 시티(Manchester City), 리버풀(Liverpool) 등등 이름만 들어도 심장이 뛰는 세계 최고의 축구 클럽들이 포진해 있는 명실상부 최고의 리그이다. 유럽 축구의 판도가 다소 바뀐 최근에도 스페인의 프리메라리가(PrimeraLiga), 독일의 분데스리가(Bundesliga)와 함께 리그 상위 팀이 자동으로 챔피언스리그(Champions League)에 출전하는 4장의 티켓을 얻게 되는 3대 리그에 포함되어 있다. 그리고 예나 지금이나 변함없이 프리메라리가와 선두 자리를 다투는 최정상의 리그인 것이다.

영국에는 프로축구 1부 리그를 가리키는 EPL을 비롯하여 2부 이하의 하부 리그들, 그리고 UEFA(Union of European Football Associations)컵, FA(Football Association Cup)컵, 챔피언스리그 등 도무지 무슨 차이인지 분간조차 하기 힘든 많은 리그들이 존재한다. 또 UEFA컵과 챔피언스리그의 관계, EPL 한 시즌 모든 경기를 치른 후 팀 성적에 따라 1부 리그 20팀 중 하위 3개(18~20위)팀은 2부 리그로 강등된다는 룰 등 열성적인 축구팬이 아니라면 이해하기 어려운 복잡한 구조로 되어있기도 하다. 이러한 축구의 생태계는 영국의 오랜 축구 팬들과 뜨거운 열정으로 가득 찬 서포터즈들에게는 매일매일 체크해야만 하는 중요한 요소로 자리잡고 있다.

하지만 모든 사람들이 축구의 모든 체계와 시스템을 알고 보지는 않을 것이고, 어쩌면 알 필요도 없을지 모른다. 축구라는 알 수 없는 에너지가 응축되어 있는 단어 하나에, 한 골을 넣기 위해 공을 차고 몸을 부딪치는 그 행위 자체에 사람들을 매료시킬만한 충분한 매력이 있음은 틀림없다. 경기장에서 낯선 사람들과 함께 응원가를 한번이라도 외쳐본 사람이라면, 골에 가까운 장면에서 동시에 머리를 쥐어뜯으며 아쉬운 탄성을 쏟아보았던 사람이라면 EPL의 존재감을 이미 실감할 수 있을 것이다. 뿐만 아니라 비와 땀에 젖어 축축해진 유니폼과 승리를 갈구하는 선수들의 눈빛은 전형적인 스포츠의 매력까지 선사한다. 때문에 EPL의 복잡한 구조와 규정들을 모르고도 축구는 얼마든지 즐길 수 있다.

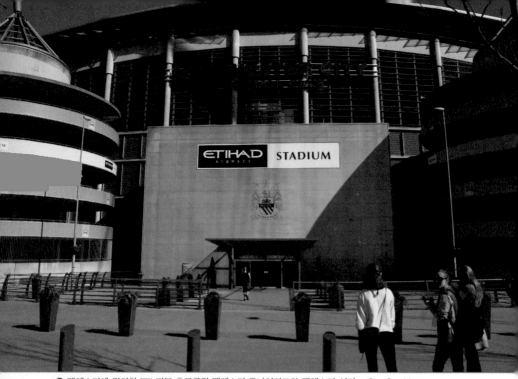

❋ 맨체스터에 위치한 EPL 명문 축구클럽 맨체스터 유나이티드와 맨체스터 시티 – Cho Soo Yeon

EPL에서는 각 구단별로 클럽회원권 제도를 유료로 운영하며 경기 티켓을 우선적으로 구입할 수 있는 혜택을 회원들에게 부여한다. 그리고 사전에 홈 경기가 있는 날과 함께 티켓 오픈 날짜와 매치 레벨(Category, 상대 팀이 누군지에 달라지는 경기 등급)을 함께 공개해 티켓 가격을 결정하고 판매한다. 하지만 유료 멤버십 회원들에게(인기 있는 팀들의 경우는 상위 레벨 회원들) 티켓을 구매할 수 있는 선택권이 먼저 주어지는 탓에 빅매치 경기일수록 비회원들이 티켓을 구하는 일은 하늘의 별 따기가 된다. 설사 구할 수 있다 하더라도 수십, 수백만 원을 호가하는 가격으로 치솟아 감히 엄두도 낼 수 없는 경우가 다반사다. 게다가 각 팀들마다 가격을 책정하는 기준이 달라 좌석에 따라 지역에 따라 가격은 천차만별로 달라진다. 런던을 연고지로 하는 팀들 중 첼시 FC의 경우 런던의 부촌 지역에 자리잡고 있어 티켓 값이 가장 비싸기로 유명하다. 가격은 좌석과 경기 등급에 따라 40~90파운드(현장 구매나 정상적인 루트로 구매 시)로 나눠지는데, 관광객들 같은 비회원의 경우 사전 티켓 구매에 접근하는 것 조차 쉽지 않고, 그 외 구매 대행 사이트나 암표 등을 통해 구매하는 경우는 장담할 수 없는 가격으로 뛰게 된다. 런던

외 지역(맨체스터, 리버풀 등 제외)으로 넘어가면 자연스럽게 가격이 많이 내려가지만 이 역시 인기 좋은 경기의 경우 마찬가지다. 축구의 인기는 런던에서만 뜨거운 것이 아니라 영국 모든 지역에서 남녀노소를 가리지 않고 높기 때문이다. 잉글랜드 제 2의 도시로 불리는 버밍엄을 여행할 때 이른 아침부터 박스오피스를 다녀가는 백발의 노부부를 본 후로는 EPL의 인기를 절감하게 되었다. 몇십 년을 함께 살아오며 미소까지 닮아버린 두 분의 손에는 자그마한 티켓 두장과 멤버십 카드가 들려있었다.

EPL의 축구 티켓은 세계적인 명성에 걸맞게 결코 싸다 할 수 없는 가격이다. 솔직히 우리나라 물가를 기준으로 말하면 비싸기 짝이 없다. 그럼에도 불구하고 언제나 가득 들어차는 경기장에, 영국인들 뿐 아니라 세계인의 관심을 받으며 일부 티켓은 돈 주고도 사기 힘들 정도로 높은 인기를 유지하는 것은 분명 축구에는 인간의 본성을 자극하는 무언가가 담겨있기 때문일 것이다. 일방적인 사랑보다 밀당을 즐기는 사랑이 더 재미있듯이 경기장 속 관중들은 축구 때문에 화도 냈다가 금새 환호를 지르는가 하면 자기 가족을 바라보듯 선수들을 향해 위로를 보내기도 한다.

인프런트, 아웃프런트 킥의 공 방향을 예상하고 바라보는 묘미, 긴 스루 패스를 따라 윙백(측면 수비수)이 오버래핑(overlapping, 수비수가 공격수보다 앞서 상대편 진영으로 침투해 들어가 공격에 가담하는 것)에 성공할 때의 짜릿함은 두말할 나위 없이 멋진 장면으로 기억된다. 그리고 1년에 딱 두 번 열리는 라이벌 더비, 빠른 역습의 전환 속도, 동물적인 반응 속도의 슈퍼 세이브에 높아지는 중계진들의 목소리가 경기를 관람하는 재미를 한층 더한다. 점점 고조되는 긴장감과 함께 어느새 나도 점점 경기속으로 빠져들어간다.

오프사이드를 유도하는 전술을 피해 상대 선수를 아찔하게 만드는 공격수의 움직임과 허를 찌르는 2대1 스루패스의 묘미를 아는 사람이라면 이미 축구의 다양한 즐거움을 아는 사람일 것이다. 하지만 언제나 아쉬운 건 그런 온몸을 감싸는 쾌감을 집에서 밖에 볼 수 없다는 현실이다. 그나마 가족이나 친구들과 보는 날엔 함께 응원하는 즐거움과 열기로 현장감을 대체할만한 위로를 받을 수 있지만, 혼자 쓸쓸히 새벽잠을 설치며 TV를 켜는 건 그다지 유쾌한 일은 아니다. 최소한 영국에서 EPL을 체험하고 온 이후로는 그랬다.

이렇게 많은 사람들을 달아오르게 만드는 스포츠가 또 있을까? 세계인의 축제라 불리는 월드컵만을 보더라도 올림픽을 제외한 단일 종목으로는 세계에서 가장 큰 관심을 받는 스포츠 대회가 아닐까 생각한다. 축구 경기가 펼쳐지는 90분 안에는 우리의 인생이 들어있는 것만 같다. 둘도 없는 라이벌과의 치열한 경쟁에서 초반에는 내가 뭔가를 더 이뤄 성공한 듯 보이지만 결국 뒤져있던 라이벌에게 역전을 당하기도 하는, 한치 앞을 알 수 없는 인생의 굴곡과 너무나도 닮아있다. 팀내에서도 서로간의 단합은 좋은 성적을 내기 위해 필수적인 요소인 반면, 선수들 개개인 사이에는 치열한 주전 경쟁을 포함해 보이지 않는 자존심 싸움이 존재한다.

영국에서의 축구는 '프리미어리그'라는 이름으로 과거에도 지금도 화려한 스포트라이트를 받는 선수들을 통해 관중들에게 뜨거운 감동을 전달한다. 그것이 얼마나 대단한 것인지는 말로 다 표현할 수 없는 차원의 것이다. 영국을 찾게 된다면, 그리고 경기 시간이 맞는다면 고민하지 말고 반드시 EPL을 경험해 보길 추천한다. 집에 있는 네모난 상자에서만 보았던 것과는 완전히 다른 새로운 세상이 펼쳐질 것이다. 영국에서 보내는 그 시간은 언제 다시 돌아올지 모르니 말이다.

SCENE 03 누구도 따라할 수 없는 그들만의 축제

영국을 여행하면서 가장 어려웠던 것 중 하나가 바로 프리미어리그 경기 일정에 내 일정을 맞추는 일이었다. 프리미어리그에 대해 조금이라도 관심이 있는 사람이라면 무슨 말인지 짐작할 수 있을 것이다. 일반 관광객들의 입장에서 본다면 런던 현지에서 오랫동안 머물 계획이 있지 않는 한 거쳐가는 도시에 불과한 런던에서의 일정을, 구장별로 한달 평균 2~3회 정도에 불과한 경기수에 맞추는 일은 결코 간단한 일이 아닌 것이다. 이는 런던에 갈 기회가 많았던 복받은 운명의 나에게도 그다지 다르게 없다. 축구와 관련된 직업을 갖고 있는 것도 아닌데 수백만 원을 지불하면서 영국의 각 지역을 리그 일정에 맞춰 돌 수도 없는 노릇이기 때문이다. 이런 이유로 런던이나 다른 지역 일정과 경기 일정이 맞물리기라도 하는 날엔 마치 오랜만에 연락이 닿은 친구와의 만남을 기다리듯 크나큰 설렘과 기대가 동시에 밀려온다.

깊어가는 가을 10월의 어느 주말 런던. 나는 아주 운 좋게도 같은 날 3시 프리미어리그, 7시 30분 뮤지컬 관람 계획을 세울 수 있었다. 내가 좋아하는 것들로 하루가 가득 찬 일정이었다. 그동안 런던에서 그렇게 많은 날들을 보내면서도 두 가지의 상반된 즐거움을 비교하면서 즐겨본 적은 한번도 없었고, 그래서 이 날은 나에게 더욱 의미가 있었다.

온통 회색 빛으로 칠해 놓은 것 같은 하늘에 이따금씩 햇빛이 고개를 내미는 전형적인 영국의 날씨. 오랜만에 런던에서 보게 되는 축구 경기로 아침부터 묘한 기분에 휩싸여 들떠 있었다. 특별한 이유 없이 끌려서 이제는 내가 가장 좋아하는 팀이 되었지만, 그동안 수차례나 일정이 어긋나 만날 인연이 없었던 EPL의 명문 아스날(Arsenal)의 경기를 보게 되어 생긴 감정적 동요는 이상한 일이 아니었다. 오늘은 또 어떤 선수가, 어떤 관중이 내 시선을 끌지, 그리고 새로 맞이하게 되는 에미레이츠 스타디움(Emirates Stadium)의 모습은 어떨지 너무나 궁금했다.

점심을 간단히 해결하고 나를 축구장으로 데려다 줄 튜브에 올라탔다. 숙소 근처였던 워털루(Waterloo) 역을 출발하여 런던 1존 중심부 레스터 스퀘어(Leiscester Square) 역에서 피카딜리 라인으로 갈아타는 순간 조금씩 아스널의 상징색인 붉은색 옷을 입은 사람들이 보이기 시작했다. 런던 최대의 기차역이자 지하철역인 킹스크로스(King's Cross) 역을 지나며 탑승하는 수많은 붉은 인파들로부터 드디어 오늘이 매치 데이(Match Day)라는 사실을 실감하게 되었다. 아스널(Arsenal) 역이 가까워 질수록(Holloway Road 역에서 가도 된다) 지하철 안은 각기 자신들이 좋아하는 선수 이름과 등번호가 새겨져 있는 유니폼과 아스널 엠블럼이 그려져 있는 머플러 등 빨간색으로 갖춰 입은 사람들로 가득 채워졌다. 마치 한국에서 한일전이 열리는 날 금방이라도 목이 터져라 함성을 질러댈 것만 같은 붉은 악마들로 가득 찬 지하철을 함께 타고 가는 듯한 느낌이었다. 잠시 후 도착한 아스널 역에는 예상대로 100% 완성된 퍼즐 조각들처럼 꽉 들어찬 사람들의 행렬이 조금씩 밀리며 앞으로 나아가고 있었다.

프리미어리그 명문 클럽 아스널과의 첫 대면을 위해 지하철 역을 빠져나왔다. 거리는 선수들의 유니폼(물론 정품은 아니다)과 머플러를 파는 가판대부터 간단한 요깃거리를 파는 가판대까지 우리나라 스포츠 경기장과 별다르게 없는 모습이었다. 주변을 둘러보던 중 내 시선을 붙잡는 장면이 있었다. 바로 지하철 역부터 곳곳에 배치되어 있는 경찰들. 이날도 어김없이 바가지에 열을 가해 늘려놓은 듯한 모자를 쓰고 열심히 본연의 임무를 수행하고 있었다. 최근에는 예전만큼 경기에 지장을 줄만한 훌리건들은 많이 줄었다고 하지만, 언제 어디서 어떤 위험이 도사리고 있을지 모르는 축구장에서 돌발 상황이 발생할 수 있다는 점은 항상 염두에 두어야 한다. 내 지인의 경우에는 '더비(Derby)'라고 불리는 빅매치 라이벌전을 예매하려는데 여자 혼자 관람하는 것은 위험할 수 있으니 안전한 좌석으로 예매할 것을 권했다고 한다. 이러니 신사의 나라 영국의 열광적인 팬들이 아직 잠정적 훌리건으로 여겨질

만하다. 긴장을 늦출 수 없는, 경찰들이 늘어선 이 분위기에서 저녁에는 슬쩍 우아한 척을 하며 감성을 어루만지는 공연을 관람하는 건 어떤 느낌일지 갑자기 궁금했다. 이렇게 너무나도 다른 두 가지의 즐길거리 모두가 같은 도시에서 크게 성행할 수 있다는 사실이 다시 한번 신기하게 느껴진다. 어찌되었든 부디 오늘도 아무 일 없기를 바라며 경기장을 향해 발걸음을 뗐다.

몇 걸음을 걸었을까? 가판대에 걸려있는 아스널 선수들의 등번호를 보니 갑자기 런던너들이 가장 좋아하는 선수가 누구인지 확인해 보고 싶었다.

"안녕하세요? 어떤 걸 원하세요?"

"누가 제일 인기가 좋나요?"

"음… 비싼 몸값의 외질이 사람들에게 큰 관심을 받고 있기는 하지만 나는 지금 아스널에서 없어서는 안 될 선수. 산체스를 제일 좋아합니다."

"네. 그럼 그걸로 하나 주세요."

나는 정품이 아닌 유니폼을 살 생각은 없었지만 워낙 싼 가격이라 기념 삼아 17번이 쓰여 있는 유니폼 하나를 샀다. 내가 익히 알고 있던 산체스의 인기는 역시나 영국 현지에서도 대단해 보였다. 가만히 생각해보니 지하철 안에 있던 사람들이 입고 있던 옷들 중에 가장 많이 눈에 띄었던 이름 역시 등번호 17번 알렉시스 산체스(Alexis Sanchez)였던 것 같았다. 오랫동안 아스널은 공들여 키워왔던 선수들을 돈줄이 마르지 않는 다른 팀들에게 빼앗기는 씁쓸한 경험을 해왔다. 하지만 리오넬 메시(LionelMessi), 네이마르 다 실바(Neymar da Silva), 세르히오 아구에로(Sergio Aguero)와 같은 남미 최고의 선수들에 밀려 빛을 발하지 못했던 칠레의 숨은 보석은 팀에 유망주가 없는 상황을 기회로 만들어 이미 팬들 마음속에 자신의 존재를 제대로 각인시키고 있었다.

❀ EPL 경기가 열리는 날 경기장 주변의 분위기는 항상 긴장과 흥분이 교차한다.

경기 시작 30분 전. 아스널의 엠블럼이 그려진 박스오피스 앞에는 이미 티켓 판매가 종료되었는지 줄 서 있는 사람을 찾아볼 수 없었다. 주변에 암표상으로 보이는 사람들만이 어슬렁거리며 눈치를 살피다가 지나가는 사람들에게 슬쩍슬쩍 말을 거는 모습이 보일 뿐이었다. 나는 과연 암표 가격이 어느 정도나 될지, 그리고 내가 얼마만큼 티켓 가격을 깎을 수 있을지 끓어오르는 궁금증을 참기 어려웠지만 야속하게도 시간은 Kick-off까지 날 기다려 주지 않았다. 아무리 시간이 없어도 꼭 가야겠다고 마음 먹었던 아스널의 하이버리 하우스(Highbury House)로 들어갔다. 역시나 상점 안에는 나를 유혹하는 형형색색의 아이템들이 가득했고 맨유, 리버풀, 첼시 등 각 구단을 다니면서 느꼈던 공항장에 버금가는 심리적 고문이 어김없이 나를 압박했다. 영국의 끔찍한 물가에 비하면 그다지 비싸다고 할 수는 없는 가격이지만 정신줄을 놓고 그대로 지름신을 맞이한다면 거지꼴을 면치 못할 게 뻔하기 때문이다. 한국에서 TV로만 프리미어리그를 즐길 때는 전혀 유니폼에 대한 생각도 없었는데 막상 현지에서 실물을 보게 되었을 땐 다중이처럼 마음이 변하게 된다. 그동안 다른 구장을 다닐 때는 스스로가 기특할 정도로 잘 참아왔지만 오늘만큼은 에미레이츠 구장이 떠나갈 듯한 런더너들의 함성에 내 목소리를 더해보고 싶었고 그들과 같은 붉은색이 되어 섞여보고 싶었다. 고민도 잠시, 이미 내 손에는 이런 날씨에 가볍게 걸칠 수 있을만한 얇은 재킷 하나가 들려있었고 적당한 가격임을 확인하고는 망설임도 없이 신용카드를 내밀고 있었다. 그리고는 혹여나 후회할까 싶어, 또 다른 아이템들이 눈에 들어올까 싶어 뒤도 돌아보지 않고 상점을 빠져 나왔다.

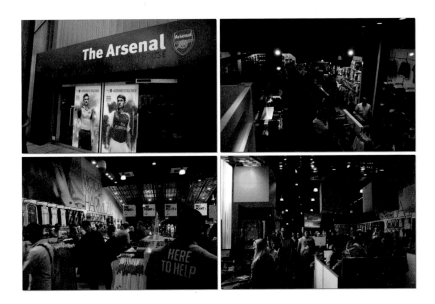

　상점에서 나오자마자 입고 있던 겉옷을 벗고 새로 산 재킷을 입어 보았
다. 어깨, 팔, 길이까지 내 몸에 맞춰 만든 옷처럼 딱 맞는 옷이었다. 아이언
맨의 슈트처럼 내 몸에 장착한 재킷 하나로 나는 진정한 아스널 팬으로 거
듭나고 있었다. 더 이상 눈동자 색부터 다른 이방인이 잠시 나들이하듯 축
구장에 온 느낌이 아니었다. 빼곡히 들어찬 행렬에 맞춰 경기장으로 향하
는 런더너들과 하나가 되어 어느덧 경기장 입구까지 오게 되었다. 잠시 걸
음을 멈추고 'Emirates Stadium'이라는 이름을 배경으로 사진을 찍었다.
사진 속에는 이제 아스널의 역사 속으로 사라진 등번호 14번 티에리 앙리
(Thierry Daniel Henry)의 뒷모습과 현재 아스널 전력의 핵심 알렉시스 산
체스(Alexis Sanchez)의 모습이 오버랩(Overlap)되듯 찍혀 있었다. 축구뿐
아니라 이 세상 어느 분야에서든 모든 열정을 쏟아 꽃을 피우는 전성기 시절
을 거쳐 은퇴하고, 다음 세대로 자연스럽게 스포트라이트를 넘겨주듯, '아스
널 킹'이라는 이름의 전설로 남아있는 앙리는 다른 선수들과 함께 퇴장하고
프리미어리그의 폭발적인 신예 알렉시스 산체스에게 그 영광스러운 왕좌를
물려주는 듯한 느낌이었다.

🎖 2006년에 개장해 아직 10년이 되지 않은 아스널 홈경기장. Emirates Stadium.

　　주심의 휘슬로 경기가 시작되었고. 60,000여 석을 가득 채운 축구 팬들은 경기장을 압도하는 함성으로 화답했다. 초반부터 아스널이 경기 주도권을 잡기 시작하자 에미레이츠 스타디움도 점점 달아오르기 시작했다. 오늘의 주인공은 역시 팬들의 사랑을 한 몸에 받고 있는 알렉시스 산체스였다. 전반 12분 하프라인을 살짝 넘긴 부근에서 상대의 패스가 끊기며 그에게 연결되자 우측 사이드라인을 따라 2명을 제치며 환상적인 첫 번째 골을 기록했다. 에미레이츠 스타디움에 모인 팬들은 구장이 떠나갈 듯 환호하며 산체스의 이름을 연호했다. 나도 아스널의 오랜 팬인듯한 느낌이 들어 옆 좌석에 앉아있던 사람들과 눈빛으로 그 기쁨을 나누었다. 하지만 헐시티도 그리 호락호락한 팀은 아니었다. 초반에 좋았던 페이스가 오히려 아스널에게 독이 되었는지 바로 만회 골로 추격 당하더니 후반 시작하자마자 역전골을 먹는 어이없는 상황이 벌어졌다. 이후 아스널의 맹공격에도 헐시티의 골문은 쉽게 열리지 않았고, 관중들은 두손을 머리 위로 올리며 아쉬운 탄성과 한숨만 내쉴 뿐이었다.

　　경기 종료 1분 전. 추가 시간은 숫자 '6'을 표시하고 있었다. 이내 정해진 90분의 경기 시간이 지나고 추가 시간이 시작되는 순간, 체임벌린(Alex Oxlade-Chamberlain)의 패스를 받은 산체스가 헐시티 진영 중앙으로 수

비수 4명 사이를 뚫고 패널티 박스 안쪽으로 파고들어 문전에 있던 대니 웰벡(Danny Welbeck)에게 자연스럽게 패스를 연결했다. 웰벡이 가볍게 밀어넣은 공은 헐시티 골망을 흔들며 극적인 동점골을 만들어 냈다. 그동안 이런 흐름의 축구 경기를 꽤 많이 봐왔지만 현장에서 느끼는, 종료 휘슬 직전에 터진 골맛은 생각보다 값지고 짜릿했다. 그리고 무엇보다 이 멋진 장면을 계기로 나는 아스널의 주축인 산체스의 팬이 되었다. 에너지가 넘치는 호날두나 역대 그 누구보다 축구에 대한 뛰어난 감각을 가지고 있는 메시하고는 다른, 공을 다루는 유연함과 스피드를 골고루 갖춘 훌륭한 선수였다. 좋아하는 선수 한 명이 생겼다는 것 하나만으로도 나는 너무나 의미 있는 시간을 보내고 있었다.

❋ 경기 시작 전 스타디움 안에는 언제나 솟구치는 흥분과 숨죽이는 긴장감으로 가득 찬다.

경기가 끝나면 우리나라 불꽃축제를 연상시키는 인파들과 마주치게 된다. 경기장을 빠져나와 지하철 역 부근에 다다르면 경찰들이 임시 차단막으로 지하철을 이용할 사람과 도보 또는 버스를 이용할 사람의 길을 나눠놓는다. 가야 할 곳이 어느 쪽인지를 미리 생각하고 있다가 그 줄로 들어서야 하는 것이다. 아니면 역으로 한참을 되돌아와야 하거나 걸어서 한 정거장을 가야 하는 일이 발생한다. 하지만 무엇보다도 경기장을 갈 때마다 나를 매번 놀라게 하는 건 그 많은 사람들이 순식간에 없어진다는 점이다. 경기 전후에 이용할 수 있는 교통수단을 다양하고 빈번하게 운행하는 시스템이 이미 정착되어 있는 것이다. 그래서 경기장 주변은 경기가 끝나고 얼마 지나지 않아 언제 경기가 있었냐는 듯 꽤나 한산한 모습이 된다.

이따금씩 떨어져 내렸던 비가 완전히 그쳤다. 안타까운 패배를 맛볼뻔했던 팬들의 얼굴은 그리 나빠 보이지 않았다. 오히려 추가 시간 이후 6분 동안 헐시티를 몰아붙였던 탓인지 다음 경기에 대한 기대가 느껴지는 분위기였다. 경기장을 나서는 순간까지도 경기 종료 직전에 터진 골장면이 여전히 사진처럼 내 머릿속에 남아있었다. 그리고 다음 일정인 뮤지컬 극장으로 가는 지하철 안에서 90분 동안의 희로애락을 경험했던 아스널 팬들의 얼굴을 떠올려보았다. 즐길거리라는 공통분모 외에 비슷한 모습이라고는 찾아보기 어렵다고 생각해왔던 극장과 축구장이지만 솔직한 인간의 본성을 엿볼 수 있는 곳이며, 타고난 인간의 본능을 충족시켜주는 곳이라는 점에서 각각의 매력은 서로 닮아있다는 생각이 들었다. 마치 남자와 여자가 양극의 성향을 갖고 있는 존재이자 함께 어울려 닮아가는 존재이듯 말이다.

Emirates Stadium
아스날 FC(Arsenal FC)

⚽ **주소** : 45 Hornsey Road, London N7 7DD

⚽ **가는 방법** : Piccadilly Line 아스널(Arsenal) 역 또는 홀로웨이 로드(Holloway Road) 역에서 도보 3분

⚽ **티켓 가격** : 카테고리 A – £65.5~£97
카테고리 B – £37.5~£56.5
카테고리 C – £27~£39.5
(비회원가 기준)

⚽ **구장 투어** : 셀프오디오 가이드 투어

관람 가격 – 성인 ₤20(사전 예매 시 ₤18)
박물관만 관람 시 ₤8

관람 시간 – 운영 시간 내 언제든지 입장 가능, 2시간 추천(박물관 관람 포함)

운영 시간(홈경기 당일 제외) –
월~토 : 09:30 ~ 18:00(마지막 입장 17:00)
일 : 10:00 ~ 16:00(마지막 입장 15:00)

박 물 관 – 월~토 : 10:30 ~ 18:30(마지막 입장 18:15)
일 : 10:30 ~ 16:30(마지막 입장 16:15)
경기 당일 : 10:30 ~ 경기 시작 1시간 전까지

⚽ **홈페이지** : http://www.arsenal.com

적과의 동행

앞서 잠깐 언급했던 것처럼 EPL의 티켓은 비싼 가격뿐만 아니라 현지인들에게조차 구하기 위한 경쟁이 치열하기로 유명하다. 그러니 관광객의 입장에서는 오로지 혼자의 힘으로 티켓을 구하기란 너무나 어려운 일이다. 그래서 한편으로는 '그들만의 축제'라는 수식어가 잘 어울리는 것 같기도 하다. 그렇다면 일반인이 EPL 티켓을 얻기란 정말 얼마나 어려운걸까?

런던을 연고지로 하는 명문팀 아스널 FC의 경우 시즌권 등급인 플레티늄-골드-실버 레벨 순으로 티켓 판매가 이루어지고, 그 이후 남은 티켓이 있다면 일반 유료 멤버십 소지자인 레드 레벨이 티켓을 구매할 수 있다. 보통 어느 정도 인기 있는 경기의 경우는 레드까지 내려오기도 전에 티켓이 매진되는 경우가 많고, 설사 어느 정도 자금적인 여유가 있는 사람이라 하더라도 실버 이상의 회원 등급은 레드를 10~20년 유지해야 순번이 돌아오기 때문에 사전에 예매를 하고 싶다면 레드 멤버십(Full Package-£39, 2014/15 시즌 기준)을 가입해서 티켓이 남기만을 기다리는 수밖에 없는 것이다. 이 말은 곧, 일생에 영국이라는 나라를 두 번 다시 못 올지도 모르는 사람이 기껏 유료 멤버십에 가입해서 티켓을 구입하려고 해도, 막상 경기의 인기가 높아 상위 회원들이 모두 티켓을 쓸어간다면 이 모든 게 허무한 짓이 된다는 뜻이다.(물론 Ticket Exchange라는 제도가 있어 불가능한 일은 아니지만)

런던 여행을 계획하던 어느 날, EPL 티켓 구매를 고민하던 나는 이러한 이유로 회원에 가입하는 것을 포기하고 암표라는 어둠의 거래를 이용하기로 마음 먹었다. 보통 여행을 가기 전에 웬만한 예약이나 예매를 하고 가는 편이었지만 이때만큼은 아무 계획 없이 그 아슬아슬한 뒷거래를 경험해 보기로 한 것이다. EPL 경기를 관람하는 게 처음은 아니었기에 가격이 너무 비싸 암표상들과의 협상이 결렬(?)되면 굳이 안 봐도 된다는 생각으로 말이다. 마침 런던에 머무는 일주일 내 주말 동안 아스널, 첼시 홈경기가 나란히 열릴 예정이었다. 오래 전부터 암표상의 존재와 암표 가격이 어떻게 달라지는지 굉장히 궁금했던 나에게는 더없이 좋은 기회였다. 하지만 이런 새로운 경험에 들뜬 기분과 함께 약간의 떨리는 마음도 있었다. 영국에서 암표 거래를 하다가 걸리면, 파는 사람뿐만 아니라 사는 사람도 같이 처벌받게 되어 있기 때문이다. 물론 그래도 버젓이 암표상들이 횡행하는 걸 보면 경찰들도 웬만큼은 알면서도 모르는 척하는 것 같지만, 암표를 팔다가 잡히는 걸 본적이 있던 나로서는 그저 재미로만 여길 수는 없는 일이었다.

아스널의 경기가 열리던 날. 나는 다른 때보다 서둘러 경기장으로 향했다. 아직 경기가 시작되려면 1시간이 넘게 남았는데도 경기장 주변에는 벌써부터 많은 사람들이 모여들기 시작했다. EPL 경기장을 처음 찾는 초보 관광객은 아니었지만 나도 그동안 미처 발견하지 못했던 또 다른 장면들을 담아내기 위해 사진 찍기에 여념이 없었다.

경기장 앞에 도달했을 때쯤. 길 건너 'ARSENAL'이라는 글자와 함께 박스오피스 주변에 2인 1조로 서성이는 경찰들이 눈에 띄었다. 경찰복 위에 형광색 겉옷을 입고 있어 멀리서도 알아볼 수 있을 정도로 눈에 띄었다. 막상 경기장에 도착하니 다들 어디로 들어갔는지 사람들이 그다지 많아 보이지 않아, 아직은 뒷거래를 하기에 무리인 시간인 것 같아 지나다니는 사람들이 조금 더 많아지기를 기다렸다. 현재 아스널은 멤버십 카드가 티켓을 대신하고 있어 종이로 된 티켓은 거의 없어진 탓에 예전에 비해 암표상들이 눈에 띄게 줄어들기는 했지만 여전히 'Tickets!'를 염불하듯 중얼거리며 경기장 주변을 어슬렁거리는 이들을 어렵지 않게 발견할 수 있었다. 역시 사람은 자기가 보고 싶은 것만 본다는 말처럼 암표를 사려는 목적을 가지고 오니 그들의 일거수일투족이 너무나 잘 보였다.

경기 시작 45분전. 이제 서서히 작전을 개시하기 시작했다. 암표상들이 많아 보였던 방향으로 걸어가는데 마주 걸어오던 사람이 내 눈을 바라보며 'Tickets'를 속삭였다. 나는 그의 눈을 피하지 않고 고개를 끄덕였고 곧바로 우리의 대화가 시작되었다. "티켓 필요해요?"라는 물음에 나는 "네"라는 짧은 대답을 건넸고 무슨 이유였는지 그는 잠시 나를 위아래로 훑어보았다. 그리고는

"당신 혹시 경찰이에요?"

"네? 아니요. 난 그냥 관광객이에요. 티켓을 구하고 싶은 건데요."

그제서야 그는 안심했는지 경계를 풀고 본색(?)을 드러냈다.

❋ 여느 때와 다름없는 에미레이츠 스타디움과 주변 풍경

"얼마 있어요?"

나는 지갑에 든 돈을 보여주며 "70파운드 있는데요."라고 했고 갑자기 그의 낯빛은 어두워졌다. 사실 나는 다른 지갑에 돈을 더 가지고 있었고 협상 중에 필요하다면 더 올릴 생각을 하고 있었다. 그는 잠시 고민하더니 어딘가

로 전화를 걸었고 통화 후에

"좋아요. 티켓을 제 친구가 갖고 있어서 잠시 저쪽에서 기다리시면 제가 다시 올게요."

생각보다 쉽게 비교적 싼 가격에 티켓을 얻은 것 같아 들뜬 기분으로 기다렸다. 그리고는 20분 정도 지났을까. 그와 그의 친구인 것 같은 사람이 나타났고 둘은 잠시 서로 몇 마디를 나누었다. 나는 더 이상 기다릴 수 없어 그에게 다가가 물었다.

"이제 경기 시작이 얼마 안 남았는데 티켓은 언제 가능한 건가요?"

"정말 미안해요. 내 친구가 다른 사람이 100파운드 준다고 해서 팔아버렸다네요. 미안해요."

나는 너무 어이가 없었다. 하지만 합법적인 거래도 아닌데 내가 뭐라 할 수도 없는 일이었다. 조금은 언짢은 기분으로 돌아서려는데 그가 나를 보며 말했다.

"너무 미안하네요. 대신 내가 남은 시간 동안 표 구할 수 있게 도와 줄게요. 내가 아는 암표상들도 많아서 구할 수 있을지 몰라요."

참 의아한 일이었다. 암표상이 자기 표를 다른 곳에 팔았다고 다른 표를 구할 수 있게 도와준다는 건 내 머릿속에서는 떠오르지 않는 장면이기 때문이다. 그 후로 경기 시작 전까지 그는 경기장 주변에 모든 인맥을 동원해 나를 도와주었지만 티켓은 구할 수 없었고 나는 그와 작별 인사를 하며 발길을 돌렸다.

"그냥 갈게요. 그래도 도와줘서 고맙습니다."

"노력해 봤는데 어렵네요. 오늘 너무 미안하네요."

그와 헤어지고 돌아오며 비록 경기는 보지 못했지만 왠지 모르게 기분이 나쁘지는 않았다. 불법과 뒷거래라는 부정적인 단어 때문에 티켓을 파는 사람들마저도 선입견을 통해 보고 있었던 건 아닐까 하는 생각이 들었다. 물론 내가 만났던 이 한 사람만으로 런던에 있는 모든 암표상들이 양심적이라고 말하기는 어렵지만 최소한 불쾌할 뻔했던 만남이 따뜻함으로 끝났다는 건 분명했다.

🏵 첼시의 홈경기가 열리는 날이면 언제나 붐비는 지하철. 게다가 길거리는 교통이 통제된다.

　　그리고 다음 날. 나는 이 흐뭇한 마음으로 첼시 홈구장을 찾았다. 주말 동안 런던에서 열리는 주요 두 경기(아스널, 첼시) 중, 그래도 한 경기는 봐야겠다는 생각으로 오늘만은 어둠의 거래를 잘 해보리라 마음먹었다. 스탬포드 브리지가 위치한 풀럼 브로드웨이(Fulham Broadway) 역에 내리자마자 온몸을 파란색으로 감싼 수많은 인파가 길거리를 가득 메우고 있었다. 이 붐비고 흥분되는 분위기를 느껴보기도 전에 어떤 남자가 다가왔다. 이렇게 빨리 만나게 될 줄이야… 나중에 눈치챈 사실이지만 첼시 구장에서 만났던 암표상들은 아스널 구장에서 만났던 이들보다 훨씬 더 적극적이었다. 아스널에서는 잘 들리지도 않는 목소리로 은근슬쩍 다가왔지만 첼시에서는 직접 실물 티켓을 보여주며 당당하게 가격을 제시했다. 그동안 축구장을 찾을 때는 항상 예매를 해서 오곤 했기 때문에 현장에서 티켓을 팔기 위한 세상이 경기장에 따라 이렇게 다른 분위기였는지 느끼지 못했다. 그는 자기가 가지고 있는 티켓의 좌석과 가격을 보여주며 나에게 말을 걸었다.

"여기 진짜 좋은 좌석이에요. West Stand 쪽에서도 제일 잘 보이는 좌석이구요. 180파운드에 드릴게요."

나는 내가 잘못 들었다고 생각했다. 내가 너무 비싸다고 하니 그는 150, 130파운드까지 주겠다고 했다. 그래도 비싸다는 생각에

"그래도 너무 비싸네요. 좀더 깎아줄 수는 없나요?"

"더 이상은 안돼요. 저쪽에 현금 인출기가 있으니 사고 싶으면 갔다 오세요. 난 여기서 기다리고 있을 테니… 사시겠어요?"

"아니요. 괜찮아요."

이곳에 도착해 처음 만난 사람이 부른 가격이라 믿을 수가 없었고 아스널 경기의 암표 가격보다 훨씬 높다는 생각에 조금 돌아보기로 했다. 경기장으로 향하는 길에 거리 곳곳에 깔려있는 경찰들과 간간이 보이는 기마 경찰들을 피해 몇 명의 암표상들을 더 만날 수 있었다. 하지만 그들이 가지고 있던 티켓 가격도 별다를 게 없었고 오히려 더 높은 가격을 호가하고 있었다. 게다가 그들은 하나같이 130파운드 이하로는 살기 힘들 거라고 확신하고 있었다. 나는 잠시 생각에 잠겼다. 분명히 경기 시작 시간이 가까워질수록 가격은 떨어질 게 뻔하기 때문이다.

나는 고민에 빠졌다. 오늘 경기는 꼭 봐야 했고 암표 가격은 생각보다 너무 비쌌다. 비싸다는 생각이 머릿속에서 떠나질 않았지만 시간이 지나면 어제처럼 남아있는 티켓이 없을지도 모를 일이니 처음에 만났던 그 사람에게 티켓을 사기로 마음 먹었다. 대신 110파운드를 들고 가격을 좀더 흥정해 보겠다는 생각으로 그 암표상을 찾아갔다. 하지만 아무리 찾아도 그 사람은 보이지 않았고 이리저리 헤매던 중에 새로운 암표상이 표를 팔기 위해 다가왔다. 나는 곧바로 110파운드를 제시했다. 그는 나를 어디론가 데려갔고 가는 도중 우연히도 처음 만났던 그 사람을 다시 만나게 되었다.

"어이, 내 친구! 어디 갔었어? 나한테 표 사기로 했잖아. 지금 어디 가는 거야?"

"당신 찾고 있었는데 없더라구. 나 너한테 티켓을 사고 싶은데 110파운드 이상은 없어. 좀더 깎아줘."

"음… 그래. 알았어. 표 여기 있어. 저기 경찰 보이지? 걸리면 이거 전부 날아가니까 빨리 집어넣고 돈 줘."

나는 가끔 가짜 티켓을 팔기도 한다는 사실을 알고 있어서 재빨리 제대로 된 티켓인지만 확인하고 돈을 건넸다. 결코 싸지 않은 금액이었지만 경기장에 빨리 들어가 경기 전 분위기를 충분히 느껴보고 싶어 그 돈이 아깝다는 생각은 더 이상 하지 않았다. 편안한 마음으로 경기장 앞에 도착해 좌석을 확인하는 도중 뭔가 잘못됐다는 걸 알게 되었다. 내가 갖고 있는 티켓은 암표상이 처음 보여줬던 티켓이 아니라 그보다 훨씬 더 싼 Matthew Harding Lower에 있는 좌석이었다. 순간, 당했다는 걸 알 수 있었다. 너무 어이가 없어 화가 나기보다 실소가 터져 나왔다.

이틀 동안의 짧은 시간이었지만 결코 평범하지만은 않았던 일이었다. 경찰들을 피해 여러 암표상들을 만나봤던 두근거리고 아슬아슬했던 순간들, 그리고 내가 영국에서 처음 경험했던 어설픈 사기 사건은 나를 좀더 풍성하게 만든 추억으로 남아 있다. 내 인생의 짧은 페이지에 불과한 일이지만 아마도 내 기억 속에서 쉽게 잊혀지지는 않을 것 같다.

축구 경기가 펼쳐지는 단 2시간 때문에 나와 같은 많은 이들은 많은 시간과 에너지를 쏟아 부으며 즐기기도 하고 돈을 벌기도 한다. 그리고 이들은 경기가 열리는 날이면 언제나 경기장 주변을 어슬렁거린다.

SCENE 05 영국인들의 일상이 되어버린 축구!

아스널(Arsenal)의 경기가 있던 어느 날이었다. 지하철 안에서부터 아스널의 홈구장인 Emirates Stadium이 위치한 아스널 역(Arsenal Tube Station)이 가까워질수록 어김없이 전통적인 아스널의 색깔인 빨간색과 흰색이 섞여있는 유니폼을 입은 사람들이 어른 아이 할 것 없이 서서히 많아진다.

"아빠. 산체스 너무 멋지고 좋아요~!"

"그래 정말 잘하지. 산체스가 아스널에 와서 더 잘하는 것 같더라."

어느 아빠와 초등학생 정도로 보이는 아들의 대화를 들으며 이들에게 축구 경기를 관람하는 것은 우리나라에서 집 앞 놀이터를 가거나 주말이면 가족, 연인, 친구들과 영화관을 찾는 것처럼 일상에 자리 잡혀 있는 일임을 느낄 수 있었다. 오랜 시간 동안 축구라는 존재가 조금씩 일부 사람들뿐만이 아닌 일반 대중들에게까지 매력적으로 다가와 더 이상 단순한 스포츠가 아니게 된 것이다.

남녀노소 할 것 없이, 평범한 사람이라면 거의 모두라고 해도 될 정도로 많은 사람들이 자신의 영혼과도 같은 팀을 응원한다. 가족 구성원들이 전부 같은 팀을 응원하지 않을 수도 있지만 그렇다고 서로 사이가 좋지 않은 것도 아니다. 서로를 인정하며 서포터즈끼리의 라이벌 관계가 자연스럽게 만들어진다. 축구는 공통된 관심사가 되어 가족 안에서 소통의 창구가 되는 것이다. 올드 트래포드 경기장 근처에 작은 펍에서 우연히 만난 어느 중년 남성에게 '당신에게 축구 클럽은 어떤 의미냐'고 묻자 그는 이렇게 말한다.

"몇 년 전까지 축구는 나에게 그렇게 대단한 존재가 아니라고 생각했었어요. 그저 내가 즐기기 위해 찾는 취미였고 나의 일상이었죠. 그런데 가만히 생각해보니 나에게 굉장히 중요한 것이었다는 걸 알게 되었어요. 내 삶에서 축구를 빼놓으니 거의 떠오르는 게 없더라구요. 그럴 일은 없겠지만 만약 축구가 세상에서 사라진다면 인생을 어떻게 살아갈지 상상이 안되네요."

✤ EPL 서포터즈들은 하프타임에 맥주 한잔과 함께 타 경기장의 스코어를 실시간으로 확인한다.

스포츠와 가까운 즐길거리 중에는 술이라는 만인의 친구를 언급하자 않을 수 없다. 과거 과도한 알코올 섭취로 인해 여러 사건사고가 발생했던 탓에 좀더 신사적인 관전 문화를 만들기 위해 EPL에서는 경기장 내 주류 반입이 금지되어 있다.(경기장 매점에서는 구입 가능) 하지만 펍(Pub)문화가 발달한 영국에서는 이미 오래 전부터 펍이 축구와 떼려야 뗄 수 없는 제 2의 축구 경기장으로 인식되어 왔다. 경기 티켓을 구하지 못해 들른 사람도, 알코올 없이는 축구를 보지 못하는 사람도, 길을 지나다 가볍게 맥주 한잔 즐기러 온 사람도 축구 경기가 열리는 시간만큼은 펍 안에서 그 지역의 서포터즈가 된다. 한 가지 조심해야 할 점이라면 팬들의 심기가 예민해져 있는 리버풀 펍에서 노스웨스트 더비(Northwest Derby)를 보는 중에 맨유를 응원하면 어떤 사태가 벌어질지 장담할 수 없다는 것이다. 아마도 주변 눈치를 조금이라도 살피는 사람이라면 과다한 열기를 발산하는 사람들의 따가운 시선에 조심할 수밖에 없을 것이다.

모든 프리미어리그 경기가 있는 날은 지하철과 버스를 내릴 때부터 그 분위기를 실감하게 된다. 온 세상이 빨강, 파랑, 때로는 하얀색으로 바뀐 것같이 몸에 입고, 머리에 쓰고, 목에 두른다. 그렇게 경기장으로 가는 길에는 한쪽에서는 먹거리를 팔고, 또 한쪽에서는 홈팀 위주의 유니폼을 파는 노점상들도 있다. 물론 경기장을 통제하기 위한 경찰들과 주변을 어슬렁거리다 보면 말로만 듣던 암표상들도 어렵지 않게 만날 수 있고, 뜨거운 경기장의 분위기를 생생하게 전하는 TV 리포팅 모습도 간혹 보게 된다. 들떠있는 분위기에 덩달아 리포터의 목소리도 높아진다. 자녀들의 손을 잡고 걸음을 재촉하는 가족의 모습은 우리나라 놀이 공원에서 본 모습같이 즐겁고 편안해 보인다. 경기가 펼쳐지는 날은 언제나 모두 가식 없이 즐길 수 있는 축제가 된다. 최소한 일주일에 한 번은 축제를 즐기는 셈인 것이다. 영국인들에게는 이미 일상이 된 이 분위기가 그다지 특별하지 않을지 모르지만 나에게는 역시나 또 하나의 부러움의 대상이다.

　영민한 마케팅으로 EPL이 세계 최대 규모의 축구 리그로 자리잡게 되었지만 사실 과거 영국에서는 축구가 노동자 계급을 대변하는 스포츠로 인식되곤 했다. 요즘 같은 시대에 말도 안 되는 소리라고 할지 모르지만, 실제로 전 세계인이 열광하고 눈 깜빡할 사이에 수조원이 오가는 시장을 가진 축구는 영국 상류층들에게 예의 없고 격렬할 뿐 아니라 야만적인 스포츠라는 말까지 들었다. 전 영국 총리였던 마거릿 대처(Margaret Thatcher) 또한 축구를 영국의 품격을 떨어뜨리는 없애야 할 스포츠로 여겼다. 축구팬들의 강한 저항에 부딪혀 확실한 명분을 찾지 못하고 있던 중, 1989년 끔찍했던 힐스보로 참사(Hillsborough disaster, 무질서한 경기장에서 한꺼번에 많은 사람들이 몰려 96명이 압사한 사건)가 발생하면서 축구의 수난시대가 시작되었다. 하지만 다행히도 변함없이 뜨거운 축구 열기는 아무도 거스를 수 없었다. 이러한 감정의 골 때문에 2013년 대처 전 총리가 세상을 떠났을 때, 축구 팬들을 비롯해 관계자들 심지어 선수들까지도 관례로 굳어져 온 고인에 대한 묵념을 하지 않았다고 한다.

　‘Fuck’과 ‘Shit’가 난무하는 곳. 고의로 시간을 끄는 행위나 예상치 못하게 파고드는 거친 태클에 가차 없이 욕설과 야유를 퍼붓는 무시무시한 곳이 바로 EPL이다. 그간 영국이라는 나라를 드나들며 내 스스로에게 '과연 무엇이 이들을 이토록 축구에 빠지게 만들었을까'라는 물음을 여러 번 던져 보았지만 아직 명확한 답은 찾지 못했다. '마누라는 바꿔도 응원하는 축구팀은 안 바꾼다'라는 말처럼 영국인에게 있어 축구 클럽은 단순한 스포츠 팀에 그치지 않는다. 얼마 전 영국의 어느 축구팬이 40년간 자신이 응원하는 팀의 경기를 한 번도 빼놓지 않고 봤다는 기사를 본적이 있다. 그렇게 오랜 시간 동안 한 번도 관람을 거르지 않은 열정이라면 본인 직업뿐 아니라 사생활에도 큰 영향이 있었을 텐데 정말 대단하다. 그에게 축구는 어떤 의미일까? 자기 돈을 지불하고 자신의 의지대로 티켓을 구입할 수 있게 된 이후로 평생을 그렇게 살아왔다면 아마도 '축구=나'라는 공식이 자신도 모르게 체득되었을지도 모른다. 자신의 생계보다 축구가 우선인 삶을 살았으니 말이다. 나도 나름 EPL을 좋아하는 사람이라고 자부해 왔지만 이 사람 앞에선 저절로 겸손해질 수밖에 없을 것 같다. 제 아무리 많은 자료를 공부하고 분석해 온 EPL 해설자라 하더라도, 최소한 이 사람이 응원해 온 팀과 경기장 그리고 그 분위기만큼은 더 잘 안다고 확신할 수 없을 것 같다.

그동안 축구장에서 수없이 마주쳤던 따뜻한 친구 같은 아빠와 아들의 모습에서 부러움과 대단함이 동시에 느껴진다. 더불어 지금 EPL의 명성과 규모는 절대 하루아침에 얻어진 결과물이 아니라는 생각도 들었다. 이미 정해진 운명처럼 축구를 좋아할 수밖에 없는 환경으로 인해 저절로 삶의 일부분이 되어버린 부자간의 의미 있는 시간은, 서로의 소중함을 알게 해주는 더없이 좋은 기회가 되는 것이다. 마치 쌍둥이처럼 똑같은 유니폼을 입고, 그래서 더 똑같아 보이는 아빠와 아들은 서로 장난을 치며 축구에 관한 이야기를 자연스럽게 꺼내놓는다. 누가 맞고 틀린 지는 아무도 모른다. 그리고 전혀 중요하지도 않다. 단지 또 하나의 행복한 주말을, 또 하나의 소중한 추억을 쌓을 뿐이다. 그들은 축구 하나로 소통을 하며 같은 미소를 짓고 같은 주름을 만들어 갈 것이다. 또 그 모습이 문화가 되어 다음 세대에도 이어질 것이다. 그들의 모습에서 미래의 내 모습을 그려 본다. 우리에겐 익숙지 않은 모습들이 인생에 있어 더 소중한 것을 향한 나의 욕심을 자극한다. 그리고 꼭 그 그림을 완성하고 싶다.

후반전

이것이 축구의 힘이다

여름을 앞둔 서울 종로의 광화문. 사람인지 바닥인지 구분하기조차 힘들 정도로 붉은 불결이 가득 들어찬 거리에는 찻길을 막고 서있는 사람들이 지구를 날려버릴 듯한 응원과 함성소리로 하나가 되어가고 있었다. 잔뜩 긴장된 분위기 속에 스크린을 뚫어버릴 것만 같은 기세가 느껴진다. 그러다 골이라도 들어가는 날에는 너나 할 것 없이 일면식도 없는 옆 사람과 서로 끌어안고 날아갈 듯한 기쁨을 만끽한다. 그리고 공중에는 수많은 꽃가루와 각종 응원 도구들이 날아다닌다.

2002년 한일 월드컵 당시 서울의 모습이다. 나는 아직도 그때의 기억을 어제 일처럼 생생히 기억한다. 그리고 4강이라는 신화를 만들어냈을 때의 두근거림을 잊지 못한다. 이때만큼 우리나라 전체가 하나되어 마음을 모았던 적이 또 있었을까? 또 앞으로도 일어날 수 있을까? 아마도 여러 가지 유행과 신조어를 만들어냈던 그 시절을 재현하기는 쉽지 않아 보인다. 붉은 악마, 월드컵 패션, 응원가(오! 필승코리아) 등등… 억수 같은 비를 보면 생각나는 지나간 사랑처럼 2002년은 우리에겐 그 무엇과도 바꿀 수 없는 짜릿한 추억이다. 당시 나는 자유롭지 못한 영혼이었지만 축구를 좋아하는 많은 사람들 덕분에 일부 부대시설이 부서지는 걸 목격할 수 있을 정도였으니 말이다. 총을 제외하고 손에 집히는 모든 물건들이 날아다녔던 것 같다.

역시 군대와 축구 얘기를 함께하는 것은 썩 유쾌하지 못하니 각설하고, 축구는 이렇게 보이지 않는 힘을 만들어낸다. 평소에 조용하던 사람도 소리를 지르게 만들고 말주변이 없는 사람에게 사회성을 길러주기도 한다. 사실, 프리미어리그 관중들도 우리와 별반 다를 게 없다. 굳이 다른 점을 꼽자면 축구장에서 변신한 모습이 일상 생활과 아주 많이 다르다는 점 정도? 나는 그 열기와 재미있는 이중성(?)을 쫓아 또다시 영국 땅을 밟기로 했다. 이번엔 월드컵 신화의 중심에 있었던 바로 그 사람, 박지성 선수(지금은 은퇴한 선수지만)가 7년이라는 긴 시간 동안 몸담았던 맨체스터(Manchester)로 향했다. 당시 워낙 인기가 좋은 팀인지라 빅매치까지 예매하지는 못했지만 그와 함께 같은 곳에서 같은 땅을 밟을 수 있다는 것만으로도 내 심장은 두근 거렸다. 벌써 3년이 넘는 시간이 흘렀지만 그때의 두근거림을 생각하면 아직 도 생동감 넘치는 경기장에 서있는 내 모습이 떠오른다.

부푼 마음을 안고 런던에서 출발하는 고속열차에 몸을 실었다. 뒤늦게 프 리미어리그의 매력에 빠져 있던 나로서는 축구를 보기 위해 떠나는 여행이란 색다른 설렘을 안고 있었다. 덜컹거리는 선로 위를 힘차게 달리는 기차 안에 는 조용한 적정이 흘렀다. 조용한 칸에 자리를 잡은 탓도 있지만 유난히 사 람이 별로 없어 기차 전체를 빌린 듯한 편안한 마음으로 여행을 즐겼다. 그 리고는 약 2시간을 달려 맨체스터 피카딜리(Manchester Piccadilly) 역에 도착했다. 언제나처럼 또다시 어색한 만남으로 시작하는 새로운 도시지만, 화창한 날씨와 시원한 공기만큼은 나를 반기는 듯 했다. 좁디 좁은 길이 대 부분인 런던에서는 볼 수 없었던 신식 트램(현재 맨유와 맨시티 경기장 모두 갈 수 있다)이, 거리 곳곳에 보이는 관련 잡지들이, 그리고 축구와는 떼려야 뗄 수 없는 펍들이 이 도시야말로 진정한 축구의 성지임을 실감케 했다. 그 도 그럴 것이 런던을 제외한 다른 지역에서는 1부 리그에 속한 축구 클럽이 하나 있을까 말까 한데 맨체스터에는 세계 최고 가치의 스포츠 구단 맨체스 터 유나이티드(Manchester United)와 세계적 부호 구단주 만수르가 인수 한 맨체스터 시티(Manchester City)가 떡 하니 들어앉아 있으니 이 도시 사 람들의 축구에 대한 애정과 자존심은 굳이 말로 설명할 필요가 없을 것이다. 어쩌면 축구만 생각하면 안 먹어도 배부르지 않을까 싶다. 맨체스터를 찾는 사람들 역시 순수한 여행을 목적으로 이곳을 찾기 보다는 축구 관람을 위해 잠시 들렀다가 덩달아 잠시 주변을 돌아보는 것이 일반적인 패턴이다. 한마 디로 공중에 공기마저, 거리에 건물마저 축구 냄새가 물씬 풍기는 곳이었다.
서둘러 숙소에 짐을 맡기고 먼저 맨체스터 중심에서 가까운 맨시티 전용 구장 에티하드 스타디움(Etihad Stadium)으로 향했다. 지금은 트램이 경 기장 바로 앞까지 연결되어 있지만 내가 갔던 때는 아직 만수르의 손길이 덜 미쳤던 시기여서 약간의 번거로움을 감수해야 경기장에 도착할 수 있었다. 최근에는 서울 상암월드컵 경기장처럼 우리나라에도 규모와 시설면에서 밀 리지 않는 경기장들이 많아졌지만, 프리미어리그의 세계적인 구단이라는 아 우라 때문인지 에티하드 스타디움은 유난히 번쩍거리는 자체발광 자태를 뽐내고 있었다. 'ETIHAD STADIUM'이라는 간판이 보이는 정면을 한참 바라 보다 천천히 구장 주변을 둘러보기 시작했다. 평일인데다 구장 투어가 있었 던 시간도 아니어서였는지 지나다니는 사람들의 모습이 별로 보이지 않았다. 조용한 거리와는 다르게 맑은 하늘 아래 늠름하게 자리잡은 모습은 내 마음 을 흔들어 놓았다. 마음 같아선 주변 상점들과 거리 곳곳에 묻어있는 축구의 흔적들을 감상하며 투어 시간까지 기다리고 싶었지만 미리 맨유의 올드 트래 포드(Old Trafford) 구장 투어를 예약해 놓았던 지라 언제 다시 돌아올지 모 를 그날을 기약하며 발길을 돌렸다.

시간에 맞춰오느라 허겁지겁 찾아온 올드 트래포드 구장 앞. 역시 전세 계인의 관심을 받고 있는 팀답게 투어를 기다리는 사람들도 꽤 많아 보였다. 프리미어리그 모든 팀의 투어를 참가해 본 건 아니지만 들리는 얘기를 참고 하자면 모인 사람의 수는 상당히 많은 편이었고, 다소 기계적인 느낌이었지 만 30분 간격으로 진행되는 프로그램도 꽤 짜임새 있는 시스템을 갖추고 있 었다. 박지성 선수 때문이었는지 몇몇 한국 사람들도 눈에 띄었고 그 외 아 시아 인들도 적잖이 찾아 오는 것 같았다. 투어 중에 경험했던 모든 것에는 자랑스러운 그의 흔적이 남아있었다. 경기장 곳곳에 자리잡고 있는 그의 사 진들, 드레스 룸에 걸려있는 유니폼, 그리고 역대 맨유 선수 명단에까지… 상상만 해왔던 모습들에서 감격스러운 짜릿함이 느껴졌다.

7만여 석을 보유한 구장답게 에티하드 스타디움과는 다른 웅장함이 묻어 나는 올드 트래포드. 빨간색으로 뒤덮인 관중석과 빈틈없이 관리되고 있는 녹색 잔디가 묘한 색감의 어울림을 만들어내고 있었다. 이렇게 큰 경기장에 아무도 없는 장관은 나를 더욱 들뜨게 만들었다.

경기장 한 켠에는 1958년에 있었던 뮌헨 비행기 참사를 추모하기 위해 멈춰있는 시계와 전시물이 있었다. 당시 맨유 선수들과 기자들이 타고 있던 비행기가 독일 뮌헨(당시 서독)에서 이륙에 실패하면서 23명이 숨을 거둔 참 극이다. 이 사건으로 보물과도 같은 선수들을 잃은 맨유는 언제나 그들을 잊 지 않고 있었다. 이토록 축구에 울고 웃는 사람들에게 이 사건은 얼마나 큰 충격이었을까? 아마도 나에게는 상상조차 할 수 없는 일이며 생각하고 싶지 도 않은 일이다. 넓은 구장만큼이나 쓸쓸함이 감도는 분위기였다.

경기 시작 전 선수들이 입장하는 통로로 실제로 선수 입장 하듯 들어와 붉은색 벤치에 앉아보았다. 말끔한 백발에 귀여운 입모양으로 껌을 씹으며 팔짱을 끼고 있는 퍼거슨 감독이 떠올랐다. 맨유 같은 명문 구단의 감독과는 왠지 어울리지 않는 그의 선한 외모가 이상하게도 내 머릿속에 각인되어 있었다. 그는 항상 이 자리에 앉아 맨유의 전설을 만들어 냈으리라. 그는 은퇴 직전에 신의 한 수라고 평가 받았던 판 페르시(Robin van Persie)를 영입해 프리미어리그 우승을 확정하며 화려한 작별과 함께 지휘봉을 넘겼지만, 그의 은퇴 후 최근에는 디마리아(Angel Di Maria) 같은 재능 있는 선수들의 영입에도 예전만큼 명성에 걸맞는 힘있는 공격력을 보여주지 못하고 있다. 그래도 왠지 맨유만큼은 절대 추락하지 않을 것 같은 단단함이 느껴진다. 어쨌든 여전히 EPL 중심에 서있는 구단임에 틀림없다.

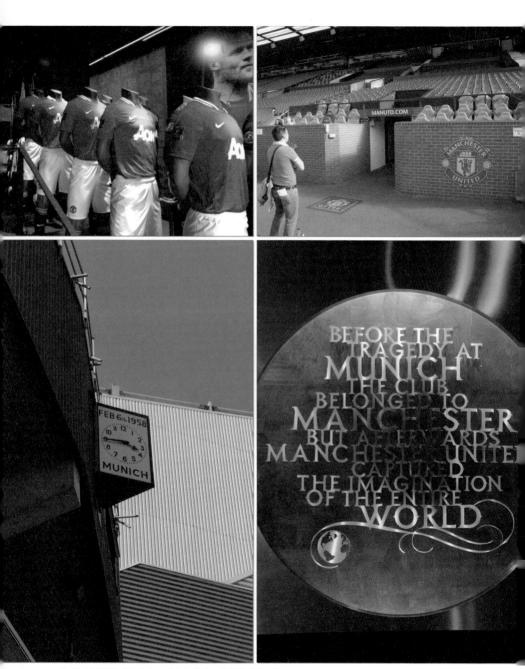

※ 뭔가 특별한 이야기가 느껴졌던 맨체스터 유나이티드의 Old Trafford. – Cho Soo Yeon

시간은 흘러 이제 그토록 원했던 박지성 선수의 경기 모습을 담으러 출발한다. EPL에서 가장 큰 축구장이라는 올드 트래포드 앞. 조금씩 몰려드는 사람들 때문이었는지 구장 투어 때와는 다른 두근거림이 시작됐다. 빨간색 'MANCHESTER UNITED' 간판이 돋보이는 정면에는 깨끗하게 관리된 유리들과 깔끔하게 마감된 건물이 밝은 햇빛에 비쳐 인상적인 모습을 연출했다. 그리고 내 시선을 사로잡았던 또 한 장면. 바로 부임 25주년을 기념하는 알렉스 퍼거슨(Alex Ferguson) 감독의 과거와 현재의 모습이었다. 맨체스터 유나이티드의 전성시대를 이끌었던 퍼거슨 감독이 맨유 팬들 뿐만 아니라 영국에서 인정받는 사람임을 실감하는 순간이었다. 이름 앞에 붙는 'Sir'이라는 존칭에서 알 수 있듯이 퍼거슨 감독은 '업적'이라고 할만한 성과로 인해 엘리자베스 여왕으로부터 기사 작위를 수여 받았다.(일종의 훈장과 같은 것으로 매년 나라에 큰 일을 한 사람들을 선정하는 명예로운 일이다. 우리 말로는 알렉스 퍼거슨 경이 된다) 젊은 퍼거슨과 현재의 퍼거슨의 모습이 경기장 양쪽에 나란히 자리잡고 있어 25년(1986~2011) 동안 그가 쏟았던 열정과 세월의 흔적이 '인생'이라는 제목의 영화처럼 보여져 왠지 모를 뭉클함이 느껴졌다. 그에게 축구란 무엇일까? 자신의 젊음을 오로지 축구에 바쳤고 그

결과도 충분히 얻은 과거를 회상하는 그는 지금 어떤 느낌일까? 모르긴 해도 은퇴한 지금도 앰버서더와 출판 등으로 엄청난 수입을 벌어들이고 있는 이 중년의 아저씨는 심장의 피가 솟구치는 듯한 짜릿함을 맛봤던 그 시절을 그리워하고 있지 않을까 싶다. 그도 화려했던 시절을 잊지 못하는 평범한 남자리라 생각해 본다.

– Cho Soo Yeon

경기장 내부가 가까워질수록 조금씩 EPL만이 가진 고유의 긴장감이 감돌기 시작한다. EPL 전체를 통틀어 손에 꼽을 만한 더비(흔히 빅매치라고 불리는 라이벌 경기)가 몇 가지 있는데 이 중 하나가 맨유와 리버풀의 경기이다. 이 두 팀간의 보이지 않는 신경전은 항상 관중들을 떨리게 하는 요소이다. 19세기 후반, 영국 산업혁명의 영향으로 맨체스터 운하가 개통되면서 그간 항구도시로서의 역할을 톡톡히 하고 있던 리버풀의 역할이 대폭 축소되고, 대량의 실업자들이 발생하는 등 큰 경제적 어려움을 겪어야만 했다. 이런 악감정들이 축구에까지 영향을 미치게 되었고, 지금까지도 맨유, 리버풀 간의 '노스웨스트 더비(Northwest Derby)'가 열리는 날에는 선수들은 물론 관중들까지 한시도 긴장감을 늦출 수 없는 삼엄함이 온 경기장에 깔린다. 때문에 아직도 여자 혼자 이 더비를 관전하는 경우 현지 직원들은 최대한 안전하다고 판단되는 좌석으로 유도한다고 한다. 평소에 그렇게 점잖은 영국인들의 이미지가 갑자기 사뭇 으스스하게 다가온다.

　이날은 그리 걱정스럽지 않은 풀럼과의 경기였지만 역시나 경기장의 열기는 이곳이 영국이라는 사실을 다시 한번 말해주는 듯 했다. 점점 모여드는 관중들로 인해 이내 경기장은 빨간색에서 검은색으로 변해가고 있었고 금방이라도 경기가 시작될 분위기로 치달았다. 선수 이름이 한 명씩 불려지고 곧 주심의 휘슬로 경기가 시작됐다. 이렇게 짜릿한 흥분을 언제 느껴보았을까 싶을 정도로 올드 트래포드에는 열광적인 기운이 온 경기장에 가득했다. 웨인 루니(Wayne Rooney), 발렌시아(Antonio Valencia), 대니 웰벡(Danny Welbeck), 박지성의 절친 파트리스 에브라(Patrice Evra)까지 TV로만 동경해 왔던 선수들이 내 눈앞에 뛰고 있었다. 축구는 경기 내용과 스코어가 중요한 결과물이지만 나에게는 경기장을 누비고 있는 선수들만 보였다. 이날 한 가지 아쉬웠던 점이라면 내가 맨체스터를 오게 된 이유였던 박지성 선수의 모습을 볼 수가 없었다는 것이다. 바로 이날 경기에 출전하지 않았던 것. 축구장에서 뿜어내는 그의 움직임과 활약, 그리고 실제로 그를 향해 보내는 맨유 팬들의 함성과 박수 소리를 듣고 싶었지만, 할 수 없이 그의 모습을 잔디 위가 아닌 벤치에 앉아있는 모습으로 지켜봐야만 했다. 깊어가는 밤을 환하게 밝히는 조명 아래로 오히려 낮보다 더욱 선명한 경기장의 면면이 사진 속 이미지처럼 내 머릿속에 남고 있었다.

　나는 경기 결과와는 상관없이 그라운드에서 뛰는 박지성 선수의 모습을 못 봤다는 이유만으로 경기장을 빠져나가는 선수들의 모습을 보기 위해 밖으로 나와 치열한 인파 속에 함께 끼어있었다. 이 시간이 지나면 영국 땅에서 다시는 그를 보지 못할 거라는 생각 때문에 내 안에 존재하는 집요함을 끄집어냈던 것이다. 그곳에는 시야를 방해할 정도로 철저한 경계를 하던 관계자들 뒤로 많은 이들이 선수들의 마지막 모습을 보기 위해 줄지어 기다리고 있었다. 경기장 밖에서도 역시 선수들을 향한 맨유 팬들의 열정을 다시 한번 확인할 수 있는 모습이었다. 그리고 이내 선수들이 한 명 한 명 모습을 드러내기 시작했다. 혼자 또는 가족들과 함께 등장하는 선수들 사이로 웬일인지 박지성 선수의 모습은 보이질 않았다. 너무나도 허탈한 마음에 입구 중앙 눈에 띄는 곳에 자랑스럽게 위치해 있던 그의 사진을 멍하니 바라보았다. 다음 날 맨유 선수들이 연습을 한다는 곳까지 쫓아가 기어코 목적 달성을 해내고야 말았지만 그를 향한 오기와도 같았던 집착은 평소와는 다른 낯선 내 모습이었다.

RYAN
GIGGS

JI-SUNG
PARK

VALENCIA **25**

J.S.PARK **13**

INTERNATIONAL HONOURS BOARD

ENGLAND

ENGLAND   SCOTLAND   WALES   REP. of IRELAND

— Cho Soo Yeon

한때 영국 프리미어리그가 우리나라에서 큰 화제거리였던 시절이 있었다. 바로 2002 한일 월드컵의 신화를 만들어 낸 거스 히딩크(GuusHiddink) 감독이 낳은 스타 박지성 선수가 세계적인 명문팀 맨체스터 유나이티드에 입단한다는 기사가 나온 2005년부터였다. 그때도 한국 축구가 아시아에서 손에 꼽히는 강자의 자리를 지키고 있었지만 세계 무대에서는 우리나라 선수들의 이름조차 모를 만큼 관심 밖인 나라였다. 다행히도 월드컵 이후 우리 선수들이 해외로 영입되는 행복한 변화들이 꽤나 많이 있었지만 소속팀에서 뛰어난 활약을 보인다거나 누가 들어도 알만한 명문 구단에서의 러브콜은 전무했었던 것이다. 때문에 박지성 선수의 입단 소식은 그 자체만으로도 실로 대단한 의미를 갖고 있었고, 아시아의 모든 스포츠 매체들은 앞다투어 한국의 경사를 보도하기 시작했다. 물론 긍정적인 기사들만 있었던 것은 아니다. 땅을 산 사촌에게 시기와 질투는 항상 뒤따르는 법. 머지않아 국내외 할 것 없이 비관론과 우려의 목소리가 흘러나왔고, 심지어 아버지와도 같았던 히딩크 감독마저도 벤치 신세가 될지도 모른다며 걱정을 표하기도 했다.

　　박지성 선수가 맨유에서 활약하던 당시 실제로 맨유 팬들은 그에게 엄청난 애정과 관심을 쏟았다고 한다. 그는 결코 호날두(Cristiano Ronaldo)나 메시(Lionel Messi)처럼 특출한 스타플레이어는 아니었다. 더욱이 그보다 앞서 맨유에 발을 들였던 중국의 덩 팡저우(Dong Fangzhuo)도 있었으니 사람들 시선에 그저 티셔츠 팔이용 백업 선수 수준 이상으로는 보일 리 만무했다. 그러나 그는 얼마 후 한 매체에서 역대 맨유 선수 인기 순위 24위에 선정됐다. 물론 아시아 인들의 전폭적인 지지를 배제할 수는 없지만, 그의 유니폼 판매 순위도 인기를 입증할 만 했다. 처음 EPL에 입성했을 때만 해도 영국인들의 냉랭한 시선을 받는 아시아 선수에 불과했지만 지독한 끈기와 노력으로 결국 반전의 결과물을 만들어 낸 것이다. 박지성 선수의 화려하게 빛나지는 않았던 수줍은(?) 활약은 팀을 향한 헌신이라는 정신적인 부분이 컸으리라 생각한다. 영국인들의 기본적인 성향은 외부인들에게 차가운 듯 보이는 반면, 화려함 뒤에서 궂은 일을 마다하지 않는 보이지 않는 희생에 맹목적인 찬사를 아끼지 않는다. 각종 스포츠 매체에서는 '두 개의 심장'이라는 수식어를 보태며 스피드가 좋고 활동량이 많다는 이유를 들어 그를 칭찬하곤 했지만, 그에 대한 찬사에는 그의 태도와 정신에 대한 찬사도 포함되어 있었을 것이다. 어떻게 보면 박지성 선수 스스로가 자신이 팀 안에서 가장 잘 할 수 있는 게 무엇인가를 깊게 고민한 틈새였을지 모르지만, 기본적인 그의 성품이 뒷받침되지 않았다면 맨유의 8번째 앰버서더(일종의 홍보대사)인 지금의 박지성은 아마도 없었을지 모른다는 생각을 해본다.

Old Trafford
맨체스터유나이티드 FC
(Manchester United FC)

⚽ **주소** : Sir Matt Busby Way, Stretford, Manchester M16 0RA

⚽ **가는 방법** : 런던 유스턴(Euston) 역에서 기차로 약 2시간 맨체스터 피카딜리(Manchester Piccadilly) 역 도착 / 피카딜리 역 지하 메트로링크(Metrolink)를 타고 Old Trafford 또는 Exchange Quay 역에서 하차. 도보로 약 10분

⚽ **티켓 가격** : £31~£53 (비회원가 기준)

⚽ **구장 투어** : 가이드 투어

    관람 가격 – 성인 £18, 오디오 가이드 별도 £5

    관람 시간 – 매 10분마다 투어 진행, 2시간~2시간 30분 추천
                    (박물관 관람 포함)

    운영 시간 – 매일 : 09:40 ~ 16:30(홈경기 당일 제외)

    박 물 관 – 매일 : 09:30 ~ 17:00
               경기 당일 : 09:30 ~ 15:00(마지막 입장 14:30)

⚽ **홈페이지** : http://www.manutd.com/

우리나라 예체능

Britain

"박지성은 아시아에 대한 유럽의 고정관념을 깼다."

　박 선수의 소속팀이었던 맨유 FC의 마케팅 디렉터 롭 제임스(Rob James)가 한 언론과의 인터뷰에서 한 말이다. 그의 말처럼 박지성 선수가 축구를 통해 이뤄낸 결과는 한국뿐 아니라 아시아 전체의 이미지를 바꿔 놓았다. 물질적인 가치로 설명할 수 없는 성과인 것이다. 그가 EPL에서의 화려한 성공 스토리를 만들기 전까지 유럽에서 뛴 우리나라 선수로는 독일 분데스리가에서 활약했던 차범근 선수(편의상 선수로 호칭)만이 '차붐'이라는 별칭이 생길 정도로 뛰어난 능력을 인정 받은 유일한 선수였다. 다른 아시아 국가에서도 가끔 유럽 명문 구단에서 뛰는 꿈을 이루는 선수들이 있기는 하지만 아직까지 유독 EPL에서 만큼은 큰 활약상을 보이는 이름을 들어보지는 못한 것 같다. 때문에 최소한 축구만큼은 유럽인들의 마음속에 아시아라는 자리는 없었다고 해도 과언이 아니었다. 하지만 박지성 선수는 불가능할 것만 같았던 EPL의 문을 열고 당당히 세계 정상급 선수들과 나란히 서는 가슴 벅찬 일을 해냈다.

맨유는 2013/14 시즌 기준 유럽의 각 구단 수입(입장권, 중계권, 각종 상업권 등)을 집계한 결과 EPL팀들 중에 가장 수입이 많은 클럽으로 평가되었고, 전세계 클럽들 중에서는 레알 마드리드에 이어 2위를 차지했다. 소수의 팀들에게 극도로 편중된 라 리가에 버금가는 결과를 만들어 낸 걸 보면 정말로 대단한 인기를 누리고 있는 팀이라는 사실을 실감하게 된다. 그리고 어쩌면 이 결과에는 아시아의 자존심을 지켜왔던 박지성 효과도 일부 작용하지 않았을까 생각한다. 아직까지 아시아 선수가 세계적인 클럽에 미칠 수 있는 영향은 그리 크지 않을 것이라는 예상이 일반적이다. 하지만 그는 영국에서도 축구에 관심이 있는 사람이라면 대부분 알 정도로 인지도를 높였고, 맨유라는 명문 클럽에서의 활약으로 독일, 스페인, 이탈리아 등 주변의 빅 리그에서도 그에게 큰 관심을 보였었다. 선수들을 만나기 위해 맨유 연습 구장을 찾아오는 팬들 중에 아시아 인이 아닌 사람들도 많았던 걸 보면 그는 세계적인 선수였다. 최근 크게 높아진 아시아의 구매력과 그의 인지도를 무시할 수 없으니 어쩌면 박지성 선수가 엠버서더(일종의 홍보대사)로 뽑히는 건 시기상 자연스러운 일이었을지도 모른다.

– Cho Soo Yeon

화제가 되었던 그의 사례와는 별개로 그동안 많은 한국 선수들의 해외 진출은 이미 수차례 있어왔다. 세계적인 선수들과 어깨를 나란히 하며 뛰는 모습을 보면 너무나 대견하고 자랑스럽지 않을 수 없다. EPL은 아니지만 분데스리가라는 큰 무대에서 팀의 중추적인 역할을 해내고 있는 손흥민 선수를 비롯하여 꾸준한 소식을 전하고 있는 구자철 선수까지 이젠 많은 선수들이 별들의 전쟁인 유럽 리그의 잔디를 밟고 있다. 더구나, 우리에게는 박지성 선수가 빠져 허전해진 EPL에서 안정적인 성장을 보이고 있는 기성용 선수가 있으니 축구 팬들의 주말 저녁은 지금보다 훨씬 더 풍요로워 질 것 같다. '쌍용'으로 불렸던 절친 이청용 선수의 반가운 EPL 재입성 소식은 기성용 선수뿐만 아니라 우리나라 축구 팬들에게 더없이 즐거울 일이 아닐 수 없다. 비록 크리스탈 팰리스(Cristal Palace)라는 팀이 그동안 한국 팬들에게 주목받아 온 팀은 아니지만, 런던을 연고지로 하는 팀인데다 홈구장인 셀허스트 파크(Selhurst Park Stadium)가 영국 최대의 한인타운으로 알려진 '뉴 몰든(New Malden)' 지역 근처에 위치하고 있어 우리 교민의 응원을 한껏 받을 수 있을 듯 하다. 일부에선 경기 감각과 컨디션을 끌어올리는 일이 쉽지 않아 보인다고 하지만 그보다 자신의 역할에만 집중해서 몸을 만든다면 다시금 '쌍용'이 대한민국 국가대표로서뿐만 아니라 EPL에서도 활약하는 모습을 볼 수 있는 날이 머지 않았을 것 같다.

때론 축구 선수의 운명이 다른 사람들에게 영향을 미치는 경우도 있다. 2002년 한일 월드컵으로 주가를 올렸던 안정환 선수의 경우, 은퇴 후 지금은 축구 해설가로 왕성하게 활동 중이지만 당시 EPL 못지 않는 축구 사랑을 자랑하는 이탈리아인들 때문에 인생의 굴곡을 경험하기도 했다. 2002 월드컵 때 안정환 선수가 이탈리아와의 경기에서 넣은 골로 당시 소속팀이었던 페루자(Perugia)와 갈등이 있었던 건 많은 사람들이 너무나 잘 알고 있는 사실이다. 이 일로, 조금 과장해서 목숨까지도 걸 만큼 축구를 사랑하는 이탈리아인들의 불 같은 성격이 월드컵 이후 현지에 살고 있는 한국 교민들에게 적잖은 영향을 끼쳤다. 그들에게 있어서 말도 안 되는 월드컵이 그렇게 허무하게 끝나고 정확히 3년이 지난 2005년 여름, 나는 우연히도 이탈리아를 여행하게 되었다. 여행 중에 당시 현지에서 10년 이상 살았던 한 한국인 가이드를 만나게 되었는데 그는 나에게 월드컵의 후폭풍을 적나라하게 이야기해 주었다. 이탈리아 전이 끝나고 현지에 살고 있던 한인들은 집밖으로 나가기가 무서울 정도로 미움의 대상이었다고 한다. 신체에 위협을 가하겠다는 협박을 받았다는 사람들도 있었고 날아오는 돌에 맞을 뻔한 사람도 있었다. 심지어 아시아계로 보이는 사람들은 전부 싫어하는 분위기도 있었다고 한다. 이미 한일 월드컵이 끝난 지 3년이나 지났을 때였지만 여전히 그 응어리를 담아두고 있는 사람들이 있다고 하니 이들의 축구 사랑은 긴장의 수준을 넘어 살벌하기까지 하다. 그저 하나의 스포츠로 여겨왔던 축구 때문에 이렇게 새우 등 터지는 일이 벌어질 줄은 몰랐으니 말이다.

아시아를 제외한 다른 국가들에 비해 유럽 리그에 진출하는 선수들이 많지 않은 우리나라 팬들은 경기 중 선수가 보여주는 사소한 슈팅 하나에도 감동하고 오랫동안 기억한다. 하지만 선수에게 최고였던 경기와 팬들에게 최고였던 경기가 항상 같지는 않은 듯하다. 팬들은 골을 넣었던 경기, 긴장되고 화려했던 경기를 기억하는 반면, 선수가 기억하는 경기는 축구 선수로서 본인의 활약상이 어땠느냐에 더 집중되는 것 같다. 물론 한 골 한 골이 너무나도 중요한 축구에서 골을 넣는다면 더할 나위 없이 좋은 일이지만, 그보다는 전반적인 경기의 만족도가 선수에게는 더욱 와 닿는가 보다. 동료 선수들과의 호흡, 보다 많은 움직임, 경기를 읽는 순발력과 반응 속도, 경기 전 미리 계산되었던 플레이 등등 축구선수로서 보여줄 수 있는 능력들을 십분 발휘

할 때 선수는 희열을 느끼게 되는 것 같다. 그건 아마도 많은 관심을 받고 있는 축구 선수로서의 우수한 능력을 아직도 유지하고 있다는 것을 많은 관중들 앞에서 증명해 보였다는 뿌듯함에서 비롯되는 건 아닐까? 가끔 선수가 이적을 준비할 때 연봉이 높은 팀을 선택하기보다 제대로 경기에 나오고 활약할 수 있는 팀인지를 우선적으로 고려하는 것처럼 말이다. 경기 중 얻게 되는 나름의 교훈과 보람은 수없이 파도에 부딪치는 바위들처럼 선수 개개인의 능력과 정신을 갈고 닦아 줄 것 같다. 그래서 이것만큼은 팬들이 해줄 수 있는 게 아무것도 없다. 단지 멀리서, 때론 가까운 그라운드에서 선수들을 응원하는 일이 전부가 될 것이다.

아직까지 EPL에서 우리 선수들의 존재가 미약한 것은 사실이다. 동양인들에게는 더없이 냉정할 수밖에 없는 해외 리그에서 외로운 싸움을 하며 버텨온 선수들에게 박수를 보낸다. 그 노력의 결과로, 그냥 서 있기만 해도 심장이 터질 것 같은 곳에서 우리 선수들은 극도의 긴장감과 넘치는 부담감을 극복하며 조금씩 입지를 넓혀가고 있다. 팀과 선수들, 산업적 인프라, 선수육성 체계 등 모든 것이 부러움투성이인 EPL이지만, 우리보다 앞선 무언가가 있기에 목표를 만들어 갈 수 있고 목표가 있기에 더 발전할 수 있는 의지가 생긴다. 꿈을 향한 도전은 언제나 아름답다. 이대로라면 우리에게 항상 꿈만 같았던 유럽 리그의 꿈도 분명 현실로 다가올 것이고 머지않아 제2, 제3의 박지성 선수 또한 등장할 것이다. 그리고 언젠가는 다양한 한국 선수들이 아시아를 넘어 세계 축구에서도 이름을 날리는 날이 반드시 올 것이라 믿는다.

"도전이 없다면 더 큰 성공도 없다" - 박지성 -

❀ 9만 석을 보유하고 있는 영국 축구의 성지.
잉글랜드 국가대표 경기장 웸블리 스타디움(Wembley Stadium)

볼만한 경기가 가득했던 지난 겨울의 토요일. 토트넘(Tottenham Hotspur FC)의 홈구장인 White Hart Lane에서 아스날 vs 토트넘의 경기가 시작되고 있었다. 이 경기는 북런던 팀들 간에 빅매치(북런던 더비)일 뿐만 아니라 승점 2점 차이에 불과한 EPL 5, 6위 간의 경기로 결과에 따라 순위 반동과 함께 승점 싸움이 치열한 상위권 다툼(챔피언스리그 출전권이 주어지는 4위 싸움이 가장 치열하다)에서 우위를 점할 수 있는 아주 중요한 경기였다. 예상대로 경기는 거칠고 속도감이 넘쳤다. 조금 과장하면 마치 화면을 2배속으로 돌리고 있는 듯한 쉴새 없는 공방이 이어진 경기였다. 전반 10분 오른쪽 측면에서 수비수 2명을 제친 웰백(Danny Welbeck)의 패스를 받은 지루(Olivier Giroud)가 곧바로 연결한 공이 외질(Mesut Ozil)의 발에 걸리며 토트넘의 골망을 흔들었다. EPL의 정상급 선수들이 눈 깜짝할 사이에 만들어낸 멋진 골이었다. 이후에도 속도전은 이어졌고 라이벌전답게 전후반 90분 동안 한시도 눈을 뗄 수 없는 경기가 펼쳐졌다. 결국, 후반 11분에 이어 경기 종료 4분전에 터진 해리 케인(Harry Kane)의 연속 골로 토트넘이 소중한 승점 3점과 짜릿한 역전승이라는 값진 승리를 가져가게 되었다. 언제나 그랬듯 또 한번의 치열했던 북런던 더비가 끝이 났다.

축구는 100미터 남짓한 잔디구장 위에서 손을 제외한 발과 다른 신체를 이용해 자그마한 공 하나를 뺏고 뺏기는 스포츠다.(물론 종종 손을 사용하기도 하지만) 사람이 주로 사용하는 손보다 감각이 발달하지 않은 발을 사용하다 보니 뜻하지 않게 충돌하는 일이 많은 종목이다. 때문에 예민한 신경전과 보이지 않는 반칙이 심심찮게 벌어지고 또 그것에 요령있게 대처하는 것은 이제 프로 선수라면 갖춰야 하는 기본 덕목이 되어 버렸다. 바꿔 말하면 이런 면들 또한 선수의 능력 중에 하나로 인정받을 수 있다는 것이다. EPL이라고 예외는 아니다. 갑자기 예전에 박지성 선수가 했던 말이 떠오른다.

"여기 진짜 좋은 좌석이에요. West Stand 쪽에서도 제일 잘 보이는 좌
석이고요. 180파운드에 드릴게요."
나는 내가 잘못 들었다고 생각했다. 내가 너무 비싸다고 하니 그는 150,
더는 비싸다는 생각에

"축구는 잘하고 싶다. 하지만 유명해지고 싶지는 않다."

무슨 의도였는지는 충분히 이해가 가는 말이지만 사실 현실적으로 불가능한 얘기다. 그동안 수년간 대한민국의 영원한 캡틴으로 불렸던 박 선수를 각종 언론과 수많은 팬들이 가만 놔두지 않았던 것처럼 말이다. 프로 선수가 받는 물질적 가치에는 선수 고유의 운동 능력 외에도 많은 것들이 들어있다. 그들이 받는 큰 대가만큼이나 많은 것을 참고 견뎌내야 하는 것이다. 얼핏 보기에는 세상의 관심을 받으며 거액의 몸값을 자랑하는 축구 선수들이 그저 부럽기만 할지 모르지만, 프로의 세계는 혹독하고 냉정하다.

축구 선수들은 어떠한 비난과 욕설에도 굴하지 않고 꿋꿋이 평정심을 유지해야만 한다. 간혹, 컨디션 난조로 경기가 뜻대로 안 풀리는 날 관중석에서 들리는 야유가 거슬린다면 그날 경기를 망쳐버릴 수도 있다. 그러나 이 모든 것이 거액의 연봉을 받고 그라운드 잔디를 밟으며 살아야 하는 프로 축구선수의 숙명일 것이다. 큰 경기일수록 밀려오는 압박감과 부담감으로 인해 공을 두려워하게 될 수도 있다. 바로 그 순간 몸은 무거워진다. 경기가 끝난 후 숙소로 돌아가 스스로를 비난하며 자책해 보지만, 결국 눈 앞에 놓여있는 현실은 극복해야 할 숙제로 남아있을 뿐이다. 남자다움을 요하는 스포츠에서 자신감이 떨어져 심리적으로 위축된 선수에게 대중은 관심을 두지 않으니 말이다. 그렇게 정상에서 멀어지는 선수들이 적지 않은 걸 보면 항상 두려움과 외로움에 맞서 홀로 싸우는 삶을 살고 있는 선수들이 대단하다는 생각마저 든다.

사실, 축구 선수의 골칫거리는 그 뿐만이 아니다. 몸이 재산인 선수들에게 부상은 호환마마보다 더 무섭고 멀리해야 할 대상이다. 자칫 큰 부상이라도 당하게 된다면 제아무리 재활을 열심히 한다 하더라도 한 시즌 정도는 관중의 입장으로 지켜만 봐야 하는 상황이 벌어진다. 게다가 그 여파로 경기 감각마저 떨어져 예상했던 기간보다 더 오래 경기장에 설 수 없는 경우도 많다. 때문에 부상을 당하지 않도록 꾸준히 자기 몸을 관리하는 것 또한 선수의 몫이고 의무이다. 전문가들의 객관적인 평가가 아무리 좋은 선수라 할지라도 잦은 부상에 한 시즌의 반 이상을 벤치에서 보내게 된다면 팀에도 제 몫을 하지 못할 뿐 아니라 팬들로부터도 역시 자연스럽게 멀어질 것이다. 오히려, 아주 뛰어난 성적을 거두지 못하더라도 꾸준히 경기장에 투입되어 적재적소에 자신의 역할을 해내거나 남들이 하지 않는 궂은 일을 하는 선수가 훨씬 감독과 팬들의 가슴속에 남게 될 것이다. 세계적으로 주목 받고 있는 선수들을 보면 웬만해서는 부상을 당하지 않거나, 경미한 부상으로 금새 경기장으로 복귀하곤 한다. 이런 걸 보면 선수 자신과 코칭 스텝들의 지속적인 관리가 얼마나 중요한지 알 수 있다. 이렇게 기구한 운명의 축구선수들이 신체적, 심리적 어려움을 극복하고 관중들 앞에서, 그라운드 위에서 자신의 기량을 마음껏 펼칠 수 있을 때, 그때서야 비로소 진정한 프로 선수가 되는 것이 아닐까 생각한다.

❀ 치열한 점유율 싸움을 하는 축구 경기. 현장에서 느껴지는 격렬함은 이루 말할 수 없이 짜릿하다.

선수는 언론의 예상치 못한 산발적인 공격에도 유연하게 대처해야 한다. 우리나라 한 해 예산보다도 더 많은 돈이 오가는 EPL은 그만큼 사람들의 관심이 모이는 시장이다. 그렇다면 영국 축구에 얼마나 많은 언론들이 신경을 곤두세우고 있을지는 굳이 말하지 않아도 될 것 같다. 아마도 세계적으로 유명한 연예인들과 비슷한 수준의 관심을 받고 있는 게 바로 EPL의 선수들일 것이다. 영국을 비롯한 외신들은 매일 선수들의 경기력 뿐만 아니라 일거수 일투족을 궁금해한다. 때문에 간혹 다른 유명인들과 스캔들이라도 터지는 날엔 한동안 미디어와의 전쟁을 치러야 한다. 이런 상황에서 선수들의 말 한마디 한마디는 기자들 또는 팬들에 의해 고이고이 간직되었다가 어느 순간 치부가 되어 부메랑으로 돌아오기도 한다. 어떤 선수는 언론을 일종의 정치적 창구로 활용하기도 하고 어떤 선수는 힘겨워하기도 한다. 축구에만 집중하고 싶은 선수들에게는 너무나 가혹한 현실이 아닐 수 없다.

❀ 선수들에게 이적 및 중요한 뉴스가 생기면 어김없이 앉게 되는 프레스 룸

매년 여름. 영국에서는 그라운드 위에서 치열하게 주도권을 다투는 선수들과 마찬가지로, 능력 있는 선수들을 차지하기 위한 각 클럽의 돈놀이(?)와 눈치 싸움이 시작된다. 모든 프로의 세계가 그렇듯 사람이 상품이 되는 순간이다. 각 팀마다 부족한 포지션과 전력들을 보강하기 위해 팀간 서로 윈-윈 하는 전략으로 맞교환 영입을 하기도 하고, 때로는 넉넉한 재정 상황으로 전력 누수의 위기를 타개하기도 한다. 그래서 각 팀들은 여름 이적 시장

에 앞서 만반의 준비를 한다. 훌륭한 선수 또는 팀에 필요한 선수를 데려오기 위해 감독 이하 모든 코칭 스태프들은 어쩌면 경기를 준비하는 것보다 더 열심히, 더 세밀하게 현재의 팀과 영입할 선수들을 분석한다. 그렇다면 돈이 많은 구단이 당연히 유리하지 않을까? 물론 몇 년 전까지만 해도 그랬던 게 사실이다. 그래서 만수르(Sheikh Mansour)나 아브라모비치(Roman Abramovich) 같은 부호들이 구단주가 되면 덩달아 팀 성적도 저절로 좋아졌다. 이에, 2011/12 시즌부터 UEFA는 축구가 좀더 공정한 스포츠가 될 수 있도록 FFP 규정(Financial Fair Play, 유럽의 각 구단과 클럽은 지출이 수익보다 많아서는 안 되며 구단주의 사적인 자금을 제한해 구단의 부실 경영을 막겠다는 UEFA의 정책으로, 구단이 자신들의 수익에 맞춰 운영하지 않을 경우 유럽 축구 연맹(UEFA) 주관 대회에 출전하지 못하게 하는 규칙이다)을 도입하여 시행하고 있다. 현재 규정이 다소 유명무실하다는 비판의 목소리도 있지만 해를 거듭할수록 단계적으로 적용될 예정이라 실효성 여부는 좀더 지켜봐야 하지 않을까 생각된다.

매 시즌마다 벌어지는 영입 전쟁은 많은 새로운 이야깃거리들을 만들어내곤 한다. 현재 아스널의 중심에 서 있는 알렉시스 산체스(Alexis Sanchez)의 경우, 당시 맨체스터 시티에게 영입 제의를 받고 구체적인 금액까지 책정되었지만 높은 이적료 탓에 FFP규정을 의식한 맨시티가 포기 의사를 보였고 결국 아스널의 유니폼을 입게 되었다. 이미 시즌을 앞두고 규정 위반으로 유럽축구연맹(UEFA)로부터 5,000만 파운드(약 818억 원)의 벌금과 챔피언스리그 선수 명단을 25명에서 21명으로 축소시키는 징계를 받은 바 있었던 맨시티로서는 눈독 들이고 있던 보석을 내어줄 수밖에 없었던 것이다. 산체스로서는 이전 팀이었던 FC 바르셀로나에서 메시에게 가려 자신의 존재감을 제대로 보여주지 못했던 한을 풀게 된 운명적 계기가 되었을 것이다. 그가 아니었다면 아스널은 리그 초반 외질, 지루, 램지, 월콧 등 팀의 주전급 선수들이 대거 부상이었던 난관을 헤쳐나가기 어려웠을 상황. 때문에 스스로 팀내 입지를 다질 수 있었던 더없이 좋은 기회였다.

전세계 축구계에서 주목하고 있는 핵심 선수들의 몸값은 항상 세간의 화젯거리로 관심이 집중된다. 유럽에 있는 많은 클럽들 중에서도 EPL과 프리메라리가 선수들의 몸값은 가히 천문학적인 액수를 자랑한다. 2011년 맨유와 연봉 470만 파운드(약 83억 원)에 재계약한 박지성 선수의 연봉이 웨인 루니와 리오 퍼디낸드에 이어 클럽 전체 연봉 순위 3위를 차지한다는 뿌듯한 소식이 있었다. 이도 결코 적은 액수가 아니지만 메시(280억)나 호날두(258억), 아구에로(214억)의 연봉은 여전히 비교하기 어려운 다른 세상의 이야기 같다. 선수 한 명이 하나의 기업인 셈이다. 엄청난 자금이 몰리는 축구 리그 중심에 있는 선수들의 돈벼락 맞는 기분은 과연 어떤 느낌일지 궁금하긴 하다.

이렇게 거액을 지불하고서라도 특정 선수를 데려오려는 팀들이 줄을 선 경우가 많다. 다음은 선수의 몫이다. 나라와 언어를 비롯해서 팀 성적, 분위기, 같은 포지션과의 경쟁 등의 고민이 끝나고 나면 어색한 유니폼을 들고 기자들의 플래시 세례를 받으며 인터뷰를 한다. 한편, 팀을 옮긴다는 것이 과연 쉬운 일일까 하는 생각도 든다. 만약 새로 영입하는 선수가 마음에 들지 않는다면 떠나려는 선수를 보내는 감독의 심리가 정말 쿨(Cool)할 수 있을까? 프로의 세계는 어쩔 수 없이 냉정한 법이지만 때로는 돈을 위해, 때로는 우승 트로피를 위해 평소에 아끼던 선수가 갑작스럽게 이별 통보를 한다면 밀려오는 서운함과 배신감으로 한동안 골치가 아플지 모를 일이다. 그래서 여름 이적 시장은 선수들과 클럽, 그리고 팀을 이끄는 감독들에게도 중요하고 긴장되는 시기가 아닐 수 없다.

경기장 안팎으로 살벌한 EPL에서 살아남는 선수들에게 모두 박수를 보내고 싶다. 모든 것을 견뎌낼 만한 강한 의지가 있어도 철저한 자기관리로 매일매일이 전쟁일지 모른다. 타고난 재능 또는 후천적 노력으로 쌓은 축구 실력이 하루아침에 사라지지는 않겠지만, 화려한 스포트라이트 뒤에 감춰진 남모를 고충과 부담감은 언제나 그들을 따라다닐 것이다. 모두가 더 현란한 플레이어, 급성장하는 선수가 되길 바라겠지만 그 화려했던 선수 생활을 어떻게 마감할지도 중요한 일이 아닐까 생각한다. 얼마 전 은퇴했던 차두리 선수를 보며 어린 나이에 경험하는 큰 성공에 도취되는 선수보다는 따뜻한 박수를 받으며 마무리하는 선수가 많아지길 마음 속으로 바라본다.

'WHAT WE HAVE ACHIEVED AT ARSENAL WILL LIVE WITH THE PLAYERS AND THE CLUB FOREVER. TO WIN THE CHAMPIONSHIP IS TREMENDOUS BECAUSE IT IS NOT EASY TO DO IN THIS COUNTRY. BUT TO DO IT WITHOUT LOSING A MATCH, AND THEN TO REMAIN UNDEFEATED FOR THE WHOLE SEASON, IS ALMOST BEYOND BELIEF. IT IS A FEAT WHICH HAS EARNED THE TEAM A PLACE AMONG THE IMMORTALS OF SPORTING HISTORY, AND I AM PROUD TO HAVE BEEN A PART OF IT. WE HAVE PLAYED MAGNIFICENT FOOTBALL AT TIMES, WITH EVERYONE IN THE SQUAD MAKING A SIGNIFICANT CONTRIBUTION. IT IS NOT JUST THAT WE HAVE PLAYED BEAUTIFULLY, BUT WE HAVE SHOWN SPIRIT, TOO. COMBINE THOSE TWO ATTRIBUTES AND YOU HAVE A WONDERFUL TEAM.' - ARSÈNE WENGER. SEASON 2002/03 WED, MAY 7, 2003, H, SOUTHAMPTON 6-1 PIRES(3) PENNANT(3) (TESSEM) SUN, MAY 11, 2003, A, SUNDERLAND 4-0 HENRY LJUNGBERG(3) SEASON 2003/04 SAT AUG 16, 2003, H, EVERTON 2-1 HENRY PIRES (RADZINSKI) 'I FEEL THE TEAM IS HUNGRY AND MOTIVATED, AND I THINK WE WILL BE EVEN STRONGER FOR TODAY'S PERFORMANCE- ARSÈNE WENGER SUN AUG 24, 2003, A, MIDDLESBROUGH 4-0 HENRY GILBERTO WILTORD(2) 'I HAVE SCORED THREE GOALS IN THREE GAMES - BUT I'M NOT 100 PERCENT FIT YET!' - THIERRY HENRY WED AUG 27, 2003, H, ASTON VILLA 2-0 CAMPBELL HENRY 'WE PLAYED GOOD FOOTBALL AGAINST A WELL-ORGANISED VILLA SIDE. EARLY ON WE WERE BRILLIANT, AND LATER WE SHOWED OUR MATURITY.' - ARSÈNE WENGER SUN AUG 31, 2003, A, MANCHESTER CITY 2-1 WILTORD LJUNGBERG (LAUREN og) 'I DON'T THINK WE WERE DETERMINED ENOUGH IN THE FIRST HALF. WE WERE PLAYING WITHIN OURSELVES AND LOST TOO MANY BATTLES. AFTER HALF-TIME WE DID MUCH BETTER.' - ARSÈNE WENGER SAT SEP 13, 2003, H, PORTSMOUTH 1-1 HENRY (SHERINGHAM) 'SOMETIMES AS A TEAM YOU HAVE TO ACCEPT THAT YOU GET WHAT YOU DESERVE, AND WE ONLY DESERVED A POINT AGAINST PORTSMOUTH.' - ARSÈNE WENGER SUN SEP 21, 2003, A, MANCHESTER UNITED 0-0 'WE SHOWED A LOT OF CHARACTER AND RESILIENCE. THE PENALTY WAS A HARSH DECISION AND IT WOULD HAVE BEEN UNFORTUNATE FOR US TO LOSE IN THE LAST MINUTE.' - ARSÈNE WENGER FRI SEP 26, 2003, H, NEWCASTLE UNITED 3-2 HENRY(2) GILBERTO (ROBERT) (BERNARD) 'PERHAPS WE WERE A LITTLE BIT CARELESS, BUT WE SUFFERED FROM INJURIES AND SHOWED GREAT SPIRIT TO BEAT A VERY GOOD TEAM.' - ARSÈNE WENGER SAT OCT 4, 2003, A, LIVERPOOL 2-1 (HYPIA og) PIRES (KEWELL) 'LIVERPOOL COULD HAVE BEEN TWO OR THREE GOALS UP AT HALF-TIME, BUT WE SHOWED OUTSTANDING QUALITIES TO COME BACK. ROBERT'S GOAL WAS EXCEPTIONAL...JUST LIKE PIRES.' - ARSÈNE WENGER SAT OCT 18, 2003, H, CHELSEA 2-1 (CRESPO) 'I MADE THE SUBSTITUTIONS BECAUSE WE NEEDED MORE OFFENSIVE PRESSURE, AND IT WORKED. IN THE END WE WERE CREATING MORE CHANCES.' - ARSÈNE WENGER SUN OCT 26, 2003, A, CHARLTON ATHLETIC HENRY (Di CANIO) 1-1 'MY PLAYERS GAVE EVERYTHING IN WHAT WAS A VERY DIFFICULT GAME, AND OVERALL I WAS HAPPY THAT WE GOT SOMETHING OUT OF IT.'- ARSÈNE WENGER SAT NOV 1, 2003, A, LEEDS UNITED 4-1 HENRY(2) PIRES BERGKAMP 'WE COULD HAVE SCORED SOME MORE GOALS, ESPECIALLY IN THE LAST TEN MINUTES WHEN WE HAD MANY CHANCES.' - ARSÈNE WENGER TOTTENHAM HOTSPUR 2-1 PIRES LJUNGBERG (ANDERTON) 'WE HAD A BIT OF LUCK WITH THE SECOND GOAL. TOTTENHAM CAN FEEL HARD DONE BY TO TURN ROUND A SITUATION THAT WAS REALLY BAD FOR US AND WE DESERVE A LOT OF RESPECT.' - ARSÈNE WENGER SAT NOV 22 CITY 3-0 LJUNGBERG BERGKAMP PIRES 'THIERRY WAS VERY UNSELFISH, BEING INVOLVED IN ALL THREE GOALS. THAT'S JUST AS IMPORTANT WHEN HE SCORES.' - ARSÈNE WENGER SUN NOV 30, 2003, H, FULHAM 0-0 'WE PLAYED WELL WHILE FULHAM DEFENDED AND JUST REFUSED ARSÈNE WENGER SAT DEC 6, 2003, A, LEICESTER CITY 1-1 GIBERTO (HIGNETT) 'I WAS VERY PLEASED WITH GILBERTO'S GOAL - IT WAS A GREAT CROSS AND A GREAT FINISH, A WONDERFUL EXAMPLE OF ATTACKING AT SPEED.' - ARSÈNE WENGER SUN DEC 14, 2003, H, BLACKBURN ROVERS 'IT'S BEEN A GREAT WEEK FOR US. WE PLAYED VERY WELL IN THE FIRST HALF, BUT SO DID BLACKBURN. I WAS IMPRESSED BY THEM AND THEY DESERVE OF CREDIT.' - ARSÈNE WENGER SAT DEC 20, 2003, A, BOLTON WANDERERS 1-1 PIRES (PEDERSON) 'IT WAS NOT THE BEST TIME TO COME HERE AS BOLTON ARE ON A HIGH. THEY GAVE US A LOT OF PROBLEMS AND DESERVED SOMETHING OUT OF THE GAME.' - ARSÈNE WENGER FRI DEC 26 WOLVERHAMPTON WANDERERS 3-0 (CRADDOCK og) HENRY(2) 'WE HAVE LEARNED FROM LAST YEAR, WHEN WE WERE COMPLACENT AT TIMES, TO DID A PROFESSIONAL JOB.' - ARSÈNE WENGER MON DEC 29, 2003, A, SOUTHAMPTON 1-0 PIRES 'AS LONG AS YOU ARE BE SURE, BUT I THOUGHT WE CONTROLLED THE GAME WELL. OVERALL WE DESERVED THE VICTORY AND IT WAS A JOB WELL DONE JAN 7, 2004, A, EVERTON 1-1 KANU (RADZINSKI) 'WE WERE NEVER OURSELVES AND WERE TIMID AT TIMES.' - ARSÈNE MIDDLESBROUGH 4-1 HENRY (QUEUDRUE og) PIRES LJUNGBERG (MACCARONE) 'I WILL HAVE TO REST THIERRY AT SOME STAGE TODAY BUT HE CAN'T GO ON TO THE END OF THE SEASON LIKE THIS' - ARSÈNE WENGER SUN JAN 18, 2004, A, ASTON VILLA 2-0 UNBEATEN ALL SEASON, IN FOOTBALL ANYTHING CAN HAPPEN, AND WE BELIEVE IN OURSELVES.' PATRICK VIEIRA 2-1 (TARNAT og) HENRY (ANELKA) 'I TRIED MY LUCK AND THE BALL ENDED UP IN THE BACK OF THE NET. SOME SCORE SOME DIFFICULT ONES.' THIERRY HENRY SAT FEB 7, 2004, A, WOLVERHAMPTON WANDERERS 3-1 B PROUD OF OUR NEW RECORD BECAUSE IT IS A SIGN OF CONSISTENCY AND SHOWS THE PLAYERS PUT IN AN E TUE FEB 10, 2004, H, SOUTHAMPTON 2-0 HENRY(2) 'THIERRY HENRY'S ACHIEVEMENT OF SCORING A CENTURY OF GOALS FOR A HIGH FLYI LEAGUE IS TRULY REMARKABLE.' - ARSÈNE WENGER SAT FEB 21, 2004, A, CHELSEA 2-1 VIEIRA EDU (GUDJOHNSEN) 'WE WANT TO KEEP AND WIN EVERY GAME, BUT THE LEAD IS NOT BIG ENOUGH TO SAY THE RACE IS OVER. STILL, IT'S NICE TO BE IN THE FRONT SEAT. ARSÈNE WENGER SAT FEB 28, 2004, H, CHARLTON ATHLETIC 2-1 PIRES HENRY (JENSEN) 'YOU DON'T CRY WHEN YOUR RIVALS LOSE - ONE BUT WE MUST EXPECT EVERY GAME TO BE TIGHT. EVEN A NINE-POINT LEAD CAN SLIP AWAY VERY QUICKLY.' ARSÈNE WENGER SAT MAR 2004, A, BLACKBURN ROVERS 2-0 HENRY PIRES 'WE NEEDED TO BE PATIENT AND HOPE FOR SOMETHING SPECIAL FROM BERGKAMP (CAMPO) 'WE HAD A GREAT FIRST 40 MINUTES, PLAYING BEAUTIFUL FOOTBALL, AND IT WAS A SH CAME BACK AT US SO STRONGLY.' - ARSÈNE WENGER SUN APR 28, 2004, H, MANCHEST DISAPPOINTED NOT TO WIN AND WE ARE A BIT FLAT, BUT WHAT THESE BOYS HAVE APR 9, 2004, H, LIVERPOOL 4-2 HENRY(3) PIRES (HYPIA) (OWEN) 'I WON'T DISAGREE IN THE WORLD. HE WAS EXCEPTIONAL TODAY, BUT HE WAS THE WHOLE TE EWCASTLE UNITED 0-0 'WE ARE IN A GOOD POSITION AND WE HAVE A LITTLE TO SAY WE ARE COMPLETELY COMFORTABLE.' - ARSÈNE WENGER FRI APR HENRY(2) 'I DON'T THINK THERE CAN BE A BETTER STRIKER IN THE WORLD FINISHING WAS PERFECT TONIGHT.' - ARSÈNE WENGER SUN APR 25, 2004, A, TOTTENHAM H PIRES (REDKNAPP) (KEANE) 'THIS IS THE SORT OF SOMETH AND SO ARE OUR TARGETS.' PATRICK VIEIRA MAY 1, 20 KEEP THE UNBEATEN RUN GOING AND WE ALL BELIEVE GOALS (YAKUBU) 'THE PLAYERS WERE NOT READY TO LOSE. YES ITY.' - ARSÈNE WENGER SAT MAY 15, 2004, A, POUR NERVE TO BELIEVE IT IS POSSIBLE TO REMAIN UNBEATEN A LEICESTER CITY 2-1 MARVELLOUS. IT IS MY THIRD TITLE AND MY BEST SEASON UNTIL YOU DO IT. I ALWAYS B BERGKAMP REYES LJUNGBERG PIRES (CARSLEY) SUN - ARSÈNE WE OB) (HASSELBAINK) (QUEUDRUE) WED AUG 25, 2004, H G 22, 2004, H 04, A, NORWICH CITY 4-1 REYES HENRY PIRES BERGKAMP (HUCKERBY) ITY 3-0 COLE SAT OCT 2, 2004, H, BOLTON WAND RS 2-2 HENRY PIRES (NOLL 3-1 PIRES(2) HENRY 49 GAMES UNDEF

내 너를 찾아 다시 왔노라

축구장에서는 우리가 인생에서 느낄 수 있는 희로애락을 그대로 맛보게 되는 것 같다. 그곳이 어디든 어떤 선수가 나오든 그건 중요하지 않다. 오히려 별로 유명하지 않은 팀에게서 반전 드라마와 같은 축구의 짜릿함을 더 느끼게 된다. 똑같은 상황에 처해있는 사람이라도 더 어려운 처지에서 힘들게 한걸음씩을 걸어온 사람이 더 성공하기를 바라는 것처럼 말이다. 그래서 그 노력이 현실이 되면 그 일이 내 일처럼 느껴지는 대리 만족을 느끼게 된다.

축구를 보면 볼수록 더욱 실감하게 되는 사실 한 가지는 아무리 몸값이 비싸고 능력 있는 선수를 모아놓는다 해도 공은 둥글다는 진리다. 지름 21cm에 불과한 축구공 앞에 어느 누구도 결과를 장담할 수 없다. 물론 공을 잘 다루는 선수들이 많은 팀이 유리한 것은 당연한 사실이지만, 둥근 공을 발과 몸으로 다뤄야 하는 축구에서 절대 강자란 있을 수 없는 일이다. 예를 들어, FA컵에서 3, 4부 리그 이하 팀들이 첼시, 맨유, 아스널과 같은 팀들을 이겼다는 뉴스를 종종 접하게 된다. 강팀을 응원하는 대다수의 팬들에게는 악몽과도 같은 하루로 기억되겠지만 축구 자체의 매력을 느끼기 위해서는 이만한 것이 없다. 여기에 모든 스포츠에 적용되는 '분위기'까지 타게 되면 패배의 기운은 팀 전체에 물들어 아무리 강팀이라도 한순간에 슬럼프가 찾아오기도 한다. 슬럼프는 한동안 선수와 팬들을 포함한 많은 사람들을 괴롭히지만, 결국 다시 극복해낸다.

이 반전 드라마의 희생양 1순위에는 항상 첼시가 포함된다. 바꿔 말하면, 정상에 있는 팀인데다가 모두가 부러워하는 팀 중에 하나라는 말이기도 하다. 첼시는 얼마 전 FA컵 32강 전에서도 3부 리그 팀인 브래드포드 시티(Bradford City AFC)에게 2:4로 져 탈락하며 팬들에게 충격을 안겨주었다. 사실 종종 이런 일들이 일어나기는 하지만 첼시 팬 입장에서는 도무지 적응되지 않는 경우의 수임에 분명하다. 팬들은 경기가 끝난 후 한껏 흥분된 얼굴로 동네 펍에 들러 친구들과 한잔 기울이며 첼시에 대한 비난을 한껏 쏟아부을 게 뻔하다. 그리고 보면 축구 클럽과 팬들은 즐거웠다가 화나게도 만드는 애증 관계 같기도 하다.

여행하기에 너무 좋았던 어느 날. 첼시 구장 투어를 하기 위해 경기장 (Stamford Bridge)을 찾았다. 역시 평일 낮 시간이라서인지 거리는 꽤 한산했다. 런던의 부촌에 위치한 어떤 상징성과 같은 느낌 외에는 그다지 특별할 것도 없는 구장이기도 했다. 투어 역시 다른 경기장과 별 차이 없는 흐름으로 진행되었다. 단, 첼시에는 내가 오래 전부터 관심 있게 지켜봤던 한 가지가 있었다. 바로 우리나라 기업이 첼시의 스폰서라는 점이다. 나는 투어만큼이나 그 점에 관심이 갔다.

2005년부터 이어온 삼성의 후원 때문에 한국 사람들에게 더욱 친근했던 EPL의 명문 첼시 FC. 런던의 가장 부촌이자 중심에 위치한 클럽의 유니폼에 10년 동안이나 브랜드를 노출했다는 건 구단에 지불하는 비용보다 얻게 되는 홍보 효과가 훨씬 더 컸을 것이다. 사실 그것보다 나에게 더 중요한 건 아무래도 우리나라 기업의 로고가 첼시와 관련된 아이템에 노출된다는 점이었다. 그 순간만큼은 한국에서 삼성에 대해 갖고 있던 개인적인 이미지나 감정은 별로 중요하지 않다. 그 자체가 그냥 뿌듯할 뿐이다. 그렇게 서로 원-윈 하며 쌓아온 관계가 최근 10년간의 유니폼 스폰서 계약을 마무리 하고 결별을 맞게 되었다. 삼성에 이어서 더 많은 후원을 하기로 한 터키 항공이 새로운 스폰서가 되었지만 얼마 전 새롭게 제작된 터키 항공의 로고가 새겨진 유니폼을 보고 첼시 팬들은 경악을 금치 못했다고 한다. 다수의 팬들이 삼성의 로고가 새겨진 유니폼이 훨씬 세련되고 잘 어울린다며 그리워했다는 것이다. 개인적으로 첼시 팬도 아니고 나와 직접적인 관련은 없는 일이지만 한국인으로서 살짝 기분은 좋았던 소식이었다.

❋ 2005년부터 이어온 삼성의 후원 덕분에 한국 사람들에게 더욱 친근했던 첼시 FC의 Stamford Bridge

❀ 삼성과 오랜 기간 인연을 맺어왔던 첼시. 하지만 10년의 계약기간이 만료되어 결별하게 되었다.

다음 날 경기를 관람하기 위해 다시 스탬퍼드 브리지를 찾았다. 축구 경기가 있는 날이라는 걸 말해주듯 거리에는 어김없이 많은 사람들로 가득 차 있었다. 이렇게 많은 사람들 사이에 껴서 가는 걸 좋아하는 성격은 아니지만 그래도 한 가지 좋은 점은 있다. 앞 사람이 걸어가는 동선을 따라 그대로 쫓아가다 보면 경기장을 찾기 위해 두리번거리지 않아도 금새 도착하게 된다. 물론 대부분의 축구장들이 버스나 지하철에서 내려 금새 도착할 수 있는 거리에 있기는 하지만 외국에서의 낯선 초행 길을 찾다 보면 주변에 다른 볼거리들을 놓치게 되는 일이 많다. 인파를 쫓아가다보면 경기장 입구에 채 도달하기도 전부터 그 클럽의 영웅과도 같은 선수들의 동상이나 사진들이 붙어 있기도 하고, 우승의 순간이나 의미 있는 경기를 기념하는 문구와 사진들을 발견할 수도 있다. 정말로 축구를 좋아하는 사람이라면 이런 것들 하나하나를 보는 재미 또한 쏠쏠할 것이다.

✽ 축구 경기가 열리는 날이면 언제나 사람들로 가득 찬 거리 풍경을 경험하게 된다. 수많은 사람들 틈에 끼여 가는 것은 전혀 이상한 일이 아니다.

어쨌든 경기장에는 무사히 도착했다. 대체로 모든 풍경이 다른 구장들과 별 다를 게 없었지만 새롭게 보이는 모습 하나가 있었다. 멀리서 방송국 것으로 보이는 카메라 앞에서 리포터로 보이는 사람이 혼잣말을 중얼거리고 있었다. 실제로 해외 현지에서 현장 리포팅을 하는 모습은 처음이라 이들의 분주한 광경은 내게 너무나 신선했다. 스탬퍼드 브리지는 런던에 있는 경기장답지 않게 굉장히 소박하고 평범한 모습이었다. 세계적으로 손꼽히는 높은 부동산 가격을 자랑하는 곳에 위치하고 있어 증축이나 리뉴얼을 하려면 어마어마한 돈이 들어갈게 분명하고 지역 주민들의 반발도 만만치 않으리라 생각된다. 그동안 구장을 옮기려는 시도도 몇 번 있었다고 하는데 이 역시 여러 가지 이해관계가 얽혀 번번이 무산되었다고 한다. 이런 걸 보면 사람 사는 곳은 어디든 모두 똑같다는 생각이 든다.

나는 다른 날보다 조금 일찍 바코드를 찍고 경기장으로 입장했다. 상대적으로 한가한 시간에 들어가서였는지 생각보다 사람들로 북적이지는 않았다. 들어오자마자 가장 먼저 눈에 들어온 건 맥주였다. 안 그래도 목이 말랐던 참에 잘됐다 싶어 맥주 한 병을 샀다. 시간이 좀 남아있어서 좌석에 앉아 몸을 푸는 선수들을 보며 마시려는 상상을 하며 경기장 안으로 들어가려는데 정색한 표정의 한 보안요원이 나를 막아섰다. 경기장 안으로는 술을 가지고 들어갈 수 없다는 것이다. 그때까지 나는 축구장에서 한번도 술을 마신 적이 없었던 탓에 규정도 모르고 아무 생각없이 들고 들어가려 했던 것이다. 하는 수 없이 나는 그 자리에서 맥주를 따서 내부에 설치되어 있던 TV를 보며 나름의 시간을 즐기게 되었다. 생각보다 TV를 보며 마시는 맥주도 꽤 괜찮았다.

모든 스포츠는 최근 경기의 분위기가 너무나 중요하다. 내가 경기를 관람했을 때는 마침 첼시의 슬럼프 아닌 슬럼프가 찾아왔을 때였는데 정말 보이지 않는 침체된 기운이 있었는지 이날 역시 전반적인 경기 분위기는 첼시가 원하는 대로 흘러가지 않았다. 대체로 선수들의 몸은 무거워 보였고 움직임이 둔해져 서로 간의 호흡도 잘 맞지 않았다. 때문에 스트라이커가 공을 잡는 횟수도 많지 않았고 간간히 나왔던 중거리 슛도 경기가 잘 풀리지 않아 때리는 슛으로, 당연히 의미 없이 빗나갈 수밖에 없었다. 이렇게 축구는 아무도 알 수 없는 스포츠다. 어제까지 환상적인 플레이를 보여줬던 팀도 하루아침에 침체의 길을 걷게 될 수 있다. 스포츠란 몸으로만 하는 것이 아님을 다시 한번 느끼게 된 경기였다.

축구는 개인 능력만 뛰어나다고 해서 잘할 수 있는 스포츠가 아니다. 그래서 더욱 인성과 사회성이 반영되는 스포츠일거란 생각이 든다. 감독은 선수에게 무한한 신뢰를 주고, 선수는 필요한 때 보답해야 하고, 또 선수들 간에는 적당한 유대 관계와 사회성이 필요하다. 소통을 통한 신뢰감 형성이 중요하다는 점은 우리가 살고 있는 사회와 별 다를 게 없다. 지금까지 축구의 수많은 매력들을 언급해 왔지만 바로 이점이 우리가 그토록 축구에 열광하는 가장 근본적인 이유가 아닐까 생각한다. 축구팀은 각자가 잘하는 분야에서 맡은 책임을 다하고 서로 간의 끈끈함을 최대로 발휘하는 것, 그리고 그렇게 할 수 있도록 중재하고 조절하는 지도자가 필요한 사회의 생리와 같은 길을 걷는다. 세계 최고의 선수들만으로 무조건 좋은 팀을 만들 수 있는 것도 아니며, 반대로 들어본 적도 없는 선수들로 무조건 비난 받는 팀이 되는 것도 아니다. 그리고 어느 팀이든 팀의 분위기는 감독 한 사람이나 선수 한 사람이 만들어 내는 것이 결코 아니다. 충분한 교감을 통해 만들어진 보이지 않는 끈으로 서로 이끌고 이끌림 당하는 것이다. 고난과 역경을 함께 이겨낸 가족과도 같은 동료로 말이다. 이게 바로 축구의 매력이다. 우리 인생과도 너무나도 닮은 그 매력 말이다. 그래서 나는 또다시 축구장을 찾게 된다.

Stamford Bridge
첼시 FC(Chelsea FC)

⚽ **주소** : 517 Fulham Road, London SW6 1HD

⚽ **가는 방법** : District Line 윔블던(Wimbledon) 방향
풀럼브로드웨이(FulhamBroadway) 역
에서 도보 4분

⚽ **티켓 가격** : 카테고리 AA – £50~£87
카테고리 A – £46~£75
카테고리 B – £41~£70 (비회원가 기준)

⚽ **구장 투어** : 가이드 투어

　　관람 가격 – 성인 £20(사전 시 예매 £17), 박물관만 관람 시 £11

　　관람 시간 – 매 정각 또는 40분에 투어 진행(날짜마다 조금씩 다름),
　　　　　　　　2시간 추천(박물관 관람 포함)

　　운영 시간 – 매일 : 09:30 ~ 17:00(마지막 입장 16:00, 홈경기일 제외)

　　박 물 관　 – 09:30 ~ 17:00(마지막 입장 16:30)

⚽ **홈페이지** : http://www.chelseafc.com/

SCENE 05 어색한 친구 사이

　처음으로 런던에서 긴 일정을 보내고 축구에 열광하는 도시 리버풀로 향하던 날이었다. 나는 오후 2시에 런던 유스톤(Euston) 역을 출발하는 기차를 예약해 놓은 상태였고, 숙소가 킹스크로스(King's Cross) 역 근처였던 터라 오전 시간을 여유롭게 즐기고 있었다. 평소에 무엇이든 허겁지겁 하는 걸 싫어하는 편이라, 기차역에 일찍 도착하기 위해 오전에 갔던 켄징턴 궁(Kensington Palace)에서 1시가 조금 못된 시간에 숙소로 향했다. 지금도 아찔한 기억의 발단은 이때부터 시작되었다. 보통 3, 4분 간격으로 한 대씩 오던 지하철이 웬일인지 20분이 넘도록 오질 않았다. 1시 20분 정도가 되어서야 지하철을 탈 수가 있었고 숙소로 향하는 내내 긴장된 마음으로 최대한 시간을 줄일 수 있는 방법을 생각했다. 입이 바싹바싹 타기 시작했고 숙소에 도착하자마자 짐을 찾아 택시에 올라탔다. 킹스크로스 역에서 유스턴 역까지는 아주 가까운 거리였지만 붐비는 지역이라 얼마나 걸릴지 장담할 수가 없

었다. 역에서부터 쉬지 않고 뛰었던 탓에 숨을 헐떡거리며 택시 기사에게 물었다.

"유스턴 역까지 몇 분쯤 걸리나요?"

"보통 15분 정도 걸립니다."

그 순간 시간은 대략 15분이 남아있는 상황이었고, 간절한 마음을 담아 역으로 향했다. 하지만 택시는 내 맘 같지 않았다. 분명 내가 택시를 탈 때부터 바쁘다는 기색이 역력했음에도 천천히 정속 운행에 모든 신호를 지키며 안전 운전의 표본을 보여주셨다. 누가 영국 아니랄까봐 택시도 신사답게 운행하고 있었다. 온몸이 경직된 채로 역에 도착해서 거스름돈도 받지 않은 채 택시에서 내려 승강장을 향해 내달렸다. 많은 우여곡절 끝에 다행히도 문이 닫히기 직전의 기차에 가까스로 올라탈 수 있었다. 아비규환의 1시간을 보낸 후 기차 안에서 진정한 유체이탈을 경험했다. 상기된 얼굴로 땀을 뻘뻘 흘리며 멍하니 창 밖을 내다보는 모습이 옆 자리에 앉아있던 외국인에게도 이상했는지 나를 슬쩍슬쩍 쳐다보는 눈치였다. 기차가 출발한 후 거의 1시간이 다 돼서야 정신이 온전히 돌아온 나는 다시 그 택시 기사를 떠올려 보았다. 영국인들의 평소 모습은 택시 기사의 모습과 같다. 좀처럼 서두르는 모습을 보기 어렵고 정해져 있는 규칙을 그대로 지키는 모습이다. 악몽과도 같았던 이 사건처럼 처음에는 영국의 모든 것들이 어색하기만 했는데, 이들의 생각과 문화를 제법 알게 된 지금은 충분히 이해할 수 있게 되었고 때로는 그들과 동화되기도 한다.

반면, 전세계의 주목을 받고 있는 EPL은 아직도 나에겐 가끔 멀게만 느껴지는 녀석이다. 이쯤 되면 적응이 될 만도 한데 아직도 나를 섬뜩하게 만드는 경험을 이따금씩 하게 된다. 어느 나라든지 축구를 사랑하는 마음을 열광적으로 표현하는 사람들이 있지만, 영국인들에게는 뭔가 다른 특별한 것들이 느껴진다. 역사와 전통, 그리고 자기 것에 대한 애착이 강한 영국인들의 특성을 반영하듯, 축구 경기장에서의 그들의 모습은 평소와 거의 상반된 모습이라고 해도 과언이 아니다.

런던에서 아스널 경기를 보게 된 어느 날, 내 옆자리에는 온화한 인상의 점잖은 남자가 앉아있었다. 경기장 좌석이 넓지 않아 의도치 않게 부딪히거나, 소지품을 내려놓으며 서로 'Sorry'를 연발할 정도로 어색하지만 예의를 갖춘 사람으로 보였다. 편하게 경기를 기다리던 나는, 머지않아 돌변하는 한 남자를 보게 되었다. 그렇게 매너가 좋아 보이던 남자가 경기가 시작되고 홈 팀의 공격력이 살아나지 않자 '진짜 아까 그 사람이 맞나' 싶을 정도로 욕설과 야유를 퍼붓기 시작한 것이다. 뿐만 아니라 경기가 마음에 들지 않은 그의 얼굴에는 살기에 가까운 표정으로 가득했다. 마치 현대판 지킬 앤 하이드를 보는 듯 했다. 더비 경기를 관전하러 갔다가 이유 없이 상대 팀 서포터즈에게 맞았다는 사람이 있다는 걸 보면 '이러다 잘못하면 나한테도 피해가 오는 건 아닌가?'하는 생각이 들 때가 있다. 이렇게 살벌한 경기장 분위기는 가

끔 나를 주춤하게 만들기도 한다. 프리미어리그 관람 초창기부터 수차례 경험을 쌓은 지금까지도 축구는 나에게 여전히 가깝고도 먼 스포츠다.

　게다가 '아스널 vs 첼시' 같은 빅매치가 있는 날이면 축구에 대한 거친 사랑을 쏟아내는 사건들이 축구장 안팎에서 벌어지기도 한다. 경기장 주변 도로와 기차역, 지하철역부터 거리에는 응원가와 함성을 지르는 무리들로 가득하고 그 주위에는 평소보다 더 많은 경찰들이 한층 무겁고 긴장된 얼굴로 사람들을 주시한다. 그라운드에서 역시 각 팀 선수들간의 기싸움은 경기 흐름만 보더라도 쉽게 느껴질 만큼 치열하다. 혹여나 반칙으로 인해 선수들의 신경전이 일거나 어느 한 팀이 일방적인 경기 흐름을 잡으면 경기장 밖에서도 험한 상황이 발생할 수 있는 최적의(?) 조건이다. 그래도 최근에는 이런 험악한 사건들이 조금씩 줄어드는 추세인 것 같지만, 관중들의 심리와 분위기만큼은 아직도 폭발하기 직전의 화산같아 보인다.

❋ 열기가 가득한 경기장을 보고 있노라면 영국은 두 얼굴을 가지고 있는 듯 한 느낌이 든다.

　나에게 프리미어리그가 가끔 낯설게 느껴지는 또 하나의 이유가 있다. 그건 바로 EPL의 상상을 초월하는 천문학적 중계권료 때문이다. 2013/14 시즌의 중계권료 수입만 2조가 넘었고 얼마 전 협상이 종료된 2016~2019년까지 3년 동안의 중계권료는 9조 원에 육박하는 금액으로 결정되었다. 매번 최고액 기록을 경신하는 EPL 중계권료인데 이번에는 그동안 독점에 가까운 중계권을 가져갔던 스카이 스포츠와 BT의 대항마들이 나타나면서 2013~2016 시즌 대비 약 70%의 금액이 올라간 것이다. 축구 경기를 방송하게 해 주는 대가가 9조 원이라니… 여기에 독점권을 딴 기업이 다시 각 나라에 중계권을 파는 금액까지 감안한다면 EPL 중계권의 전체적인 가치는 어마어마한 액수가 될 것이다. 아마 축구나 EPL에 별로 관심이 없는 사람이라면 예상치도 못했던 액수에 깜짝 놀랐을 것이다. 나도 처음 이 사실을 알았을 때, 아무리 전세계가 열광하는 스포츠 리그라지만 중계권만으로 이렇게 큰 자본이 오가리라고는 상상도 못했기 때문이다. 이 중계권료 수입은 50%는 20개 팀 전체에 골고루 배분되고 나머지 50%는 시설 이용 및 유지 보수 비용과 시즌 막바지 각 팀 성적에 따라 차등 지급된다.

한편, 유럽 전체 축구 클럽 중에 중계권료 수입이 가장 많은 팀은 FC 바르셀로나(FC Barcelona)와 레알 마드리드(Real Madrid)이다. 프리메라리가에 비해 총 중계권료 수입이 2배 이상 많은 EPL이지만 전체 1위는 EPL 소속팀이 아닌 것이다. 조금만 속을 들여다보면 그 이유를 알 수 있다. 유럽 리그 전체에서 전반적인 팀들의 상향 평준화를 지향하는 리그로 프리미어리그와 분데스리가를 꼽을 수 있다. EPL의 경우는 리그 우승을 차지한 팀과 20위를 차지한 팀의 중계권료 수입 차이가 1:1.5(7450만:1억 1700만 유로) 비율로 1:7.8(1800만:1억 4000만 유로)인 프리메라리가와 극단적으로 비교되는 수치다.(2013/14시즌 기준) 게다가 프리메라리가 3위 발렌시아(Valencia CF)의 수입(4800만 유로)보다 프리미어리그 20위 카디프 시티(Cardiff City FC)의 수입(7450만 유로)이 훨씬 더 많다. 상대적으로 공평한 수입 분배 형태로 각 구단의 평균적인 수준을 끌어올리는 구조로 이루어져 있는 것이다. 물론 2부 리그에 속해 있는 팀들까지 넉넉한 재정으로 구단이 꾸려지지는 않지만 1부 리그에서 강등된 팀들은 3~4년간 적지 않은 액수를 위로금 형식으로 지급 받는다. 하지만 그 기간 동안 1부 리그로 다시 올라오지 못하면 이후에는 약 10%에 가까운 금액밖에 받지 못하게 되고 갓 강등된 팀들과의 경쟁에서 당연히 밀릴 수밖에 없어 다시 1부 리그로 올라오기란 더욱 어려운 일이 된다. 이걸 보면 왜 2부 리그로 떨어진 팀들이 1부 리그로 올라오기 위해 안간힘을 쓰는 지 이해된다. 마찬가지로 운영이 잘 되고 있는 분데스리가를 살펴보면, 수치적인 규모는 타 리그들에 비해 다소 떨어지지만 균등한 중계권료 배분뿐만 아니라 군이 UEFA의 FFP 규정을 적용하지 않더라도 리그 자체 규정을 만들어 재정적으로 부실한 클럽을 만들지 않고 있다. 일부 언론에서는 독일이라는 국가 특유의 안정적이고 탄탄한 리그 운영 방식으로 장기적인 관점에서 분데스리가가 EPL을 뛰어넘는 시장이 될 수도 있다는 예상을 내 놓기도 한다.

이렇게 EPL은 나에게 아직은 어색한 친구 관계로 유지되고 있는 것 같다. 우리나라와는 전반적으로 규모적, 구조적 차이가 너무나 확연히 드러나 그들의 축구 세계를 속속들이 파헤쳐 이해하고 공감하기란 쉽지 않다. 게다가 내가 영국에 살면서 관람하는 게 아니기 때문에 그들 속에 충분히 파고들어 하나가 되는 느낌을 받지 못하는 것도 어찌보면 당연히 일이다. 물론 앞으로도 꾸준히 영국을 드나들며 EPL과 끊임없이 친해지기 위해 노력하겠지

만 그보다는 축구가 내게 주는 쾌감과 그 자체의 짜릿함에 그냥 몸을 맡겨보
는 편이 더 낫겠다는 생각이 든다. 날것의 본능적인 끌림은 뮤지컬 오페라의
유령이 내게 그랬던 것처럼 거부할 수 없는 마력으로 언제나 나를 그 자리에
잡아두기 때문이다.

1863   150 YEARS   2013

에필로그

나도 몰랐던 나

비가 추적추적 내리는 서울의 어느 뮤지컬 극장 앞.

수없이 오곤 했던 건물 앞에서 나는 오늘도 처음인 듯한 느낌으로 새로운 작품을 맞이한다. 이제 공연이 끝난 후 극장을 빨리 빠져나갈 수 있는 주차 장소나 건물 안에 입점해 있는 상점들, 그리고 좌석에 따라 무대를 향한 시야 확보가 어떻게 달라지는 지까지 공연장 내부 구조를 전부 외울 정도로 익숙해졌다. 이곳이 지겨울 법도 하지만, 이 모든 익숙함에도 불구하고 새로운 뮤지컬과 만나게 되면 이곳은 웨스트엔드에 있는 수많은 극장들 중 하나인 것처럼 전혀 다른 곳이 된다.

2014/15 EPL 마지막 38라운드가 열린 일요일 밤. 나는 여느 때와 다름없이 TV 앞에 앉아 한 시즌의 대미를 장식하는 현장을 지켜보았다. 이미 우승이 확정된 첼시의 마지막 경기에는 첼시에서 화려한 전성기를 보냈고 이제 구단과 이별을 앞두고 있는 디디에 드로그바가 주장 완장을 차고 고별전에 나섰다. 리그 우승과는 별개로 홈경기 무패 기록과 함께 존 테리가 EPL 역대 두 번째로 우승팀 전 경기 풀타임 출장이라는 대기록을 세우는 또 다른 의미가 있는 경기이기도 했다. 그리고 Stamford Bridge를 가득 메운 관중들과 전세계에서 TV로 시청하고 있을 첼시 팬들에게는 축제의 현장이었다.

앞서 이 책에서는 영국의 수많은 즐길거리들 중에서도 상반된 두 가지 매력을 가지고 있는 뮤지컬과 축구를 여행 중 겪었던 소소한 이야기들과 함께 소개했다. 비록 현실과 타협했지만 정말 미치도록 빠지고 싶었던, 과거의 내 꿈을 간접적으로나마 즐길 수 있는 뮤지컬. 그리고 오랜 기간 동안 영국의 참 모습을 알게 하는데 큰 역할을 한 축구. 영국에 살아보지도 않은 내가 웨스트엔드와 프리미어리그에 대해서 논한다는 것 자체가 이제 막 사회를 경험하는 20대가 인생에 대해 정의를 내리는 것과 같아 보일지도 모르지만, 특히 내가 사랑했던, 그리고 앞으로도 사랑할 뮤지컬에 쏟은 정성은 그 누구보다도 열정적이라고 자부할 수 있다. 어쩌면 영국에 살고 있는 사람들보다도 더 많은 도시의 곳곳을 밟아가며 즐기고 느끼고 고민해 보았다. 나는 그저 그 속에서 경험했던 나의 느낌과 생각들을 글로 풀어 전달하고, 그 감정들이 많은 사람들에게 전달돼 긍정적인 피드백을 이끌어냈으면 싶었다.

❋ 영국인들이 은퇴 후에 가장 살고 싶어하는 도시. '바스(Bath)'의 거리. 이곳은 스코틀랜드의 '에딘버러'처럼 도시 전체가 유네스코 문화유산에 등재되어 있는 아주 멋진 곳으로 유명하다.

2005년 8월. 런던을 처음 만나게 되었던 날.

벌써 10년이 지난 일이 되어 버렸다. 그때까지만 해도 나에게 영국이라는 나라는 그저 유럽 여행 중 거쳐가게 되는 한 나라에 지나지 않았다. 약간은 우중충하기도 삭막하기도 했던 도시의 분위기는 이미 머릿속에 그려놓은 자유롭고 활기찬 유럽의 느낌과는 사뭇 달랐다. 하지만 여행을 좋아하는 한 사람으로서 평범한 직장 생활을 거쳐 여행사 대표가 된 지금 내 안에 존재하는 영국의 의미는 10년 전의 그것과 정반대의 의미로 자리잡고 있다. 그리고 그 느낌은 하나의 조각품처럼 영국을 방문할 때마다 조금씩 다듬어지며 더욱 견고하게 굳혀지고 있다.

기차가 출발하기 5분 전까지 플랫폼이 정해지지 않고, 시내 한복판에서 20분 동안 지하철이 오지 않아도 아무도 뭐라 한마디 불평하지 않는 이상한 (?) 곳에서 나는 지금까지 경험하지 못했던 묘한 희열을 느낀다. 얼핏 융통성 없는 꽉 막힌 사람들 밖에 없는 것 같지만 따뜻한 배려가 넘치는 곳, 소심해 보이지만 내면에는 들끓는 뜨거운 열정과 흥이 넘치는 정서가 살아 숨쉬고 있는 곳이 바로 영국이다. 그들만의 독특한 뚝심과 그들의 존재만으로 '영국'이라는 이름 두 글자는 나에게 신비로운 감정을 경험하게 한다.

여행사를 운영하는 사람으로서 돈을 버는 것만큼이나 멋진 관광지들을 찾아 헤매는 많은 여행객들에게 아직 익숙지 않은 숨은 요소들을 알려야 한다는 일종의 사명감과 책임감을 중요하게 생각하며 살아가고 있다. 그래서 '여행'이라는 말이 상상만이 아닌 현실로 다가온 많은 사람들을 위해 나는 오늘도 영국의 숨어있는 가치를 찾아내고 소개한다. 그 때문인지 아직도 많은 사람들은 영국의 매력이 뭐길래 그렇게 빠져 있냐고 자주 묻곤 한다. 그에 대한 대답은 짧은 말 한마디로 표현하기 어렵다. 아마도 이 책이 그중 일부를 대신할 수 있을 거라 생각한다. 버킹엄 궁전을 지키며 긴 곰털 모자를 눌러쓰고 이따금씩 교대식으로 볼거리를 제공하는 근위병들. 좁디 좁은 런던 거리를 잘도 내달리는 빨간 이층 버스. 런던을 방문하는 사람들이 가장 먼저 찾는다는 빅벤(엘리자베스 타워)과 국회의사당. 최신식의 초고층 건물들 사이로 영국의 오랜 역사를 보여주는 런던 탑과 빠지지 않는 야경 코스인 타워 브리지… 단순히 '영국'하면 떠오르는 이런 1차원적인 이미지가 아닌 극장과 경기장에서의 사람들의 모습을 통해 일상을 즐기는 그들의 문화, 그리고 도시 뒷골목에까지 풍기는 진정한 영국스러움을 많은 이들이 느낄 수 있기를 바란다. 그래서 앞으로 영국 여행을 고려 중이신 분들이나 계획하고 계신 분들께 이 책이 조금이나마 길잡이 역할을 할 수 있기를 기대한다.

끝으로 책이 나오기까지 여러 가지 자료 수집에 도움주신 투어 DNA 조수연 대표님과 ㈜KCMI, 씨제스 컬쳐, 런던 현지에서 도움주신 솔앤비투어 최진석 대표님과 Encore Tickets Ltd, 가장 가까운 곳에서 서로 힘이 되어 주셨던 유로팝투어 최은주 대표님과 트래블로드 김정희 대표님. 그리고 무엇보다 저의 경험과 이야기에 큰 관심을 가져주신 디지털북스 관계자분들께 깊은 감사의 인사를 전합니다.

2015년 5월의 어느 밤

영원한 성경 · 거룩한 성지 · 숭고한 순례

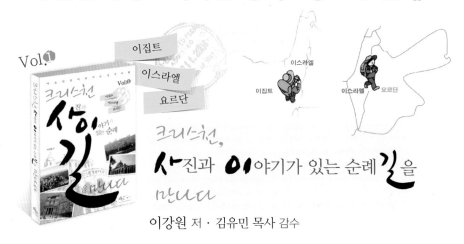

크리스천, 사진과 이야기가 있는 순례길을 만나다

이강원 저 · 김유민 목사 감수

발로 걸어, 두 눈으로 보고, 귀로 듣고 온 성지의 사·이·길을 비로소 만나다!

의미 없는 성지순례, 관광 같은 성지순례보다는 그 기적과 은혜의 성지를 카메라로 담고 그곳에서 들었던 모든 감동의 순간을 이야기로 들려줌으로써 독자분들 모두가 생생하게 느낄 수 있도록 하나의 이야기 꾸러미를 준비했습니다.

그저 읽고 끝나는 성지순례 도서가 아닌 성지 이야기와 저자가 찍은 생생한 사진을 통해 마음으로 순례하고자 하는 뜨거움을 느껴보십시오.

이제 도서 속에 녹아있는 놀라운 기적의 현장을 담은 사진과 저자가 들려주는 쉽고도 재밌는 성지의 이야기는 독자 여러분들 마음속의 순례 여정을 밝혀주는 하나의 이정표가 될 것입니다.

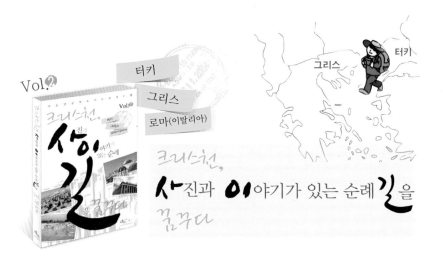

크리스천, 사진과 이야기가 있는 순례길을 꿈꾸다

www.ithinkbook.co.kr

www.digitalbooks.co.kr

www.jnjj.co.kr

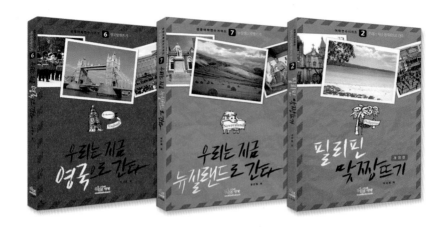

성공어학연수 가이드 시리즈

어학연수에 꼭 필요한 알찬 정보만을 선별해
독자 여러분을 성공적인 연수로 이끌어 드립니다.

www.ithinkbook.co.kr

테마★로 만나는 인문학 여행 ③

영국에 보러 가자

1판 1쇄 인쇄 2015년 8월 1일
1판 1쇄 발행 2015년 8월 5일

지 은 이 성호선
발 행 인 이미옥
발 행 처 J&jj
정　　가 17,000원
등 록 일 2014년 5월 2일
등록번호 220-90-18139
주　　소 (04987) 서울 광진구 능동로 32길 159
전화번호 (02)447-3157~8
팩스번호 (02)447-3159

ISBN 979-11-955295-3-7 (03920)
J-15-04